Two Generals

Dmitry Grigorovich

Два генерала

Дмитрий В. Григорович

Two Generals

ISNB: 978-1-60444-900-6

Два генерала

© Индоевропейских Издание , 2018

ISNB: 978-1-60444-900-6

ДВА ГЕНЕРАЛА

(Романъ изъ современной жизни)

ГЛАВА ПЕРВАЯ

Знакомитъ съ помѣщикомъ Люлюковымъ и, вмѣстѣ съ тѣмъ, доказываетъ, что платформы желѣзныхъ дорогъ сущая находка для людей сообщительныхъ.

Годъ тому назадъ, въ іюнѣ мѣсяцѣ, не помню только какого числа, у платформы одной изъ промежуточныхъ станцій Московско-Петербургской желѣзной дороги, показался коротенькій, кругленькій господинъ лѣтъ подъ пятьдесятъ, но очень еще оживленнаго, бодраго и даже храбраго вида.

Если, какъ говорятъ, каждый человѣкъ болѣе или менѣе похожъ на какое-нибудь животное, то незнакомецъ ближе всего напоминалъ тѣхъ мелкихъ, но весьма задорныхъ пѣтушковъ, которые извѣстны подъ именемъ "корольковъ".

Глаза его, табачнаго цвѣта, безпрестанно моргали; носъ, довольно объемистый, если взять въ расчетъ незначительность роста, бросалъ тѣнь на его усы, въ которыхъ сильно уже пробивала сѣдина. Одѣтъ онъ былъ по-лѣтнему, весь въ парусинѣ; даже картузъ, выкроенный на манеръ тѣхъ, какіе носятъ африканскіе стрѣлки, и тотъ былъ изъ парусины. Животъ его, выставлявшійся наподобіе груши, приподнималъ верхнюю часть панталонъ и, вмѣстѣ съ тѣмъ, округлялъ жилетъ, который, въ свою очередь, выпучивался часами и табакеркой, запрятанными въ боковые карманы.

Вообще говоря, наружность этого господина рекомендовала себя самымъ пріятнымъ образомъ: добрякъ смотрѣлъ изъ нея во всѣ глаза. Можно было держать сто противъ одного, что незнакомецъ служилъ прежде въ военной службѣ; было даже что-то такое въ его пріемахъ и походкѣ, что невольно говорило въ пользу кавалеріи противъ пѣхоты. Онъ могъ бы, кажется, съ успѣхомъ примѣнить къ себѣ слова Булгарина, нимало не рискуя возбудить недовѣріе: "Когда я былъ молодъ и служилъ въ уланахъ, я былъ очень ловокъ и славно танцовалъ мазурку!.."

Незнакомецъ, очевидно, только что вышелъ изъ экипажа: за стрижеными акаціями и клумбами, украшавшими обѣ стороны станціи, виднѣлась объемистая, старомодная карета, запряженная четверней довольно, впрочемъ, не казистыхъ коней.

1

Осмотрѣвшись на обѣ стороны дороги, господинъ въ парусинѣ, въ которомъ самый близорукій изъ его знакомыхъ давно бы узналъ Сергѣя Львовича Люлюкова, сосѣдняго помѣщика, сладко понюхалъ изъ лукутинской табакерки съ изображеніемъ саней и тройки. Исполнивъ эту операцію съ видомъ человѣка, у котораго мысли текутъ невозмутимо, стройно и пріятно, онъ взглянулъ на часы; послѣ чего коротенькія его ножки пришли въ движеніе и внесли своего владѣльца по ступенькамъ платформы.

Вокругъ пустота была страшная,- совершенная тундра; солнце палило невыносимо, освѣщая спереди обгорѣлый еловый лѣсъ; влѣво и вправо убѣгали въ неизмѣримое плоское пространство сверкавшія полосы желѣзной дороги. Подстриженныя акаціи, клумбы съ цвѣтами, крашеныя рѣшетки, красивое зданіе станціи и самая дорога представлялась посреди всего этого чѣмъ-то въ родѣ пестраго шелковаго лоскутка, нашитаго на сермяжное, обдерганное рубище. Платформа была почти пуста. На одномъ концѣ нѣсколько бабъ и мужиковъ, въ ожиданіи поѣзда, жевали хлѣбъ, лежа на своихъ мѣшкахъ, перевязанныхъ покромками. На другомъ концѣ, бѣлокурый, курносый малый, въ сюртукѣ, только что открывалъ прилавокъ съ навѣсомъ. Но въ первую минуту это послѣднее лицо не было замѣчено Сергѣемъ Львовичемъ: блескъ платформы ослѣпилъ его совершенно.

Проведя нѣсколько разъ ладонью по глазамъ, Сергѣй Львовичъ прямо направился къ прилавку, передняя часть котораго видимо заставлялась принадлежностями съѣстной торговли. Прибытіе поѣзда не могло замедлиться, если взять въ соображеніе чудеса расторопности, выказываемыя бѣлокурымъ малымъ; пальцы его, весьма похожіе на свиныя сосиски, съ изумительною быстротой переходили отъ водокъ яркихъ цвѣтовъ къ бутербродамъ пыльнаго и затасканнаго вида, отъ папиросъ къ бутылкамъ винъ съ иностранными ярлыками, отъ сухого миндальнаго пирожнаго къ кучкамъ мѣдныхъ денегъ. Въ ту минуту, какъ подходилъ къ нему Сергѣй Львовичъ, бѣлокурый малый выставлялъ впередъ тарелку съ слоеными пирожками, такъ искусно уложенными лицевою стороной кверху, что путешественникъ могъ убѣдиться въ совершенной ихъ негодности тогда только, когда пирожокъ попадалъ уже въ ротъ и деньги за него были отданы.

Сергѣй Львовичъ очень удивился, встрѣтивъ въ конторщикѣ незнакомое лицо,

- Я, братецъ, прежде не видалъ тебя здѣсь, произнесъ онъ, посылая въ носъ новую порцію табаку. - Ты видно недавно опредѣлился?

- Третьяго дня поступилъ.

- Откуда?

- Съ Кокинской станціи...

Сергѣй Львовичъ пытливо оглянулъ приказчика моргающими глазами; мгновеніе спустя, лицо его оживилось игривою мыслью, отъ которой ноздри его задвигались, а носъ самодовольно поморщился и потянулъ воздухъ.

- Что бы ты сказалъ, братецъ, проговорилъ онъ, ухмыляясь,- если бъ я, напримѣръ, съѣлъ у тебя нѣсколько пирожковъ, и вдругъ оказалось бы, что я забылъ взять съ собою деньги... а?

- Мы торгуемъ на чистыя.

- Ты развѣ меня не знаешь? спросилъ помѣщикъ, бодрясь и прищуриваясь.

- Никакъ нѣтъ-съ.

- Эй! Тарасенко! Тарасенко! закричалъ Сергѣй Львовичъ, увидя всходившаго на платформу унтеръ-офицера,- поди-ка, братъ, сюда!

Тарасенко, у котораго лицо совершенно почти заслонялось бакенами, усами и бровями, подбѣжалъ дробнымъ шагомъ.

- Здравія желаю, ваше высокоблагородіе! сказалъ онъ, почтительно выпрямляясь.

- Вотъ, братецъ, не хочетъ мнѣ въ долгъ повѣрить, а? Какъ это тебѣ кажется, а? вымолвилъ Сергѣй Львовичъ, подмигивая на приказчика и самодовольно ухмыляясь.

- Всего третій день здѣсь, сударь; онъ, сударь, впервой васъ видитъ, сказалъ Тарасенко. - Изволите вѣрно кого-нибудь, сударь, дожидаться? добавилъ онъ, между тѣмъ какъ Сергѣй Львовичъ послалъ бутербродъ въ ротъ, обмазавъ его горчицей.

- Да, жду жену и дочь: онѣ ѣздили въ Старую-Руссу, пить воды...

- Давно, сударь, изволили уѣхать?

- Мѣсяцъ назадъ; а ты ужъ и забылъ! ты же и чемоданы вѣшалъ.

- Такъ точно съ! спохватился Тарасенко.

Сергѣй Львовичъ бросилъ гривенникъ на прилавокъ, конторщикъ поспѣшилъ подать ему сдачу; но Сергѣй Львовичъ возвратилъ ее назадъ, сказавъ съ добродушною улыбкой:

- Возьми, братецъ, себѣ! себѣ возьми!

Послѣ чего съ самымъ довольнымъ видомъ пошелъ онъ въ другую сторону, сопровождаемый Тарасенко, который поминутно наклонялъ впередъ голову, какъ бы опасаясь не подоспѣть вовремя, когда заговоритъ помѣщикъ.

Сдѣлавъ нѣсколько шаговъ, Сергѣй Львовичъ сунулъ руку въ карманъ жилета, вынулъ монету и какъ бы въ разсѣянности опустилъ ее въ руку Тарасенко.

- Напрасно, сударь, изволите безпокоиться... замѣтилъ служивый, принимая даръ съ большимъ, однакожъ, удовольствіемъ.

- Возьми, братецъ, возьми; ты честный человѣкъ; а я люблю честныхъ

3

людей! сказалъ поощрительно Сергѣй Львовичъ и отвернулъ лицо; при чемъ можно было замѣтить, что ноздри его двигались сильнѣе обыкновеннаго, а въ моргавшихъ глазахъ показалась влага, какъ у внезапно расчувствовавшагося человѣка.

Противъ станціи, Тарасенко зачѣмъ-то позвали. Сергѣй Львовичъ пошелъ далѣе по направленію къ водоему; поровнявшись съ группою бабъ и мужиковъ, онъ остановился.

- Откуда вы? спросилъ онъ.

- Изъ Рожновки, отозвалась одна изъ бабъ.

- Ба! это значитъ вы всего въ двадцати верстахъ отъ меня! Дудиловку знаете?

- Какъ же, батюшка!

- Ну... а меня знаете? спросилъ Сергѣй Львовичъ, потягивая носомъ воздухъ.

- Нѣтъ, касатикъ... проговорила баба, разинула ротъ, выпучила глаза и стала подниматься; остальныя лица группы лѣниво и нехотя послѣдовали ея вримѣру.

- Не надо! не надо; лежите!.. торопливо предупредилъ помѣщикъ,- я такъ только спрашиваю; ложитесь, повторяю вамъ!

На этомъ самомъ мѣстѣ онъ внезапно былъ прерванъ отдаленнымъ свисткомъ локомотива; онъ живо обернулся назадъ и торопливо зашагалъ по платформѣ, не отрывая глазъ отъ дымнаго столба и черной точки, которые быстро приближались. Минуты двѣ спустя, уже можно было различить паровозъ и машиниста, который двигалъ локтями. Еще минута,- паровозъ, шипя и фыркая, прокатилъ мимо, таща за собою нескончаемую цѣпь вагоновъ; раздался еще свистъ,- и поѣздъ остановился.

Въ первую секунду, Сергѣй Львовичъ рѣшительно не зналъ, въ какую сторону направить шаги свои; его моргающіе глаза, казалось, разомъ хотѣли проникнуть во всѣ окна вагоновъ; публика, хлынувшая на платформу, окончательно привела его въ замѣшательство. Онъ ринулся вправо, потомъ влѣво, наскочилъ на двухъ худощавыхъ дамъ, которыя суетливо переходили платформу, бросая вокругъ безпокойные взгляды и какъ бы отыскивая чего-то,- попалъ между двумя мужчинами, которые закуривали папироски у одной спички, чуть не сшибъ съ ногъ кадета съ яблоками въ рукахъ и, но всей вѣроятности, долго бы еще метался безъ успѣха, если бы неожиданно, въ сторонѣ, не послышался знакомый дѣтскій голосъ:

- Папаша! напаша, мы здѣсь!

Вслѣдъ затѣмъ, хорошенькая бѣлокурая дѣвочка, веселая и рѣзвая какъ птичка, бросилась ему на шею.

- Ба! Вѣрокъ! здравствуй, здравствуй, мой ангелочекъ!.. Всѣ здоровы?

4

гдѣ же мамаша? гдѣ она? заговорилъ Сергѣй Львовичъ, нѣжно цѣлуя дочь, но въ то же время блуждая глазами во всѣ стороны.

- Мамаша здѣсь... пойдемъ... она здѣсь! кричала дѣвочка, увлекая впередъ отца.

У одного изъ переднихъ вагоновъ стояла широкая дама, съ лицомъ круглымъ, какъ сайка, но однакожъ болѣзненнымъ, увядшимъ и совершенно лишеннымъ опредѣленнаго выраженія; тончайшій наблюдатель человѣческой физіономіи, и тотъ ничего бы не сказалъ, кромѣ того развѣ, что дама эта по всей вѣроятности жестоко устала и ее сильно клонитъ ко сну. Вялые глаза ея, цвѣта фіалки, крѣпко вываренной въ молокѣ, нехотя вращали мутные, луженые взгляды. При видѣ Сергѣя Львовича, она сдѣлала шагъ впередъ; но въ ту же секунду остановилась, задержанная одышкой и слезами; надъ глазами ея, вмѣсто бровей, показались вдругъ два красныя пятна.

Не успѣла она поднести платокъ къ глазамъ, какъ уже Сергѣй Львовичъ дѣлалъ усилія, стараясь обхватить ея талію своими коротенькими руками.

- Успокойся, Sophie... Дома всѣ здоровы! я здѣсь! видишь: я здѣсь! все благополучно! здравствуй, мой другъ, здравствуй! повторялъ онъ, устанавливаясь на цыпочки какъ танцоръ, чтобы достать губами до ея щекъ, которыя, какъ кисель, задрожали отъ его поцѣлуевъ.- Но обо всемъ этомъ поговоримъ послѣ, послѣ! продолжалъ онъ.- Гдѣ Аннушка? въ другомъ отдѣленіи?.. Надо позаботиться, чтобы скорѣе вынули вещи изъ вагона.

- Мамаша отдала багажные билеты кондуктору, живо вмѣшалась дѣвочка.

- Прекрасно! ну, а мѣшки? твой рабочій ящикъ? суетливо подхватилъ Сергѣй Львовичъ,- они еще въ вагонѣ?.. я сейчасъ... ты, Sophie, подожди пока здѣсь... сядь сюда на скамейку... здѣсь совершенно безопасно... я сейчасъ.

Сказавъ это, онъ юркнулъ съ дѣвочкой въ вагонъ и, минуту спустя, явился оттуда, отдуваясь подъ тяжестью узловъ и коробковъ.

- Сидите здѣсь; сію минуту отыщу Аннушку; распоряжусь насчетъ чемодановъ, проговорилъ онъ, бросаясь въ толпу и, съ первыхъ шаговъ, снова наталкиваясь на двухъ худощавыхъ дамъ, которыя бѣжали теперь съ другой стороны, но съ прежнимъ безпокойствомъ продолжали бросать растерянные взгляды, какъ бы отыскивая чего-то. Нѣсколько далѣе, онъ встрѣтилъ Аннушку; она объявила, что чемоданы уже вынуты и она приставила къ нимъ солдата; Сергѣй Львовичъ велѣлъ ей итти къ вещамъ, а самъ поспѣшилъ возвратиться къ женѣ и дочери.

- Вещи всѣ вынуты; при нихъ Аннушка и солдатъ, сказалъ онъ, заботливо наклоняясь къ женѣ. - Ну что! какъ ты себя теперь чувствуешь, какъ твои нервы? Это главное!.. помогли воды?.. кажется, все благополучно!.. у насъ также все хорошо! Надо будетъ однако подождать отхода поѣзда; будетъ удобнѣе: суеты меньше... Ахъ, Боже мой! воскликнулъ вдругъ Сергѣй Львовичъ,- подожди меня здѣсь одну секунду...

- Куда ты, Serge?.. произнесла супруга кисло-слезливымъ голосомъ.

- Я сейчасъ... только два слова... сію секунду! возразилъ супругъ, стремительно продираясь къ толпѣ, обступившей буфетъ, и усиливаясь протискаться къ высокому господину въ генеральской шинели.

Поровнявшись съ генераломъ, Сергѣй Львовичъ пріосанился, пожалъ плечами и кашлянулъ; онъ принялъ сначала видъ, какъ будто не замѣчаетъ сосѣда; черты его прыгали однакожъ отъ усилій сдержать нетерпѣніе. Цѣль его очевидно состояла въ томъ, чтобы попасть въ лучъ зрѣнія сосѣда, но такъ однакожъ, чтобы послѣдній первый его замѣтилъ и первый къ нему обратился. Но такъ какъ это не удавалось, а съ другой стороны, съ минуты на минуту долженъ былъ послышаться звонокъ, Сергѣй Львовичъ сдѣлалъ еще шагъ впередъ и сталъ въ самый упоръ генералу. Тотъ только посторонился. Сергѣй Львовичъ, дорожившій каждою секундой времени, рѣшился тогда прямо приступить къ дѣлу.

- Вы меня не узнаете, ваше превосходительство? произнесъ онъ, охорашиваясь.

- Виноватъ... пробормоталъ генералъ, наклоняясь съ привѣтливою улыбкой.

- Люлюковъ... Сергѣй Львовичъ... поспѣшилъ сказать помѣщикъ.

Но такъ какъ это, повидимому, ничего не объяснило генералу, Сергѣй Львовичъ прибавилъ:

- Помните, ваше превосходительство, четыре года назадъ, мы вмѣстѣ обѣдали въ Петербургѣ у родственника моего, Помпея Николаевича Пыщина?

- Ахъ, какъ же... очень пріятно... сказалъ генералъ, между тѣмъ какъ Сергѣй Львовичъ видимо захлебывался отъ внутренняго удовольствія, и ноздри его расширились и двигались...

- Вы также ѣдете?.. Какъ же мы не встрѣтились? спросилъ генералъ.

- Нѣтъ, я не ѣду, ваше превосходительство... Я ждалъ жену, которая ѣздила въ Старую Руссу на воды... У меня тутъ подлѣ имѣнье... Вы не можете себѣ представить, ваше превосходительство, какъ это удобно: сосѣдство съ желѣзною дорогой...

На этомъ мѣстѣ раздался звонокъ, и Сергѣй Львовичъ долженъ былъ заключить свою рѣчь торопливымъ пожатіемъ руки, которую подалъ ему генералъ, спѣшившій въ свой вагонъ. Чтобы не быть опрокинутымъ толпой, хлынувшею съ платформы, Сергѣй Львовичъ приблизился къ вагонамъ и снова увидѣлъ двухъ худощавыхъ дамъ, бѣгавшихъ съ

6

растерянными глазами; лица ихъ выражали на этотъ разъ совершенное отчаяніе; Сергѣй Львовичъ явственно даже разслышалъ, какъ одна изъ нихъ шепнула другой: "Mon Dieu, qu'allons nous faire?!.." Въ другое время Люлюковъ, отличавшійся вообще большой услужливостью, не преминулъ бы тѣмъ или другимъ способомъ вывести ихъ изъ затруднительнаго положенія; но, во-первыхъ, онъ уже опоздалъ для этого; во-вторыхъ, обязанности супруга и отца давно призывали его на другой конецъ платформы.

— Прекрасно! все уже здѣсь:- и чемоданы, и Аннушка!.. заговорилъ онъ, подбѣгая къ женѣ и дочери, подлѣ которыхъ суетились: горничная, солдатъ Тарасенко и еще лакей въ синей, довольно потертой ливреѣ, съ красными выпушками.- Берите вещи, пойдемте... теперь мы можемъ отправиться... Дай мнѣ руку, мой другъ... Вѣрокъ, ступай впередъ!.. Ты однакожъ прости меня, душа моя, что я оставилъ васъ однѣхъ, торопливо подхватилъ Сергѣй Львовичъ,- я нисколько не виноватъ! Ты знаешь, у меня вездѣ столько знакомыхъ! Меня всѣ знаютъ! я и радъ бы... но это совершенно противъ моей воли... пойдемте скорѣе, чтобы снова кого-нибудь не встрѣтить... Вѣрокъ, ступай впередъ!..

Въ отвѣтъ на такія оправданія, Софья Алексѣевна (такъ звали Люлюкову) не произнесла ни слова; луженые глаза ея смотрѣли совсѣмъ въ другую сторону; повидимому, она не слыхала даже, что говорилъ Сергѣй Львовичъ.

Спустившись съ платформы и обогнувъ станцію, семейство вышло на площадку, гдѣ ожидала ихъ старомодная карета. Кучеръ, сидѣвшій на козлахъ съ вытянутыми вожжами, снялъ обѣими руками шляпу и поклонился. Минуту спустя, вещи были уложены и всѣ усѣлись. Лошади дружно рванули, карета двинулась и тутъ же повернула на пыльный проселокъ.

ГЛАВА ВТОРАЯ

въ которой кротость семейныхъ сценъ омрачается столкновеніемъ несогласныхъ взглядовъ на вещи.

Говоря по справедливости, собственно теперь только надлежало судить о томъ, насколько Сергѣй Львовичъ обрадовался пріѣзду жены. До сихъ поръ радость, развлекаемая, какъ мы видѣли, то тѣмъ, то другимъ обстоятельствомъ, не имѣла положительно никакой возможности

7

сосредоточиться; она, естественно, могла вполнѣ высказаться только на свободѣ. Такъ дѣйствительно и случилось.

Не взирая на большія неудобства, представляемыя толчками кареты, Сергѣй Львовичъ не переставалъ припадать къ рукѣ жены и цѣловалъ дочь со всею горячностью нѣжнѣйшаго отца; онъ въ то же время осыпалъ ихъ заботливыми разспросами о томъ, хорошо ли онѣ совершили путешествіе, гдѣ были, что видѣли, какая была погода, въ какихъ гостиницахъ останавливались, и проч.

Софья Алексѣевна, между тѣмъ, только разъ обратилась къ мужу: ей хотѣлось узнать, получилъ ли онъ въ ея отсутствіе письмо отъ сына.

- Получилъ, возразилъ супругъ,- но развѣ ты не видалась съ нимъ въ Петербургѣ?

- Нѣтъ...

- Стало-быть, онъ еще въ Дерптѣ; мудренаго нѣтъ: онъ только что кончилъ свою диссертацію; вѣроятно, это обстоятельство задержало его лишнее время. Онъ пишетъ, впрочемъ, что все благополучно, все такъ хорошо, какъ нельзя быть лучше... Онъ думаетъ навѣрно пріѣхать ко дню твоего рожденія... Но ты что-то не весела, мой другъ, замѣтилъ Сергѣй Львовичъ, неожиданно перебивая самого себя,- лицо твое ясно говоритъ мнѣ объ этомъ... Если я не привезъ дѣтей встрѣчать тебя, такъ это потому, во-первыхъ, что они не умѣстились бы въ маленькомъ тарантасѣ; большой тарантасъ до сихъ поръ еще не возвращаетъ этотъ проклятый кузнецъ... во-вторыхъ, я отчасти сдѣлалъ это съ умысломъ: мнѣ хотѣ.тось раздѣлить радость встрѣчи; я такъ расчелъ: на станціи - буду я; при въѣздѣ въ деревню - дѣти!.. Тебѣ, однакожъ, кажется, не совсѣмъ-то удобно сидѣть?.. прислонись сюда... еще... еще немножко... вотъ такъ!.. Скажи-ка теперь, что дѣлается въ Петербургѣ? Ты, конечно, видѣла дядю Помпея Николаевича, заключилъ Сергѣй Львовичъ, нетерпѣливо моргая глазами.

- Да, онъ былъ у меня; потомъ я къ нему поѣхада...

- Ахъ, папаша, какъ хорошо у дядюшки! живо вмѣшалась Вѣрочка. - Какая у него дача, какъ много цвѣтовъ! Онъ живетъ на Аптекарскомъ островѣ... такъ, мамаша?.. Мы тамъ вѣдь были! Какой великолѣпный садъ...

- Ну, какъ вообще былъ съ тобою Помпей Николаевичъ?.. озабоченнымъ тономъ спросилъ Люлюковъ, трепля въ то же время щечку дочери.

- Какъ всегда; онъ очень хорошо меня принялъ... возразила какъ бы черезъ силу Софья Алексѣевна.

- Сегодня же напишу ему и буду благодарить его! съ чувствомъ проговорилъ Сергѣй Львовичъ.

Софья Алексѣевна хотѣла что-то еще прибавить, но въ эту самую минуту Вѣрочка, не перестававшая выглядывать на дорогу, закричала, что видна деревня; при этомъ Люлюкова замолкла и опустилась на подушки.

- Мамаша, мамаша, кричала дѣвочка,- посмотри, вотъ ужъ и садъ показался! Сейчасъ пріѣдемъ! сейчасъ! подхватила она, радостно подпрыгивая.- Охъ, какъ мнѣ хочется скорѣе увидать Катю, Соню, Кокошу... тетю Зину... Ольгу Ивановну... всѣхъ, всѣхъ хочу видѣть!.. вотъ и садъ нашъ... мамаша! вотъ Катя и Соня!

При этомъ извѣстіи, пухлое лицо Софьи Алексѣевны окончательно раскисло, и она поспѣшила приложить къ нему платокъ. Сергѣй Львовичъ торопливо придвинулся къ женѣ, взялъ ея руку и также заморгалъ глазами; предстоящая сцена не могла не производить на него своего разслабляющаго дѣйствія; онъ самъ былъ очень слезливъ и нервенъ,- особенно стало это замѣтно въ послѣдніе два года послѣ обнародованія эманципаціи...

Карета, миновавъ большую, сѣрую деревню, лѣпившуюся на берегу пруда, повернула вдругъ въ длинную березовую аллею. Въ глубинѣ ея показался домъ и уголъ стараго сада; минуту спустя, изъ сосѣднихъ кустовъ вышла на дорогу группа дѣтей въ бѣлыхъ платьяхъ.

- Вотъ они! вотъ они! Я ихъ всѣхъ вижу! восторженно закричала Вѣрочка, хлопая въ ладоши.

Сергѣй Львовичъ поспѣшно высунулся изъ окна.

- Скорѣй, скорѣй! крикнулъ онъ кучеру. - Полно, другъ мой... присовокупилъ онъ, ныряя опять въ карету и приступая къ женѣ, которая начала всхлипывать. - Нѣтъ, я вижу, твои нервы нисколько не поправились... Ты напрасно такъ распускаешься...

Сергѣй Львовичъ, самъ, повидимому, крѣпившійся черезъ силу, приказалъ кучеру остановиться, какъ только услышалъ дѣтскіе голоса.

Едва приказаніе было исполнено, онъ распахнулъ дверцы кареты, высадилъ сначала дочь, потомъ приступилъ къ высаживанію жены, соблюдая, чтобъ она отъ волненія и слезъ, застилавшихъ зрѣніе, не оступилась какъ-нибудь на подножкахъ.

Прежде еще, чѣмъ Софья Алексѣевна успѣла утвердиться на землѣ, мальчикъ лѣтъ шести и двѣ дѣвочки повисли на ея шеѣ. Сергѣй Львовичъ, желая облегчить жену, попробовалъ было приподнять дѣтей и придержать ихъ на вѣсу; но не осилилъ и ограничился тѣмъ, что ухватилъ жену подъ руку. На выручку, къ счастію, подоспѣла костлявая особа женскаго пола съ тощимъ лицомъ, украшеннымъ парою водянистыхъ глазъ на выкатѣ и римскимъ носомъ, въ значительной уже степени подсушеннымъ временемъ; тщательно гофрированныя бандо рѣденькихъ бѣлокурыхъ волосъ, сердоликовая брошка на груди и пудра на лицѣ служили яснымъ доказательствомъ заблужденій человѣческихъ касательно борьбы противъ силъ природы. Дама эта (слѣдовало бы

9

сказать: дѣвица, потому что она не была еще замужемъ), имѣвшая въ общемъ своемъ ансамблѣ большое сходство съ подстрѣленною цаплей, доводилась Люлюковой дальнею родственницей; онѣ воспитывались въ одномъ институтѣ, и съ тѣхъ поръ никогда не разлучались.

Тутъ находилась еще гувернантка Люлюковыхъ,- молоденькая, весьма не дурная собой брюнетка, съ волосами коротко остриженными и завитыми, какъ говорится, "въ крутую". Съ перваго взгляда можно было узнать въ ней образчикъ тѣхъ дѣвушекъ, которыхъ въ среднихъ провинціальныхъ кругахъ называютъ обыкновенно "барышнями-растрепе", а въ губернскихъ, уже болѣе утонченныхъ кругахъ, "барышнями съ растрепанными чувствами". Если только подобныя опредѣленія основываются въ наружныхъ свойствахъ, гувернантка Люлюковыхъ вполнѣ ихъ оправдывала. Кринолинъ ея, качавшійся какъ колоколъ, странно выпучивался какъ-то на одинъ бокъ; рубашка изъ краснаго кумача, обшитая бѣлыми шнурками, была весьма сомнительной свѣжести; колечки на рукахъ обращали вниманіе на ея пальцы съ объѣденными ногтями. Въ ея походкѣ, взглядѣ, было что-то невыразимо самоувѣренное, заносчивое, смѣлое и рѣшительное. Она казалась очень веселою; можно было думать,- картина трогательной семейной встрѣчи пробуждала въ ней такое чувство.

- Дѣти, тише, осторожнѣе; не бросайтесь такъ!.. говорилъ разнѣженный Сергѣй Львовичъ, удерживая особенно мальчика, который, повиснувъ на шеѣ матери, барабанилъ безъ милосердія ногами по ея животу,- ну, довольно, полно!.. Вы довольно выказали вашу радость... Мамашенька вѣритъ, что вы радуетесь ея пріѣзду... мамашенька совершенно вѣритъ...

Тутъ хорошенькая гувернантка поспѣшила даже отвернуться и закашляться: смѣхъ душилъ ее.

Освобожденная отъ дѣтей, Люлюкова поступила въ объятія Зинаиды Львовны (такъ звали подругу дѣтства); послѣдняя съ какою-то пламенною восторженностью обвила Софью Алексѣевну руками и подняла даже при этомъ глаза къ небу. Послѣ этого Люлюкова, дѣйствительно очень уставшая отъ волненій и дороги, обратилась къ гувернанткѣ.

Та ограничилась пожатіемъ руки, и поклонилась съ какимъ-то вычурнымъ достоинствомъ.

- Ну, mesdames, домой! Дѣти, маршъ впередъ! вмѣшался Сергѣй Львовичъ. - Ба! да гдѣ же Коко! Коко? обратился онъ къ мальчику, который въ это время успѣлъ вскарабкаться на козлы кареты.- Коко, что это значитъ? кто тебѣ позволилъ? И, наконецъ, какъ тебѣ, братецъ, не стыдно! мамаша только-что пріѣхала, а ты, вмѣсто того, чтобы быть съ ней, какъ сестры,- ты взлѣзъ на козлы... Стыдись, братецъ, стыдись! Слѣзай скорѣй!

- Николай Сергѣевичъ, пожалуйте къ паненькѣ, пробасилъ кучеръ.

Коко, взявшій уже одну вожжу въ руки, не тронулся съ мѣста; онъ только побагровѣлъ.

- Николай Сергѣевичъ, пожалуйте, я васъ возьму на ручки... сказалъ въ свою очередь лакей въ потертой ливреѣ.

Но шестилѣтній Николай Сергѣевичъ, въ отвѣтъ на это, отвернулся и запищалъ тоненькимъ голоскомъ.

- Коко, сію минуту домой! закричалъ Сергѣй Львовичъ, не обращая никакого вниманія на знаки, которые подавала ему Зинаида Львовна.

Зная вспыльчивый нравъ Сергѣя Львовича и предвидя сцену, Зинаида Львовна мигнула дѣтямъ, и, нѣжно взявъ подъ руку Люлюкову, повела ее скорѣе къ дому.

- Сидоръ! энергически крикнулъ между тѣмъ Сергѣй Львовичъ, обратясь къ лакею.- Сидоръ, сними съ козелъ Николая Сергѣевича и неси его въ домъ!

Распорядившись такимъ образомъ, Сергѣй Львовичъ зашагалъ, чтобы догнать жену, но былъ остановленъ гувернанткой.

- Извините меня, сказала она, бойко поглядывая своими черными глазами,- не могу я вамъ въ этомъ сочувствовать. Это... это совершенный деспотизмъ...

- Въ чемъ сочувствовать? Какой деспотизмъ? нетерпѣливо спросилъ Люлюковъ, прислушиваясь съ видимымъ неудовольствіемъ къ воплямъ сына, который неистово бился на рукахъ Сидора.

- Что за бѣда, что мальчику хотѣлось посидѣть на козлахъ?..

- Помилуйте, Ольга Ивановна, горячо вступился Сергѣй Львовичъ,- мать только-что пріѣхала, не успѣла поцѣловать его, какъ онъ уже шмыгъ на козлы... Что же это такое, въ самомъ дѣлѣ?.. Надо ему внушить... необходимо внушить...

- Нѣтъ-съ, какъ хотите, это деспотизмъ, самый возмутительный деспотизмъ! заговорила въ свою очередь и такъ же горячо Ольга Ивановна,- вы этимъ только насилуете въ ребенкѣ свободное проявленіе личности! Ему хочется обнять мать,- прекрасно. Хочется вмѣсто того сѣсть на козлы,- что за бѣда? Дайте ему волю располагать, по крайней мѣрѣ, своими чувствами! Заставляя его насильственно исполнять ваши желанія, вы подавляете въ немъ личное чувство и убиваете въ немъ всякую индивидуальность! продолжала Ольга Ивановна, не замѣчая, въ увлеченіи своемъ, насколько взглядъ ея касательно естественнаго развитія мальчиковъ расходился со взглядомъ на дѣвочекъ, которыхъ муштровала она самымъ крутымъобразомъ, заставляя ихъ съ утра до вечера долбить такіе предметы, которые ей самой были и скучны, и не подъ силу.- Да, Сергѣй Львовичъ, заключила Ольга Ивановна, потрясая своими

11

локонами,- дѣйствуя такимъ образомъ съ ребенкомъ, вы отнимаете у него всякую иниціативу, всякую самостоятельность!

- О какой самостоятельности вы мнѣ говорите? Я право васъ не понимаю! воскликнулъ разгоряченный помѣщикъ.- Какая самостоятельность въ шестилѣтнемъ мальчуганѣ? Я хочу, чтобы прежде всего онъ меня слушалъ: вотъ и вся тутъ иниціатива! Другой я не знаю,- да-съ, и больше ничего!.. заключилъ онъ, поворачиваясь спиною и поспѣшая присоединиться къ семейству, которое подходило къ дому.

Пропустивъ Сергѣя Львовича и заклеймивъ его затылокъ презрительнымъ взглядомъ, Ольга Ивановна, къ великому удивленію, не выказала, однакожъ, никакого участія къ судьбѣ бѣднаго Коко, который тутъ же, въ двухъ шагахъ, продолжалъ биться и кричать на рукахъ Сидора. Она прошла мимо такъ же равнодушно, какъ бы его вовсе не было; бѣдный Коко не удостоился даже одной искры того огня, который пылалъ въ глазахъ Ольги Ивановны, когда она защищала его нравственную независимость.

Надо думать, назначеніе Ольги Иваповны состояло въ томъ, чтобы быть только проводникомъ идей извѣстнаго рода; горизонтъ ея дѣйствій ограничивался, вѣроятно, скорѣе распространеніемъ гуманитарныхъ и прогрессивныхъ началъ, чѣмъ примѣненіемъ ихъ къ практикѣ; послѣднимъ, какъ дѣломъ нѣкоторымъ образомъ уже матеріальнымъ, примѣнительнымъ и слѣдовательно второстепеннымъ, могли заниматься обыкновенныя личности - трутни человѣчества.

Заклеймивъ удалявшагося ретрограда новымъ презрительнымъ взглядомъ, "отвлеченная" Ольга Ивановна направилась къ дому, который... Но нѣтъ, пусть лучше домъ будетъ въ слѣдующей главѣ.

ГЛАВА ТРЕТЬЯ

"Ненасытный верзила", со включеніемъ и разныхъ домашнихъ обитоятельствъ и частныхъ соображеній.

Домъ въ Дудиловкѣ, если смотрѣть на него со стороны старой почтовой дороги, откуда виднѣлся онъ верстъ за восемь, рекомендовалъ себя какъ нельзя лучше: огромный, въ два этажа, съ мезонинами, надстройками и надворными флигелями, онъ издали принималъ величественный видъ замка и невольно поражалъ каждаго путешественника, одареннаго сколько-нибудь близорукостью. Вблизи было, однакожъ, совсѣмъ не то: вблизи величавость исчезала, какъ исчезаетъ часто величавость, когда начинаешь разсматривать ее на близкомъ разстоянiи. Глазъ встрѣчалъ неуклюжее, изветшалое строенiе, Богъ вѣсть, какъ еще державшееся. Дѣло въ томъ, что это былъ одинъ изъ тѣхъ домовъ, которые строились, лѣтъ семьдесятъ назадъ, помѣщиками, имѣвшими тысячи полторы душъ. Доставаясь потомъ по наслѣдству сыну или внуку, которымъ пришлось получить по раздѣлу всего душъ триста, дома этого рода ставятъ послѣднихъ въ чрезвычайно критическое положенiе; положенiе доходитъ до трагическаго, когда наслѣдникъ въ триста душъ,- какъ, напримѣръ, Сергѣй Львовичъ,- считаетъ священнѣйшею своею обязанностью поддержать достойнымъ образомъ жилище своихъ предковъ. Уже одна починка крыши и возобновленiе рамъ во второмъ этажѣ до такой степени подрѣзали финансы Сергѣя Львовича, что онъ тутъ же заложилъ бы свои триста душъ, если бъ это не было уже сдѣлано его предшественникомъ. Словомъ сказать, домъ поглотилъ бы Сергѣя Львовича, какъ въ блаженныя времена китъ поглотилъ Iону; но встрѣтилось, къ счастью, обстоятельство, которое неожиданно его выручило.

Люлюковъ, посѣщавшiй съ похвальнымъ рвенiемъ дворянскiе выборы и выбранный, наконецъ, въ дворянскiе предводители (съ этою цѣлью собственно и было предпринято возобновленiе дома), былъ на второе трехлѣтiе неожиданно забаллотированъ. Вотъ это какъ случилось. Сначала гг. дворяне, преисполненные чувствомъ сердечной признательности къ бывшему своему предводителю, неотступно просили его не оставлять своего поста и вновь баллотироваться. Сергѣй Львовичъ, какъ принято обыкновенно въ такихъ торжественныхъ случаяхъ, поблагодаривъ гг. дворянъ, началъ отказываться, приводя въ оправданiе домашнiя свои обстоятельства (голосъ его былъ сильно растроганъ и онъ нѣсколько разъ прикладывалъ руку къ сердцу); просьбы гг. дворянъ были, однакожъ, такъ убѣдительны, въ ихъ голосѣ и взглядахъ проглядывало столько искренняго чувства, что Сергѣй Львовичъ не могъ бы не согласиться даже въ томъ случаѣ, если бы въ самомъ дѣлѣ питалъ жестокое намѣренiе отказаться.

Когда послѣ баллотировки сосчитаны были шары, открылось, что гг. дворяне единодушно забаллотировали Люлюкова, или, какъ выражаются въ провинцiи: "чистоганомъ прокатили его на вороныхъ".

Случай, когда гг. дворяне убѣдительно просятъ кого-нибудь баллотироваться, и потомъ на чистоту забаллотировываютъ, хотя самъпо-себѣ не представляетъ ничего новаго, сдѣлалъ тѣмъ не менѣе сильное впечатлѣнiе на Сергѣя Львовича. Отказавшись отъ предводительства и даже отъ сношенiй съ дворянами своего уѣзда, Сергѣй Львовичъ объявилъ, что не станетъ давать ни копейки на поддержку "ненасытнаго верзилы",- такъ называлъ онъ обыкновенно прадѣдовскій домъ. Въ то же время рѣшено было переселиться въ Москву, съ тѣмъ, чтобы пріѣзжать въ Дудиловку только на лѣтніе мѣсяцы.

Не случись, впрочемъ, баллотировки, Люлюковъ, все равно, рано или поздно, пришелъ бы къ тому же концу, относительно перееѣзда въ столицу.

Уже доказано рядомъ самыхъ точныхъ изслѣдованій надъ природою человѣка, что какъ только финансы какого-нибудь смертнаго приходятъ въ колебаніе или упадокъ, первая забота такого смертнаго состоитъ не въ томъ, чтобы ихъ поправить, но въ томъ, чтобы скрыть, что финансы поколебались.

Въ вровинціи всего труднѣе достигнуть такой цѣли. Главнымъ препятствіемъ служитъ здѣсь слишкомъ большая короткость отношеній между людьми; короткость эту обусловливаетъ патріархальность сельскихъ нравовъ. Скромнѣйшій гость, заживаясь нѣсколько дней сряду у сосѣда, поневолѣ поставленъ въ необходимость бросить нѣсколько взглядовъ въ бокъ и уловить нѣсколько чертъ изъ закулисной обстановки гостепріимнаго крова. Всего этого, конечно, не можетъ случиться въ городѣ; тамъ даже любознательный гость рѣдко найдетъ случай заглянуть дальше гостиной.

Въ деревнѣ, слѣдовательно, малѣйшая экономическая перемѣна, вынужденная вашими обстоятельствами (не говорю уже объ уменьшеніи слугъ и лошадей; но если, напримѣръ, въ прошломъ году за обѣдомъ на именинахъ жены подавалась спаржа, а въ нынѣшнемъ ее замѣнилъ шпинатъ съ крутыми яйцами), все это никакъ не ускользнетъ отъ проницательности сосѣда и неминуемо послужитъ ему комментаріемъ для опредѣленія грустнаго факта, что дѣла ваши въ значительной степени приходятъ въ упадокъ.

Изъ этого ясно слѣдуетъ, что какъ только провинціальнаго жителя, какъ говорится, "схватитъ поперекъ живота", первая его забота должна состоять въ томъ, чтобы какъ можно скорѣе перебраться въ столицу. Начать съ того: вѣсть о вашемъ отъѣздѣ не успѣетъ еще распространиться по уѣзду, какъ уже почувствуется поворотъ въ мнѣніяхъ касательно вашей особы; слухи о вашемъ разстройствѣ, подтверждаемые шпинатомъ съ крутыми яйцами, замѣнившими спаржу, и также другими не менѣе убѣдителышми доказательствами, тотчасъ же встрѣтятъ энергическій отпоръ въ самомъ фактѣ отъѣзда. Всѣ заговорятъ въ одинъ голосъ: "Г* уѣхалъ съ семействомъ на зиму въ столицу; гдѣ же, говорили, разстроенныя его дѣла? Все вздоръ, стало-быть, чепуха, нелѣпица и сплетни!" Возстановивъ себя такимъ образомъ до извѣстной степени въ глазахъ общества, вы извлекаете изъ вашей поѣздки ту еще выгоду, что самые эти толки неминуемо произведутъ благотворное дѣйствіе на ваше

14

самолюбіе; послѣднее очень важно, если принять во вниманіе, что при разстроенныхъ обстоятельствахъ самолюбіе всегда болѣе или менѣе находится въ раздраженномъ состояніи. Но это еще не все: оторвавшись отъ деревни какъ коренной ея житель, пріѣзжая туда только на лѣто, а на зиму снова отправляясь въ столицу, вы можете смѣло поздравить себя съ разрѣшеніемъ труднѣйшаго жизненнаго вопроса: вы освободили себя разъ навсегда отъ роли домохозяина, которая (припомните сами!) служила вамъ всегда, при безденежьи, источникомъ самыхъ назойливыхъ огорченій. Принимая сосѣда лѣтомъ въ деревнѣ, вы сами теперь поспѣшите предупредить его относительно царствующаго вокругъ безпорядка; вы первый теперь обратите его вниманіе на треснувшую штукатурку, на бревенчатыя стѣны, на полинявшіе обои: "Мы здѣсь, какъ видите, ведемъ совершенно бивачную жизнь; главная наша квартира собственно въ Москвѣ, говорите вы, производя увеселительные жесты, приправленные добродушною улыбкой,- согласитесь сами: для двухъ-трехъ мѣсяцевъ не стоитъ устраивать; къ тому же, лѣтомъ вездѣ хорошо. Былъ бы свѣжій воздухъ и садъ для дѣтей,- это главное!"

Въ Москвѣ вы не перестаете жаловаться гостямъ на тѣсноту и неудобства помѣщенія: "Мы здѣсь какъ на бивакѣ, повторяете вы съ тѣми же увеселительными жестами и улыбками:- ни гостиной порядочной, ни залы, гдѣ бы дѣти могли рѣзвиться свободно... какъ, напримѣръ, въ деревнѣ. Москва ваша,- ужасъ! Не требуй этого воспитаніе дѣтей, мы никогда не разстались бы съ деревней; здѣсь не столько живешь, сколько, такъ-сказать, временно прозябаешь..." и т. д.

Короче, изъ всѣхъ способовъ, изобрѣтенныхъ въ послѣднее время помѣщиками, которые явно уже разстроились, но желаютъ еще поддержать свое достоинство, способъ переселенія на зиму въ столицу, подъ предлогомъ воспитанія дѣтей, самый удобный и вѣрный.

Отказавшись давать деньги на поддержку "верзилы", Сергѣй Львовичъ счелъ также необходимымъ отказаться отъ плановъ преобразованія внутри дома. Все осталось почти въ томъ же видѣ, какъ было въ старину. Зала, гостиная и кабинетъ, комнаты, гдѣ производится обыкновенно постоянная выставка домашнихъ сокровищъ, обставлены были стародавнею мебелью; подушки на ней были такъ жестки, что каждый, кто садился на нихъ съ необдуманною смѣлостью, разбивался вдребезги, какъ объ скалу. Улучшенія, сдѣланныя Сергѣемъ Львовичемъ, были самыя незначительныя; они почти ограничивались старымъ фамильнымъ портретомъ съ проткнутою щекой и косыми калмыцкими глазами.; Сергѣй Львовичъ велѣлъ снести его съ чердака, гдѣ заѣдали его мыши, и повѣсилъ въ залѣ, гдѣ нещадно засиживали его теперь мухи. Портретъ этотъ, полуфантастическаго свойства, принадлежалъ татарину Люлюку, родоначальнику фамиліи Люлюковыхъ,- преданіе, особенно часто

15

выставляемое на видъ приходскому священнику, отцу Леониду, успѣвшему также давно затвердить наизусть, что предки Софьи Алексѣевны были еще древнѣе и знаменитѣе: по отцу происходила она отъ древней чисто славянской фамиліи Золотухиныхъ, по матери доводилась родною племянницей Помпею Николаевичу Пыщину; послѣдній былъ человѣкъ нашего вѣка, но столь знаменитый и значительный, что каждый разъ, какъ произносилось громко его имя (а оно иначе никогда не произносилось въ Дудиловскомъ домѣ), отецъ Леонидъ робко привставалъ со стула.

Къ портрету Сергѣй Львовичъ прибавилъ только зеленыя шерстяныя занавѣски и портьеры, которыя каждую весну и осень сопровождали семейство изъ Москвы въ деревню и обратно; такою же матеріей обиты были диваны и стулья гостиной; послѣдніе возобновлялись каждыя пять-шесть лѣтъ, и всякій разъ по сюрпризу въ день рожденья Софьи Алексѣевны. Точность требуетъ еще присоединить къ числу нововведеній нѣсколько мѣдныхъ плевальницъ и двѣ зеленыя кадки съ плющемъ, который огибалъ дверь изъ залы въ гостиную. Такое украшеніе часто, впрочемъ, встрѣчается въ помѣщичьихъ домахъ; оно даже совершенно непонятно, если обсудить, что плющъ всегда является въ пересохнувшемъ видѣ и, вмѣстѣ съ плевальницами, почти исключительно интересуетъ только однѣхъ домашнихъ кошекъ.

Внѣшняя и внутренняя обстановка "ненасытнаго верзилы" пришла, впрочемъ, къ крайнему предѣлу своей скромности только въ эти послѣдніе два года; до того времени "верзила", съ своею подновленною крышей и новыми рамами, смотрѣлъ еще бодрымъ маститымъ старцемъ, которому внуки, въ день именинъ, надѣли новую ермолку и подвязали новый галстукъ. Воздвигнутый, какъ мы замѣтили, лѣтъ семьдесятъ назадъ, почти безъ жертвы со стороны прежняго своего владѣльца (рубили его даромъ крѣпостные дудиловскіе мужики и притомъ изъ не купленнаго дудиловскаго лѣса),- "верзила", казалось, вѣрить не хотѣлъ въ несокрушимость того принципа и той силы, которые его соорудили. Самый приказъ Сергѣя Львовича - не выдавать болѣе ни копейки на поддержку дома, встрѣченъ былъ послѣднимъ съ полнѣйшимъ равнодушіемъ. Дѣйствительно, пока еще не отъ чего было падать духомъ: года не проходило безъ того, чтобы закоренѣлыя старческія убѣжденія "верзилы" не встрѣчали краснорѣчиваго подтвержденія; въ стѣнахъ его то и дѣло раздавался голосъ Сергѣя Львовича: "эй, Софронъ, починить въ домѣ балконъ!" "Никаноръ, законопатить уголъ къ саду!" "Зензевѣй! обмазать глиной фундаментъ!" и т. д. Послѣ каждаго изъ этихъ приказаній, исполнявшихся безъ прекословія, "верзила", казалось, только прищуривался и говорилъ про себя: "не выдавай, пожалуй, на меня денегъ,- мнѣ не хуже отъ этого; меня все-таки и чинятъ, и конопатятъ!"

16

Такъ продолжалось до той поры, когда разъ тѣ же стѣны "верзилы" потряслись извѣстіемъ, что Софронъ, Зензевѣй и Никаноръ ни за что уже не станутъ подновлять его, довольствуясь одними приказаніями Сергѣя Львовича, но потребуютъ еще въ придачу денежныхъ жертвъ со стороны владѣльца. Дѣло, очевидно, стало изъ рукъ вонъ плохо. Съ перваго же лѣта, "верзила", неподкрашенный и неподтыканный, пересталъ улыбаться; щеки его покрылись трещинами и морщинами, какъ у старой барыни, которая вдругъ перестала бѣлиться и румяниться. Единственнымъ утѣшеніемъ "верзилы" осталась многочисленная дворня, храпѣвшая во всѣхъ его углахъ и закоулкахъ, или сновавшая по всѣмъ направленіямъ обширнаго двора; въ этомъ грезилось ему напоминаніе минувшихъ дней золотого вѣка,- вѣка его невозвратно протекшей юности. Но когда отняли у него и эту послѣднюю радость, когда, въ одно прекрасное утро, изъ сорока семи дворовыхъ людей, остались только подслѣповатый кучеръ Власъ, старая нянька Ульяна, да лакей Петръ Кондратьевичъ съ женою; когда, три дня сряду, кухня не огласилась звукомъ ножа, потому что бывшій поваръ заломилъ вдругъ такую цѣну, что Сергѣй Львовичъ приказалъ въ тотъ же мигъ вытолкать его взашей; когда на опустѣвшемъ барскомъ дворѣ изрѣдка стали показываться чужіе наемные люди, Петръ, Прохоръ и горничная Аннушка,- тогда "верзила" окончательно уже опустился, пріунылъ и насупился.

Вмѣстѣ съ нимъ насупился и даже какъ будто похирѣлъ самъ Сергѣй Львовичъ. Хотя это произошло, какъ мы видѣли, не настолько, чтобы нельзя было заключить сразу о томъ, что въ молодости онъ былъ очень ловокъ и славно танцовалъ мазурку,- ближніе его знакомые находили, однакожъ, что онъ "шибко опустился". Человѣкъ самаго веселаго нрава, безпечный и въ высшей степени снисходительный и добрый, онъ вдругъ началъ выказывать тѣ же симптомы раздражительности, какъ было послѣ измѣнническей забаллотировки. Раздражительность возбуждалась теперь только другими причинами; тогда избѣгали говорить съ нимъ о дворянахъ; теперь не слѣдовало прикасаться къ крестьянамъ, "этимъ добрымъ дудиловскимъ мужичкамъ", какъ называлъ онъ ихъ прежде, и "этимъ неблагодарнымъ скотамъ", какъ сталъ онъ называть ихъ въ послѣднее время.

Но объ этомъ послѣ; намъ необходимо скорѣе присоединиться къ Сергѣю Львовичу, который старается догнать жену; прежде, чѣмъ она войдетъ въ домъ.

ГЛАВА ЧЕТВЕРТАЯ

состоящая изъ сюрпризовъ и короче знакомящая съ членами семейства.

Сергѣй Львовичъ настигнулъ жену уже въ прихожей; онъ вошелъ въ ту минуту, какъ она цѣловалась съ нянькой Ульяной, старушкой лѣтъ семидесяти, вынянчившей Сергѣя Львовича, потомъ поочередно всѣхъ его дѣтей. Шепнувъ что-то Зинаидѣ Львовнѣ, все еще державшей подъ руку свою подругу, Люлюковъ, къ которому успѣла возвратиться веселость, пригласилъ всѣхъ итти въ залу.

Тамъ былъ уже накрытъ столъ. Не считая двухъ пузатыхъ графиновъ съ квасомъ, на столѣ красовались: початая бутылка хересу противъ стула Сергѣя Львовича и большой букетъ цвѣтовъ противъ тарелки Софьи Алексѣевны. Голоса Кати, Сони, Маши и только что пріѣхавшей Вѣрочки звонко долетали изъ саду въ растворенныя окна.

Какъ бы случайно проведя жену мимо букета, Сергѣй Львовичъ пріостановился и кашлянулъ два раза. Невниманіе жены, которая такъ была поглощена Зинаидой Львовной, что не повела даже глазомъ, нѣсколько обидѣло супруга; но это продолжалось всего секунду; веселость и оживленіе въ тотъ же мигъ отразились на его щекахъ; въ немъ видимо играла какая-то мысль, подстрекавшая въ высшей степени его нетерпѣніе и не дававшая ему угомону. Мигая украдкой Зинаидѣ Львовнѣ, онъ взялъ жену подъ другую руку, и суетливо повелъ ихъ обѣихъ изъ залы въ коридоръ, оттуда вверхъ по лѣстницѣ во второй этажъ, гдѣ находились собственно жилыя комнаты; тутъ, между прочимъ, была и спальня Люлюковой.

Войдя въ нее и окинувъ глазами стѣны, только что оклеенныя новыми обоями и даже издававшія кислый запахъ клея, Софья Алексѣевна ограничилась тѣмъ лишь, что обмѣнялась съ подругой выразительнымъ пожатіемъ руки. Сергѣй Львовичъ не замѣтилъ этого движенія.

- Я, Serge, очень тебѣ благодарна... но зачѣмъ все это?.. зачѣмъ?.. проговорила Софья Алексѣевна, обративъ къ мужу увлаженный взглядъ.

- Душа моя, ты давно этого желала! воскликнулъ нѣсколько умиленный супругъ,- я это зналъ! давно зналъ!..

Софья Алексѣевна отрицательно покачала головой.

- Пожалуйста не скрывай! не думай, главное, чтобы кто-нибудь высказалъ мнѣ твою мысль, убѣдительнымъ тономъ подхватилъ Сергѣй Львовичъ,- ни дѣти, ни Зиночка, никто не сказалъ ни слова!.. (Выразительное пожатіе руки было на этотъ разъ со стороны Зинаиды Львовны). Я нарочно ждалъ твоего отъѣзда, чтобы сдѣлать тебѣ этотъ маленькій сюрпризъ... Сущая бездѣлица: всего нѣсколько кусковъ обоевъ... конечно такъ; но посмотри, между тѣмъ, какую веселость эта бездѣлица придала твоей комнатѣ!.. добавилъ онъ, весело размахивая во всѣ стороны руками и стараясь этою оживленною пантомимой навести глаза жены на мебель и ширмы, обитыя новымъ ситцемъ.

Сергѣй Львовичъ, казалось, только и ждалъ этой минуты; восторгъ и радость неистово забушевали въ его моргающихъ глазахъ. Не давъ женѣ произнести слова, не давъ ей даже хорошенько осмотрѣться, онъ съ необычайнымъ проворствомъ схватилъ ее за талію, опустилъ въ ближайшее кресло, качнулъ ее раза два сверху внизъ, чтобы дать почувствовать эластичность новыхъ пружинъ, въ тотъ же мигъ приподнялъ ее опять на ноги, тутъ же погрузилъ на сосѣдній диванъ, и снова подвергнулъ испытанію новыя пружины. Склонный увлекаться и развеселяться такъ же скоро, какъ и падать духомъ, Сергѣй Львовичъ не остановился на этомъ. Бросивъ Зинаидѣ Львовнѣ взглядъ, который ясно говорилъ: "озадачивать, такъ озадачивать!" - и вовсе не замѣчая, что глаза послѣдней магнетически устремлялись на Софью Алексѣвну, съ очевидною цѣлію поддержать въ ней нравственныя и физическія силы, онъ снова приподнялъ жену и повелъ ее за ширмы, но такъ, однакожъ, чтобы глазамъ ея представилась сначала одна кіота съ образами; послѣ этого онъ вдругъ повернулъ ее лицомъ къ постели, завѣшенной новымъ кисейнымъ пологомъ, прикрѣпленнымъ къ потолку розовымъ бантомъ.

- Это тебѣ отъ мухъ!.. отъ мухъ!.. воскликнулъ Сергѣй Львовичъ, приходя неожиданно въ умильное состояніе.

Тутъ онъ обнялъ жену, стараясь отвернуть голову, частію чтобы свободно моргать увлаженными глазами, частію потому, что ребро лифа какъ разъ пришлось ему поперекъ носа.

Разсудивъ въ простотѣ своей безхитростной души, что все это можетъ черезчуръ уже потрясти и безъ того разстроенные нервы супруги, Сергѣй Львовичъ объявилъ наотрѣзъ, что сюрпризы кончены; во что бы ни стало, слѣдовало ему теперь какъ можно скорѣе развлечь, разсѣять и даже укрѣпить Софью Алексѣвну. На этомъ основаніи, онъ поспѣшилъ принять веселый, улыбающійся видъ,- на что, впрочемъ, не потребовалось съ его стороны слишкомъ большихъ усилій.

- Ты устала, я знаю, заговорилъ онъ,- но сдѣлай надъ собой еще крошечное усиліе: не отдыхай до поры до времени! Во-первыхъ, ты испортишь себѣ ночь, во-вторыхъ, сейчасъ обѣдать, въ-третьихъ... но въ-третьихъ, я попросту самъ не допущу тебя до этого...

- Но, Сергѣй Львовичъ... начала было супруга.

- И не говори: - не допущу, не допущу! кричалъ Сергѣй Львовичъ, размахивая руками.

- Но, Сергѣй Львовичъ... вмѣшалась Зинаида Львовна.

19

- Ничего не хочу слушать! - ничего, рѣиительно! продолжалъ Люлюковъ. - Что же это такое, въ самомъ дѣлѣ: ждали цѣлый мѣсяцъ, сегодня пріѣхала и вдругъ не увидишь тебя цѣлый день! Нѣтъ, ты просто и не имѣешь права лишить всѣхъ насъ удовольствія побыть съ тобою.

- Я вовсе не о томъ, Serge... сказала Люлюкова разслабленнымъ голосомъ.

- Она не о томъ вовсе, вмѣшалась опять Зинаида Львовна, начинавшая терять терпѣніе.

. - Что-жъ такое? Въ чемъ же дѣло? спросилъ все болѣе и болѣе оживлявшійся Сергѣй Львовичъ.

- Мнѣ бы хотѣлось сегодня отслужить молебенъ... проговорила какъ бы черезъ силу Софья Алексѣевна.

- А, ну, это другое дѣло! Ты бы давно такъ сказала! Изволь, душа моя! сейчасъ же распоряжусь, чтобы священникъ былъ здѣсь часамъ къ пяти... проговорилъ Сергѣй Львовичъ, переходя къ снисходительному, отчасти даже серьезному тому, какъ и требовалъ предметъ разговора. - Да будетъ однакожъ извѣстно вамъ обѣимъ, промолвилъ онъ,- вамъ дается всего нѣсколько минутъ времени,- ровно столько, чтобъ освѣжить себѣ лицо водою и поправить криолины, которые, вѣроятно, шибко измялись въ дорогѣ... Чтобы вы не тратили попусту времени, велю между тѣмъ подавать супъ! Помните же, господа: всего нѣсколько минутъ!..

Сдѣлавъ такое заключеніе уже въ шутливомъ тонѣ, Сергѣй Львовичъ поспѣшно вышелъ изъ комнаты и застучалъ сапогами по лѣстницѣ.

Оставшись вдвоемъ, дамы сдѣлали такое движеніе, какъ актрисы въ живыхъ картинахъ, когда упавшая занавѣсь позволяетъ имъ перемѣнить трудную позу.

- Господи! простонала Софья Алексѣевна.

- Господи! повторила за нею Зинаида Львовна. После этого неожиданно простерли руки одна къ другой; простоявъ такимъ образомъ нѣсколько секундъ, и не то любуясь одна другою, не то прислушиваясь къ удалявшимся шагамъ Люлюкова, обѣ вдругъ ринулись впередъ и заключили другъ друга въ объятья.

- Зинаида! проговорила Софья Алексѣевна, опуская лицо на шею подруги.

- Sophie! подхватила Зинаида Львовна, томно закидывая голову и впѣряя мокрые глаза въ потолокъ.

Надо сказать, однакожъ, что въ этой короткой, но выразительной сценѣ, Люлюкова показала себя несравненно холоднѣе своей подруги; у нея замѣтно не было столько огня, столько воодушевленія и экзальтаціи, какъ у послѣдней. Отчасти это понятно: Софьѣ Алексѣевнѣ было уже подъ сорокъ, тогда какъ Зинаида Львовна была моложе ея цѣлыми двумя годами!

20

Освободившись изъ объятій подруги, Софья Алексѣевна опустилась на диванъ, и снова вздохнула.

Зинаида Львовна съ живостью схватила ея руку.

- Понимаю тебя! понимаю! произнесла она съ чувствомъ,- между нами не нужно словъ; мы могли бы, кажется, быть нѣмыми и все-таки понимали бы другъ друга такъ же хорошо, какъ теперь понимаемъ!.. Но что же дѣлать? не всѣ созданы одинаково, и есть люди, которые... словомъ, я вполнѣ тебѣ сочувствую, вполнѣ тебя понимаю...

Зинаида Львовна не ошибалась. Проникая въ сокровеннѣйшіе изгибы души нодруги дѣтства, она очень хорошо знала, чего хотѣлось въ настоящую минуту Софьѣ Алексѣевнѣ и о чемъ она такъ глубоко вздыхала; Зинаида Львовна какъ нельзя болѣе сочувствовала желанію подруги, состоявшему въ томъ, чтобы остаться въ комнатѣ, провести нѣсколько благоговѣйныхъ минутъ передъ образами, потомъ скорѣе лечь въ ностель, накушаться чаю и предаться возстановительному отдыху, столь необходимому послѣ долгаго путешествія. Но что же дѣлать! какъ быть! Не въ томъ ли именно и заключается высокая роль женщины, чтобы всегда и во всемъ умѣть подавлять въ себѣ желанія и стремленія? Не въ томъ ли состоитъ ея назначеніе, чтобы, подобно сказочному пеликану, приносить всегда свои чувства, и, въ случаѣ надобности, даже печенки, въ жертву тому, что люди приняли называть долгомъ? Именно такъ! Ангельская покорность, выражавшаяся на лицѣ Софьи Алексѣевны въ то время, какъ она подымалась съ дивана (Богъ свидѣтель, однакожъ, какъ тяжело было ей это сдѣлать), не оставляла сомнѣнія, что сознаніе долга и высокое свойство самоотверженія управляли въ ея душѣ всѣми остальными чувствами. Зинаида Львовна, не перестававшая поддерживать энергію подруги, доказывала съ своей стороны, что чувства эти были ей также хорошо знакомы.- "Онъ этого хочетъ! Онъ этого желаетъ! что жъ дѣлать! надо покориться его требованію!" повторяла она, стараясь вмѣстѣ съ тѣмъ внушить, какъ имъ необходимо торопиться, чтобы поспѣть къ приходу Сергѣя Львовича.

Легко также могло статься, что Зинаида Львовна имѣла при этомъ свою собственную, затаенную цѣль. Дѣйствительно, такъ оно и было. Затаенная цѣль Зинаиды Львовны не замедлила выступить во всемъ блескѣ своей невинности при первомъ взглядѣ Люлюковой на кусокъ розоваго мыла, купленный на собственныя деньги Зинаиды Львовны. Мыло лежало на холстяномъ квадратѣ, вышитомъ по краямъ краснымъ гарусомъ: поспѣшность, съ какою Зинаида Львовна принялась лить воду на руки подруги, не оставляла сомнѣнія, что она не придаетъ никакой цѣны этимъ маленькимъ знакамъ дружбы. Когда Софья Алексѣевна обратилась къ ней съ мокрымъ лицомъ и встрѣтила незнакомое полотенце съ шитыми концами (новый подарокъ), Зинаида Львовна и тутъ не дала ей выговорить слова; даже послѣ, когда вокругъ шеи Люлюковой обвился новый воротничокъ, а на рукахъ очутились новые рукавчики, Зинаида Львовна ограничилась тѣмъ только, что съ чувствомъ обняла ее, сказавъ: "что такъ какъ подарки эти не заключаютъ въ себѣ ничего внѣшняго, тщеславнаго (при этомъ она невольно обвела глазами новые обои стѣнъ, обивку мебели, кисейный пологъ и розовый бантъ), то деликатныя чувства Софьи Алексѣвны не только не могутъ оскорбиться ими, но она должна принять ихъ къ сердцу, такъ какъ сами они внушены чистѣйшими побужденіями нѣжнаго, любящаго сердца!"

Все это, весьма натурально, сильно тронуло Люлюкову и окончательно распустило ея нервы; такъ что, когда шаги Сергѣя Львовича послышались на лѣстницѣ, она не въ силахъ уже была владѣть своими чувствами: она тяжело опустилась на диванъ и произнесла изнемогающимъ голосомъ:

- Если бы ты знала только, Зиночка, какъ я устала!..

- Святая женщина! возразила на это Зинаида Львовна, съ какимъ-то дикимъ энтузіазмомъ въ глазахъ,- но что же дѣлать! Жизнь женщины - испытаніе! Нашъ удѣлъ: терпѣть, страдать и приносить себя въ жертву!..

- Можно войти? весело крикнулъ Сергѣй Львовичъ, постукивая въ дверь.

- Можно! отвѣтили обѣ женщины голосомъ, который доказывалъ, что секунды этой было имъ довольно, чтобы вполнѣ овладѣть собою и быть готовыми самоотверженно забыть себя въ пользу кого бы то ни было.

- Ну, душа моя, за священникомъ послано! Онъ будетъ въ пять часовъ, заговорилъ Сергѣй Львовичъ, щедро угощая себя табакомъ. - Ну что, какъ ты себя теперь чувствуешь? Ободрилась, а? Не правда ли, удивительно всегда дѣйствуетъ, когда умоешься послѣ дороги?.. Ну, и прекрасно! Пойдемте внизъ; обѣдъ давно готовъ и супъ на столѣ...

Дѣти, не исключая, конечно, и маленькаго Коко, давно ожидали въ залѣ своихъ родителей; недоставало только Ольги Ивановны: она, по обыкновенію, явилась въ ту минуту, какъ усаживались за столъ. Проходя мимо Коко, лицо котораго было еще красно отъ недавно пролитыхъ слезъ, Сергѣй Львовичъ принялъ вдругъ строгую осанку и показалъ видъ, что не замѣчаетъ сына; собственно, Сергѣй Львовичъ былъ очень веселъ. Подтвержденіемъ этого могло служить слѣдующее обстоятельство: усадивъ жену на стулъ, онъ ловко юркнулъ къ двери прихожей, полурастворилъ ее и комически подмигнулъ стоявшему тамъ старому, лысому лакею, который держалъ блюдо съ пирожками для супа. Послѣ этого, онъ такъ же проворно вернулся къ столу и занялъ свое мѣсто.

- Знаешь ли, какая новость, Сонечка, очень прискорбная новость, мой другъ, началъ Сергѣй Львовичъ, когда всѣ усѣлись (Софья Алексѣвна сидѣла спиною къ двери, скрывавшей таинственную лысую личность),-

ты не пугайся, однакожъ, мой другъ; новость, конечно, весьма непріятная, и она жестоко тебя озадачитъ; но все-таки, она не такого рода, чтобы была неисправима; впрочемъ, если взять въ соображеніе то, что теперь совершается на бѣломъ свѣтѣ... или по крайней мѣрѣ въ нашемъ отечествѣ, надобно быть ко всему готовымъ...

Зинаида Львовна взглянула на Сергѣя Львовича, повела глазами по направленію къ Софьѣ Алексѣевнѣ и съ укоризной покачала головой.

- Я уже предупредилъ Сонечку, чтобъ она не пугалась, сказалъ Сергѣй Львовичъ, выразительно кашлянувъ два раза.

При этомъ, изъ двери тихонько выплылъ таинственный незнакомецъ, представлявшій изъ себя пожилого двороваго человѣка съ широкимъ глянцевымъ лицомъ, приплюснутымъ кверху носомъ, толстымъ подбородромъ и маленькими свиными глазками, заплывшими отъ жира; лицо его отъ одного уха до другого, отъ подбородка до лысины, которая обнимала вокругъ голову, превращено было, казалось, въ одну умилительную улыбку. Ставъ за стуломъ барыни, онъ вопросительно взглянулъ на Сергѣя Львовича. Дѣти, заранѣе предупрежденныя отцомъ, поспѣшили уткнуть носъ въ тарелки, чтобы удержаться отъ смѣха.

- Представь себѣ, душа моя, кого мы лишились! продолжалъ между тѣмъ Сергѣй Львовичъ,- лишились мы, можно сказать, послѣдняго изъ нашихъ Могикановъ! Да, насъ оставилъ нашъ послѣдній вѣрный слуга: Петръ Кондратьевичъ!..

Софья Алексѣевна едва пошевелила красными пятнами, замѣнявшими ей брови. Очевидно, не стоило готовить ей сюрпризовъ; Сергѣй Львовичъ всякій разъ сознавался въ этомъ; но всякій разъ, увлекаясь какою-нибудь новою игривою мыслью, не могъ утерпѣть, чтобы не привести ее въ исполненіе. Такъ точно было и теперь.

- Гм! гм! кашлянулъ онъ снова.

Петръ Кондратьевичъ выдвинулъ впередъ блюдо съ пирожками и умильно наклонился къ барынѣ.

- Sophie, взгляни! взгляни же! крикнулъ Сергѣй Львовичъ, заставляя ее поднять глаза.

- Петръ Кондратьевичъ! проговорила Люлюкова съ тѣмъ убійственнымъ равнодушіемъ, какое прикладывалось ею ко всѣмъ событіямъ жизни.

Но уже и этого было довольно. Сергѣй Львовичъ, а за нимъ дѣти, огласили залъ такимъ хохотомъ, что окна зазвенѣли. Сергѣй Львовичъ и Коко смѣялись, впрочемъ, громче другихъ.

Подъ конецъ улыбнулась даже сама Софья Алексѣевна.

ГЛАВА ПЯТАЯ

уясняющая отчасти тенденціи Ольги Ивановны. Сергѣю Львовичу дѣлаютъ сюрпризъ, передъ которымъ блѣднѣютъ и меркнутъ его собственные сюрпризы.

Въ этомъ единодушномъ взрывѣ хохота, отъ котораго окна "верзилы" дрогнули, какъ отъ землетрясенія, одна Ольга Ивановна не приняла никакого участія. Мало того: когда дѣтскій крикъ и визгъ достигли крайняго своего предѣла, она вдругъ строго выпрямилась, нахмурила брови и обвела присутствующихъ олимпійскимъ, величественнымъ взглядомъ.

Изъ этого, само собою разумѣется, слѣдовало заключить, что Ольга Ивановна находится въ чрезвычайно раздраженномъ состояніи духа. Мы не ошибемся, кажется, если скажемъ, что виною всему было послѣднее ея объясненіе съ Сергѣемъ Львовичемъ.

Собственно говоря, объясненіе это не открыло ей ничего новаго; еще менѣе могло оно подѣйствовать во вредъ или въ пользу мнѣнія Ольги Ивановны относительно Люлюкова и вообще членовъ его семейства. Мнѣнія ея были слишкомъ основательны и тверды, чтобы могли колебаться отъ такихъ ничтожныхъ случайностей. Мнѣніе было составлено чуть ли еще не въ первый день поступленія ея въ домъ (она, между тѣмъ, жила уже здѣсь безъ малаго три мѣсяца). Ольгѣ Ивановнѣ довольно было, конечно, обмѣняться нѣсколькими словами съ Люлюковыми, чтобы понять ихъ въ совершенствѣ и горько убѣдиться (съ обще человѣческой точки зрѣнія, разумѣется), до какой степени могутъ иногда простираться человѣческая отсталость и тупоуміе. Она, можно сказать, съ перваго взгляда раскусила ихъ и съ перваго взгляда не ошиблась, назвавъ Софью Алексѣевну "безсмысленною лепешкой", Зинаиду Львовну "уксусною кислотой", а Сергѣя Львовича "дикимъ плантаторомъ и, сверхъ того, пошлымъ ретроградомъ". Но это собственно ничего не значило; она тутъ же сказала себѣ, что готова примириться съ кретинизмомъ, лишь бы кретинизмъ, съ своей стороны, держалъ себя въ отношеніи къ ней или къ просвѣщенію, что въ сущности было одно и то же, скромно, смиренно и почтительно.

Но бѣда въ томъ именно и заключалась, что она никакъ не могла достигнуть такой цѣли; лучшимъ подтвержденіемъ ея неуспѣха служило послѣднее столкновеніе съ Сергѣемъ Львовичемъ. Рѣзкій и явно неуважительный тонъ Люлюкова яснѣе дня доказывалъ, что Ольгѣ Ивановнѣ давали здѣсь не больше значенія, какъ простой гувернанткѣ.

При этомъ вся кровь бросилась ей въ голову, и въ сердцѣ невольно начинали шевелиться враждебныя чувствованія. Гувернантка! - одно это названіе напоминало что-то до такой степени подчиненное, рабское и, вмѣстѣ съ тѣмъ, обветшалое и отсталое, что, очевидно ни въ какомъ случаѣ не могло быть примѣнимо къ Ольгѣ Ивановнѣ; она и по принципу, и по тенденціямъ своимъ была существомъ слишкомъ свободнымъ, передовымъ и современнымъ. Не даромъ, съ перваго дня поступленія ея къ Люлюковымъ, одна изъ главныхъ заботъ ея состояла въ строгомъ наблюденіи за собой, чтобы какъ-нибудь нечаянно не коснуться роли гувернантки, столь несовмѣстной съ ея достоинствомъ. Ольга Ивановна ни разу не вошла въ спальню дѣтей, не присутствовала, когда дѣвочки ложились спать, вставали, одѣвались, умывались и причесывались; она не останавливала дѣтей, когда они шалили, не вмѣшивалась въ ихъ игры, не говорила имъ, за столомъ въ особенности: "держитесь прямѣе; опустите ваши плечи; не кладите пальца въ ротъ", и т. д.; все это, очень естественно, было до такой степени пошло и рутинно, что она положительно сочла бы себя компрометированною въ собственныхъ глазахъ, если бы когда-нибудь поступила такимъ образомъ. Она предоставляла заниматься такими мелочами кому угодно: отцу, матери, Зинаидѣ Львовнѣ; могли наконецъ для этого спеціально нанять какую-нибудь "блаженную тупицу", какъ обыкновенно выражалась Ольга Ивановна, говоря вообще о гувернанткахъ.

Дѣло, кажется, было ясно; роль Ольги Ивановны сама собою обрисовывалась; но, повидимому, и этого еще не довольно было для полнаго вразумленія Люлюковыхъ. Обращаясь къ ней то и дѣло съ глупѣйшими требованіями, какъ къ простой гувернанткѣ, они ясно доказывали, что не понимаютъ прямой, настоящей обязанности Ольги Ивановны. Оставалось только, какъ говорится, разжевать да въ ротъ положить. Ольга Ивановна такъ и сдѣлала. Воспользовавшись первымъ удобнымъ случаемъ, она напрямикъ объявила, что дѣло ея собственно - "святое дѣло" - такъ она выразилась - "состоитъ исключительно въ томъ, чтобы пробуждать къ сознанію умъ дѣтей, умъ страшно запущенный отъ недостатка культуры; подвергнуть, потомъ, этотъ умъ постепенному развитію и, подготовивъ его такимъ образомъ, направить интеллигенцію къ уразумѣнію современной мысли!" Кажется, было ясно; но и тутъ-таки Ольга Ивановна положительно не уяснилась ни на волосъ въ глазахъ Люлюковыхъ.

Софья Алексѣевна и Зинаида Львовна слова не промолвили, ограничиваясь тупымъ, вопросителымъ взглядомъ; Сергѣй Львовичъ, въ знакъ удивленія, необдуманно засадилъ себѣ въ носъ такую порцію табаку, что черепъ его рисковалъ быгь взорваннымъ на воздухъ какъ пороховой погребъ. Онъ, съ своей стороны, также не нашелъ что отвѣтить;

только развелъ руками и минуты двѣ стоялъ вытаращивъ глаза, какъ баранъ на гумно.

А между тѣмъ, говоря по справедливости, Ольга Ивановна выражалась о своихъ намѣреніяхъ не только ясно, но даже скромно. Такое свойство составляетъ, впрочемъ, какъ извѣстно, отличительную черту того поколѣнія и того круга молодыхъ ученыхъ, къ которому она принадлежала. Она готовила себя для поприща несравненно болѣе обширнаго, чѣмъ то, о которомъ говорила; прямымъ назгаченіемъ ея было проводить свѣжія борозды въ новыхъ, непочатыхъ еще дѣвственныхъ почвахъ, и сѣять въ нихъ сѣмена новыхъ взглядовъ, новаго міросозерцанія. Въ этомъ краснорѣчиво убѣждалъ ее, точно такъ же какъ и ея подругъ, учитель словесности Іерусалимскій, человѣкъ еще молодой, но уже столь самоотверженный и до того преданный дѣлу посѣва новаго слова и новой мысли, что нарочно съ этою цѣлью взялъ скромную должность учителя, тогда какъ, изъ его же словъ было видно, стоило ему захотѣть, чтобъ играть громкую роль въ исторіи отечества, или, какъ онъ часто самъ говаривалъ: "стать во главѣ мірового событія!" Каждое слово самоотверженнаго Іерусалимскаго тѣмъ сильнѣе врѣзывалось въ сердца слушательницъ и превращалось тамъ въ несокрушимое убѣжденіе, что самыя эти сердца были умягчены до степени ваты пламенною любовью къ наставнику.

Послѣ всего сказаннаго, никто, конечно, не станетъ спорить, что Олма Ивановна, поступивъ въ семейство Люлюковыхъ, была положительно не на своемъ мѣстѣ. Сомнѣніе окончательно исчезнетъ, если мы скажемъ, что здѣсь, благодаря тупоумію и жалкой отсталости, не только не понимали Ольгу Ивановну, но даже во всемъ постоянно ей противорѣчили. Такъ, напримѣръ, на второй или на третій день ея поступленія, дѣти, явившись по обыкновенію утромъ здороваться съ Сергѣемъ Львовичемъ, остановились передъ нимъ и, неожиданно протянувъ ему правую руку, сказали: "здравствуй, отецъ!" Въ этомъ, каждый согласится, было, конечно, больше достоинства и естественности, чѣмъ броситься къ отцу на шею, обвить его руками и назвать его папашей, папенькой или папашенькой, какъ дѣлывали они въ прежнее время. Между тѣмъ, вотъ что вышло:

— Это что значитъ? зарычалъ вдругъ Сергѣй Львовичъ дикимъ, совершенно звѣрскимъ какимъ-то голосомъ.

— Ольга Ивановна такъ приказала!.. отвѣтили въ одинъ голосъ оторопѣвшія дѣти.

— Ольга Ивановна! возразилъ Люлюковъ, страшно моргая глазами,- ну пусть она себѣ тамъ какъ хочетъ, но только я вамъ приказываю здороваться со мною всегда такъ, какъ вы прежде это дѣлали!

Другой примѣръ.

Около того же времени, отецъ Леонидъ явился какъ-то въ домъ; дѣти,

26

имѣвшія обыкновеніе бѣжать къ нему подъ благословеніе, на этотъ разъ остановились въ почтительномъ разстояніи и только присѣли.

- Это что значитъ? завопилъ опять Сергѣй Львовичъ, воспламеняясь такимъ негодованіемъ, что даже отца Леонида бросило въ жаръ.

- Ольга Ивановна такъ приказала! возразили перепуганныя дѣти.

- А я вамъ приказываю дѣлать такъ, какъ всегда дѣлали! крикнулъ Сергѣй Львовичъ, не обративъ даже вниманія на то, что сама Ольга Ивановна тутъ присутствовала.

Такъ вотъ какія лица окружали Ольгу Ивановну и какъ ее здѣсь понимали!

Энергія ея, конечно, не ослабла отъ этого, и убѣжденіе не подалось ни на волосъ; но не естественно ли было ей потерять охоту дѣйствовать съ прежнею готовностью на развитіе дѣтей такихъ тупоумныхъ родителей? Это тѣмъ болѣе натурально, что сами дѣти, сама почва, доставшаяся Ольгѣ Ивановнѣ для перваго опыта (Люлюковы были первое семейство, открывшее поирище ея дѣятельности), сама почва туго какъ-то, неохотно поддавалась воздѣлыванію.

Ольга Ивавовна приписывала такое обстоятельство чисто вліянію запущенности; но мы скорѣе готовы видѣть въ этомъ вліяніе подмѣси въ славянскую люлюковскую почву татарскаго элемента, что, очевидно, должно было значительно ослабить первую и сдѣлать ее менѣе способною для принятій "заложеній".

Познакомясь, такимъ образомъ, съ ходомъ дѣла, каждый человѣкъ, обладающій самолюбіемъ и сколько-нибудь знакомый съ чувствомъ достоинства, легко согласится, что Ольга Ивановна, сверхъ своихъ качествъ, должна еще была владѣть значительною долей терпѣнія, чтобы, послѣ объясненія съ Люлюковымъ, ограничиваться молчаніемъ и кусаніемъ собственныхъ ногтей. Даже послѣ, за вторымъ или третьимъ блюдомъ, когда Софья Алексѣевна обратилась къ ней съ вопросомъ: довольна ли она дѣтьми и чѣмъ занимались они въ ея отсутствіе, Ольга Ивановна умѣла настолько владѣть собою, чтобъ отвѣтить ей спокойно и безъ явнаго раздраженія:

- Да... я ими довольна... они подвинулись впередъ... Мы прочли изъ журнала нѣсколько очерковъ римскихъ женщинъ по Тациту... Къ сожалѣнію, я должна сказать: у нихъ вообще мало любознательности къ серьезнымъ предметамъ...

Не къ чему, кажется, тутъ было придраться. Каждый отецъ, безъ сомнѣнія, пришелъ бы въ неописанный восторгъ отъ мысли, что дѣти его еще на десятомъ году читаютъ Тацита; Сергѣй Львовичъ не такъ, однакожъ, понялъ дѣло; упустивъ изъ виду главное, онъ придрался къ мелочи; именно: онъ оскорбился, что въ дѣтяхъ его не нашли никакой любознательности.

- Гм! Не знаю... проговорилъ онъ обиженнымъ тономъ,- если Катя и Соня не отличаются большою любознательностью, нельзя сказать этого, по крайней мѣрѣ, о Вѣрочкѣ. Она такъ хорошо описала мнѣ ботаническій садъ, подлѣ котораго живетъ дядя Помпей Николаевичъ; въ такихъ живыхъ краскахъ представила мнѣ его дачу, ея внутреннее устройство, комнаты дяди, его вещи, что, очевидно, ничто не ускользнуло отъ ея вниманія... Впрочемъ, и то сказать надо, примолвилъ онъ,- и, вѣроятно, съ тѣмъ намѣреніемъ, чтобы отстранить споръ, который непремѣнно бы возникъ съ Ольгой Ивановной вслѣдствіе такого противорѣчія,- обстановка дяди Помпея Николаевича такого рода, что поневолѣ можетъ возбудить любопытство и любознательность... Кстати, душа моя, обратился онъ къ женѣ,- ты должна еще разсказать мнѣ во всѣхъ подробностяхъ о томъ, что говорилъ тебѣ дядя, какъ онъ вообще... въ какомъ расположеніи... и прочее... Мнѣ необходимо это знать прежде чѣмъ приступлю къ письму... Я намѣренъ писать ему сегодня же...

- Это будетъ совершенно лишнее... флегматически возразила Софья Алексѣевна.

- Какъ? Почему?..

- Ты, Serge, не далъ мнѣ договорить, когда мы ѣхали въ каретѣ...

- Что жъ такое? нетерпѣливо спроилъ Сергѣй Львовичъ.

- Дядя самъ сюда ѣдетъ; онъ будетъ у насъ черезъ четыре дня.

- Какъ?.. могъ только произнести Сергѣй Львовичъ, раскрывая удивленные глаза.

Онъ откинулся назадъ, покраснѣлъ до корня волосъ и страшно заморгалъ.

- Очень просто, спокойно продолжала Софья Алексѣевна,- я застала дядю на отъѣздѣ въ деревню. Ты знаешь, онъ давно туда собирается; ему надо ѣхать мимо насъ; онъ узналъ, что въ воскресенье день моего рожденія, и далъ слово непремѣнно къ намъ заѣхать.

Если бы могло случиться, что Софья Алексѣевна, вставъ передъ тѣмъ изъ-за стола, неожиданно сдѣлала антраша или вдругъ произнесла рѣчь на японскомъ языкѣ,- изумленіе Сергѣя Львовича не могло бы возрасти въ большей степени, какъ въ настоящую минуту.

Казалось, онъ ошалѣлъ совершенно,- ошалѣлъ какъ человѣкъ, котораго противъ всякаго ожиданія стукнули въ голову обухомъ.

Все это, впрочемъ, совершенно въ порядкѣ вещей; надо разсудить только, что Сергѣй Львовичъ, въ продолженіе своей двадцатипятилѣтней супружеской карьеры, не могъ простоять съ кѣмъ-нибудь пяти минутъ безъ того, чтобы не намекнуть, что женатъ на родной племянницѣ Помпея Николаевича Пыщина. Онъ иногда чувствовалъ даже, что поступаетъ не совсѣмъ ловко, чувствовалъ свою безтактность; но что жъ дѣлать! желаніе высказаться все-таки перевѣшивало его волю. Принимая во вниманіе

28

общественное положеніе и мѣсто, которое занималъ нѣсколько лѣтъ назадъ Помпей Николаевичъ Пыщинъ, не многіе, впрочемъ, находясь въ родствѣ съ нимъ, рѣшились бы скромно умолчать о такомъ предметѣ. Съ нѣкоторыхъ поръ слава Помпея Николаевича начинала нѣсколько меркнуть; при всемъ томъ, если бы пошло на сравненіе, его даже и теперь не иначе можно бы сравнить, какъ съ солнцемъ, которое, хотя и клонится къ горизонту, но, тѣмъ не менѣе, въ силѣ еще ослѣпить кого угодно.

Въ провинціи, гдѣ все немилосердно запаздываетъ, не считая модъ и журналовъ, гдѣ больше живутъ прошедшимъ, чѣмъ будущимъ и даже настоящимъ,- пріѣздъ такого лица, какъ Помпей Николаевичъ, долженъ былъ произвести потрясающее дѣйствіе. Такая мысль прежде всего пришла въ голову Сергѣю Львовичу. Потрясающее дѣйствіе, какъ могутъ думать, не сопрягалось въ душѣ его съ практическими соображеніями уѣздной дипломатіи; пріѣздъ дяди уже самъ по себѣ, какъ фактъ, съ избыткомъ упитывалъ его тщеславіе, чтобъ оставить въ немъ мѣсто для другихъ желаній или цѣлей. Въ продолженіе двадцати пяти лѣтъ своей женитьбы, Сергѣй Львовичъ всего два раза позволилъ себѣ мечтать о томъ, что было бы, если бы дядя Пыщинъ вдругъ нагрянулъ въ Дудиловку!

"Боже праведный, какъ взбудоражился бы тогда весь уѣздъ, вся губернія!" Первый разъ онъ далъ волю мечтамъ своимъ въ избыткѣ радости, когда выбрали его предводителемъ уѣзда; но второй разъ, въ припадкѣ самолюбиваго огорченія, когда его такъ измѣннически забаллотировали. И вдругъ что же? Несбыточныя эти мечты осуществились! Сонъ превращается въ дѣйствительность.

- Я совершенно пораженъ тѣмъ, что ты мнѣ сказала... именно пораженъ! другого выраженія не могу пріискать... произнесъ Сергѣй Львовичъ, приходя въ себя,- но, Боже мой, какъ же ты, мой другъ, ничего не сказала мнѣ прежде объ этомъ... Я просто ничего не понимаю...

- Я хотѣла сказать, но ты не далъ мнѣ договорить.

- Да, помню... помню... тогда, въ каретѣ!.. Охъ, Боже мой, Боже мой! заговорилъ опять Сергѣй Львовичъ, потирая ладонью раскраснѣвшійся лобъ и щеки,- ну, признаюсь, вотъ сюрпризъ такъ ужъ сюриризъ! Можно сказать!.. Ты, однако, послушай, мой другъ: не обманулась ли ты какъ-нибудь... не нослышалось ли тебѣ?

- Нисколько, возразила супруга,- онъ положительно будетъ къ намъ или въ пятницу, или въ субботу.

- Сегодня вторникъ! разъ... два... три, стало-быть черезъ три дня! воскликнулъ Люлюковъ, приходи въ движеніе до послѣдняго суставчика.

"Все это прекрасно", пронеслось въ то же время молніей въ его головѣ, "надо подумать теперь, какъ принять его, какъ устроить все надлежащимъ образомъ, какъ все уладить въ домѣ, чтобы пріемъ соотвѣтствовалъ положенію, наконецъ, привычкамъ Помпея Николаевича..."

29

Попавъ разъ въ эту колею, мысли Сергѣя Львовича пришли въ такое же безпокойное движеніе, какъ пчелы, когда растревожатъ улей. Онъ противъ всякаго ожиданія поднялся съ мѣста, окинулъ залу растерянными глазами, и также, противъ всякаго ожиданія, сѣлъ опять на свое мѣсто. Старанія его овладѣть собою и сохранить сколько-нибудь спокойствія въ глазахъ присутствующихъ, сдѣлались къ концу обѣда окончательно безполезными. Онъ положительно не могъ дать себѣ отчета въ томъ даже, какія подавались блюда и пробовалъ онъ ихъ или нѣтъ. Полное сознаніе возвратилось не прежде, какъ раздался шумъ стульевъ, возвѣстившій конецъ обѣда.

- Ну, господа, торопливо началъ Сергѣй Львовичъ, вскакивая со стула и въ разсѣянности запрятывая салфетку въ карманъ,- какъ видите, я въ восхищеньи! Видѣть у себя дядю Помпея Николаевича было всегда моею мечтой! Это такой человѣкъ, такая личность, которая... Но что говорить! вы сами это увидите!.. Жена не могла сдѣлать мнѣ болѣе неожиданнаго, болѣе пріятнаго сюрприза!..

Тутъ онъ остановился, подбѣжалъ къ Софьѣ Алексѣевнѣ, поцѣловалъ ее въ лобъ, потрепалъ щеку первой подвернувшейся дочери, пожалъ мимоходомъ руку Зинаидѣ Львовнѣ и снова заговорилъ съ прежнимъ увлеченіемъ:

- Теперь надо подумать, какъ бы устроить все какъ слѣдуетъ къ его пріѣзду; прежде всего, какія отведемъ мы ему комнаты? подхватилъ онъ, блуждая вокругъ глазами,- надо ихъ устроить такъ, чтобы... словомъ, надо похлопотать! Теперь не то, что прежде, когда, бывало, подъ рукою полсотни дворовыхъ и вся Дудиловка въ полномъ распоряженіи:- Эй, Власъ, Ретрушка, сдѣлать то и то, и тотчасъ все закипитъ и все готово... Теперь предстоитъ самимъ похлопотать.

- Только кромѣ Sophie, горячо вступилась Зинаида Львовна,- вы знаете какъ она устала... Я буду вдвойнѣ помогать вамъ.

- Нѣтъ, отчего же... я готова... вымолвила Софья Алексѣевна, у которой слипались глаза.

- Спасибо, душа моя, спасибо; я всегда былъ въ тебѣ увѣренъ... всегда зналъ, что ты... Петръ Кондратьевичъ! обратился неожиданно Сергѣй Львовичъ къ лысому лакею,- не отходи отъ меня ни на шагъ: ты нуженъ мнѣ каждую секунду!.. И такъ, за дѣло, друзья мои, за дѣло!.. Ахъ, Боже мой, я въ разсѣянности захватилъ салфетку!.. Петръ Кондратьевичъ, возьми ее... или нѣтъ, останься здѣсь, ты мнѣ нуженъ. Коко, возьми салфетку!.. Ну, пойдемте! заключилъ Люлюковъ, порываясь изъ залы съ такою силой, какъ будто въ сосѣдней комнатѣ засѣли разбойники и ему предстояло вступить съ ними въ ожесточенный бой.

Дѣло пріисканія достойнаго помѣщенія именитому гостю, по важности своей, требовало присутствія всего семейства.

- Въ иныхъ случаяхъ, сказалъ Сергѣй Львовичъ,- ребенокъ можетъ то замѣтить, что намъ, взрослымъ, не придетъ въ голову.

Обзоръ нижняго этажа показалъ, что гостиная и кабинетъ достойнѣе другихъ комнатъ вмѣщать въ стѣнахъ своихъ дядю Пыщина; но ихъ нельзя было, однакожъ, употребить въ дѣло. Начать съ того, надо было также подумать о помѣщеніи гостей, которыхъ Сергѣй Львовичъ намѣревался позвать столько же ко дню рожденія жены, сколько для приличной обстановки почетнаго дяди; во-вторыхъ, гостиная и кабинетъ, разсматриваемые какъ особое жилое помѣщеніе, представляли еще то важное неудобство, что при нихъ не было... (тутъ Сергѣй Львовичъ наклонился къ женѣ и пошепталъ ей что-то на-ухо, при чемъ Зинаида Львовна потупила глаза и покраснѣла). Софья Алексѣевна предложила было свою вновь отдѣланную комнату; но Сергѣй Львовичъ рѣзко отвергъ такую мысль,- обстоятельство, въ которомъ Зинаида Львовна увидѣла съ одной стороны лишній фактъ самоотверженія своей подруги, съ другой, извлекла новый фактъ, касательно загрубѣлости чувствъ нѣкоторыхъ мужей.

- Не понимаю, отчего предложеніе Sophie отвергается вами... проговорила она кисленькимъ голосомъ. - Не говорю о другихъ удобствахъ, но во второмъ этажѣ превосходные виды...

- Виды хороши, спора нѣтъ, очень хороши! перебилъ Люлюковъ,- но вы забыли лѣстницу! Надо взять также въ соображеніе лѣта дяди: шутка подниматься каждый разъ!.. И наконецъ это просто нейдетъ какъ-то... положительно нейдетъ... Вы сами увидите: это такой человѣкъ, одинъ видъ котораго укрѣпляетъ какъ-то, возвышаетъ невольно нравственную сторону каждаго, кто на него смотритъ! подхватилъ онъ восторженно. - Но это мимоходомъ; главное: на первомъ планѣ должны стоять удобство и спокойствіе! Комнаты Sophie нейдутъ къ дѣлу. Что-жъ касается видовъ, ты, Зиночка, подала мнѣ прекрасную мысль; виды дѣйствительно очень важная статья, и надо объ этомъ подумать... Обойдемте-ка еще разъ всѣ комнаты; можетъ быть, можно будетъ сладить какъ-нибудь съ видомъ...

Послѣ долгихъ колебаній и преній, въ которыхъ принимали участіе всѣ члены семейства, рѣшено было остановиться на трехъ комнатахъ, имѣвшихъ сообщеніе съ заднимъ крыльцомъ. Только нельзя было, конечно, оставить ихъ въ настоящемъ видѣ; слѣдовало наложить тутъ сильную руку и перевернуть все вверхъ дномъ.

- Просто, голова кругомъ идетъ! сказалъ Сергѣй Львовичъ, внезапно останавливаясь. Страшный напоръ мыслей по поводу перемѣнъ и преобразованій окончательно его озадачилъ.

Положеніе его въ настоящую минуту было весьма схоже съ положеніемъ человѣка, неожиданно попавшаго въ водоворотъ, который завертѣлъ свою жертву прежде чѣмъ та успѣла опомниться.

31

Сергѣй Львовичъ чувствовалъ очень хорошо, что подлѣ него, на берегу, сидѣла жена и дочь, которыя только что пріѣхали; чувствовалъ, что требовалось, хоть для виду, отдать имъ себя на этотъ вечеръ; чувствовалъ, что на берегу находились также другія дѣти со включеніемъ постороннихъ лицъ, которыя смотрѣли на него вопросительно,- и между тѣмъ, не могъ преодолѣть силы водоворота, увлекавшаго его все глубже и глубже на самое дно, гдѣ, въ видѣ какого-то морского божества, возсѣдалъ дядя Помпей Николаевичъ Пыщинъ. Можно было судить по лицу и глазамъ Сергѣя Львовича, какъ бился онъ иногда, стараясь вынырнуть и показать присутствующимъ нормальное состояніе духа; но это продолжалось всего секунду; въ то же мгновеніе рука дяди Пыщина какъ бы высовывалась изъ водоворота, хватала его за голову и снова увлекала на самое дно пучины.

- Уфъ! произнесъ Сергѣй Львовичъ, овладѣвая собою на минуту,- друзья мои, вижу: изъ этого ничего однакожъ не выйдетъ! Мы никогда ничего этакъ не кончимъ!.. Я позвалъ васъ сюда, просилъ помочь мнѣ... но вижу: такъ дѣло не пойдетъ! Та совѣтуетъ одно, другая - другое, дѣти болтаютъ немилосердно, Коко какъ-то сопитъ... Я положительно теряю голову! Чувствую, что столбнякъ находитъ!.. Нѣтъ ужъ, Бога ради, оставьте меня на минуту одного, дайте мнѣ обдумать все это на свободѣ... Я лучше послѣ зайду къ вамъ и потолкую съ вами... но теперь... Петръ Кондратьевичъ, не отходи ни на шагъ; я могу позвать тебя съ минуты на минуту...

Заключивъ такимъ образомъ, Сергѣй Львовичъ понюхалъ въ нѣсколько пріемовъ, какъ бы стараясь сосредоточить и привести въ порядокъ свои мысли, и поспѣшно зашагалъ въ кабинетъ.

ГЛАВА ШЕСТАЯ

доказывающая, что человѣкъ можетъ проходить черезъ всѣ испытанія, можетъ проходить сквозь огонь, воду и мѣдныя трубы и все-таки остаться цѣлымъ и невредимымъ.

Сергѣй Львовичъ жестоко однакожъ ошибся, разсчитывая на тишину и уединеніе своего кабинета. Онъ, правда, усѣлся въ кресло, прислонилъ голову къ спинкѣ и даже крѣпко зажмурилъ глаза. Но это нисколько не подѣйствовало въ пользу сосредоточенія мыслей. Напротивъ, не стѣсняемыя теперь посторонними сужденіями, чувствуя себя вполнѣ на свободѣ, онѣ пришли въ самое неукротимое броженіе. Пущенныя сильно въ ходъ извѣстіемъ о пріѣздѣ дяди и подстрекаемыя тѣмъ сильнѣе, что срокъ пріѣзда былъ такъ коротокъ,- онѣ поднялись, какъ рой, и задвигались во всѣ стороны, перегоняя другъ дружку. Мысль объ оклейкѣ комнатъ новыми обоями не успѣвала установиться, какъ уже отлетала въ сторону, смѣняясь мыслью о скорѣйшемъ перенесеніи сюрпризной мебели изъ комнаты жены въ комнаты, предназначенныя именитому дядѣ; послѣдняя неожиданно вытѣснялась необходимостью вырубить передъ окномъ четыре акаціи и нѣсколько кустовъ бузины, заслонявшіе видъ на главную аллею сада. Воображеніе Сергѣя Львовича, углубляясь въ садовую аллею, которую требовалось посыпать пескомъ, хватало на лету заднее крыльцо, и въ то же время остановилось на крапивѣ, которую слѣдовало скосить подъ окнами; отъ крапивы Сергѣя Львовича бросало вдругъ совсѣмъ въ другую сторону: потребовалось вдругъ достать во что бы то ни стало печатный портретъ дяди и повѣсить его въ залѣ или поставить въ кабинетѣ на самомъ видномъ мѣстѣ. Нельзя же: портретъ дяди существуетъ, находится у постороннихъ, а они родственники - и не имѣютъ его! Очевидно, не ловко. Сергѣй Львовичъ не понималъ даже, какъ прежде такая мысль была упущена изъ виду. Отъ портрета воображеніе такъ же быстро перелетѣло къ лакею Петру, котораго немедленно надо было послать въ городъ за покупками.

Вопросъ о покупкахъ такъ усложнилъ и безъ того уже спутанный ходъ мыслей, что даже потъ выступилъ на лбу Сергѣя Львовича.

Положеніе его тѣмъ болѣе возбуждало участіе, что всѣ эти хлопоты падали собственно только на его шею. Онъ зналъ это очень хорошо, и приглашая жену къ совѣту, дѣйствовалъ столько же потому, что въ первую минуту рѣшительно растерялся, сколько изъ внутренняго, деликатнаго побужденія. Единственное занятіе Софьи Алексѣевны состояло въ томъ, чтобы производить дѣтей; но даже и это занятіе кончилось съ появленіемъ на свѣтъ Коко. Время свое она раздѣляла между кіотомъ и кузиной Зиночкою. Вся обуза хлопотъ и по хозяйству, и по дому была предоставлена Сергѣю Львовичу: онъ заказывалъ обѣдъ, покупалъ провизію, даже покупалъ оборочки, кисею и башмаки дочерямъ,- занятіе, въ которомъ пріобрѣлъ онъ впрочемъ большую опытность. Несмотря на многочисленность семейства, Сергѣй Львовичъ, въ строгомъ смыслѣ слова, былъ болѣе даже предоставленъ самому себѣ, чѣмъ извѣстный Робинзонъ Крузе, если вспомнить, что у послѣдняго былъ помощникъ Пятница. На двадцатитрехлѣтняго сына своего, Петра Сергѣевича, отецъ, конечно, могъ разсчитывать; но подожди, когда-то онъ еще пріѣдетъ!

Единственная надежда почтеннаго семьянина могла основываться въ настоящую тяжелую минуту на одномъ развѣ Петрѣ Кондратьевичѣ.

Виски и пухлые свиные глазки Петра Кондратьевича были окружены множествомъ дугообразныхъ морщинъ. Когда баринъ смотрѣлъ на престарѣлаго вѣрнаго слугу,- морщины эти мгновенно собирались, и лицо послѣдняго принимало выраженіе глубочайшей преданности; когда же, повинуясь какому-то внутреннему механизму, которымъ произвольно располагалъ Петръ Кондратьевичъ, морщины расходились, лицо мгновенно принимало выраженіе ворчливо-недовольнаго состоянія духа и какъ бы говорило - "а чортъ бы тебя взялъ; надоѣлъ ты мнѣ пуще горькой рѣдьки!.."

Такое странное противорѣчіе физіономіи и мыслей объяснялось отчасти фальшивымъ положеніемъ, въ которое поставленъ былъ почтенный служитель, послѣдній изъ Могиканъ, или просто "лысакъ", какъ называлъ его иногда помѣщикъ, когда былъ въ хорошемъ расположеніи духа.

Сергѣй Львовичъ, расчувствовавшись преданностью Петра Кондратьевича, который одинъ изъ многочисленной дворни вызвался служить своему барину,- тутъ же подарилъ ему три десятины земли. Петръ Кондратьевичъ воздвигъ на ней избу, перетащилъ туда жену, дѣтей и все хозяйство; онъ бы и самъ туда перебрался, если бъ не остановило его неодолимое желаніе пріобрѣсти еще лужокъ, находившійся непосредственно за его усадьбой, но принадлежавшій помѣщику. Оживляемый постоянной надеждой примкнуть лужокъ къ своимъ владѣніямъ, и для этой цѣли собственно оставшись вѣрнымъ помѣщику (чорта было бы ему иначе тормошиться),- преданный Петръ Кондратьевичъ усугублялъ подобострастныя улыбки, лѣзъ изъ кожи отъ рвенія, но въ то же время сильно раздражался противъ судьбы, которая заставляла его тянуть лямку, тогда какъ онъ давно уже могъ быть собственникомъ и лежать на боку, ничего не дѣлая!

Но это мимоходомъ. Пока лужокъ не былъ еще собственностью "лысака", Сергѣй Львовичъ могъ разсчитывать на него, какъ на каменную стѣну.

Сергѣй Львовичъ, конечно, ничего этого не подозрѣвалъ. Не подозрѣвалъ онъ также другой черты Могикана, состоявшей въ томъ, чтобы подкрадываться тихомолкомъ ко всѣмъ дверямъ, припадать ухомъ къ замкамъ и скважинамъ и подслушивать, что говорили господа. Такое свойство управляло Петромъ Кондратьевичемъ, казалось, даже противъ его воли; оно влекло его подслушивать даже въ тѣхъ случаяхъ, когда баринъ одинъ сидѣлъ въ кабинетѣ. Мудренаго нѣтъ, слѣдовательно, что стоило Сергѣю Львовичу прикоснуться къ звонку, чтобы Петръ Кондратьевичъ явился налицо въ одно мгновеніе ока.

- Ну, братъ, Петръ Кондратьевичъ, вижу: придется намъ съ тобою похлопотать; шибко похлопотать придется! смотри же: не зѣвай! сослужи службу, старина! сказалъ Сергѣй Львовичъ.

Онъ подошелъ къ нему, и съ добродушною улыбкой нѣсколько разъ потрепалъ его по плечу.

Петръ Кондратьевичъ вполнѣ заслуживалъ такой фамильярности, почти дружескаго обращенія: дугообразныя морщинки вокругъ свиныхъ глазъ, сузившись до крайне-возможной степени, выражали столько усердія, преданности и покорности, что Сергѣй Львовичъ нимало бы не уронилъ своего помѣщичьяго достоинства, если бы даже облобызалъ въ эту минуту Петра Кондратьевича.

Сергѣй Львовичъ тутъ же передалъ ему во всѣхъ подробностяхъ планы свои касательно, перемѣнъ и преобразованій, долженствовавшихъ изготовиться къ пріѣзду дяди.

- Теперь вотъ въ чемъ дѣло, пойми ты меня хорошенько, пойми и вникни! присовокупилъ онъ. - Главное въ томъ, что на все это у насъ имѣется всего какихъ-нибудь три дня... Распорядись такъ, чтобы завтра же чѣмъ свѣтъ всѣ мужики и бабы, даже дѣвчонки и мальчишки,- послѣдніе будутъ полоть траву, расчищать дорожки, клумбы и выносить соръ,- словомъ, чтобы весь народъ былъ здѣсь налицо... Ты, кажется, хочешь что-то сказать?.. заключилъ онъ, видя, что лицо стараго слуги странно какъ-то повело на сторону.

- Осмѣлюсь доложить, сударь, насчетъ то-есть... времени.. время такое...

- Какое время?

- Покосъ, сударь...

- Знаю, братецъ: ну такъ что жъ?

- Ничегось... а такъ только... то-есть къ примѣру сказать... возразилъ Петръ Кондратьевичъ, кашляя въ рукавъ съ видомъ глубокой покорности.

- Объ чемъ же стало-быть рѣчь?

- Больше насчетъ того, сударь, прохрипѣлъ слуга,- не соберешь никакъ... всё въ лугахъ, какъ есть!

- Вотъ вздоръ какой! Неужто такъ ужъ приспичило, что оторваться нельзя на время. Время, слава Богу, не дождливое, успѣютъ собрать сѣно... И наконецъ случай такой, что, кажется, можно все бросить и побезпокоиться!.. Ты хорошенько все это объясни имъ, втолкуй!.. Впрочемъ, даже и этого не нужно; просто скажи: баринъ проситъ дескать подсобить! Они надѣлали мнѣ въ этотъ годъ столько всякихъ пакостей, что авось хоть разъ возьметъ совѣсть... Скажи имъ: баринъ ни въ чемъ никогда не утруждалъ васъ; пришелъ такой случай: докажите ему хоть разъ, что вы помните всѣ его благодѣянія!.. Самъ видишь, дѣло какое: не ждалъ не гадалъ, что такой дорогой гость ѣдетъ!.. Ну, такъ ступай же скорѣй и дѣлай такъ, какъ я сказалъ; я вполнѣ надѣюсь на твое усердіе и расторопность; какъ только переговоришь и все уладишь, приходи тотчасъ же доложить...

Оставшись одинъ, Сергѣй Львовичъ прошелся нѣсколько разъ по кабинету съ закинутыми назадъ руками и вертя между пальцами табакерку.

- Да, да, проговорилъ онъ голосомъ человѣка, сдѣлавшаго надъ собою усиліе,- вотъ до чего дожили! Оказывается, намъ надо теперь въ упросъ просить; мы ихъ покорные слуги, а не они наши!.. Да, да, все это такъ, все это безподобно; но я всегда говорилъ и всегда скажу: посмотримъ еще, что изъ всего изъ этого выйдетъ. По-моему: это умаколоврата и ничего больше, именно умаколоврата.

Разсудивъ очень основательно, что не время теперь предаваться тревожнымъ мыслямъ будущаго, Сергѣй Львовичъ вышелъ изъ кабинета съ намѣреніемъ освѣжить голову воздухомъ.

Въ прихожей встрѣтился онъ съ отцомъ Леонидомъ, маленькимъ старичкомъ, такого же невиннаго вида, какъ послѣдній младенецъ, котораго онъ окрестилъ. При немъ была попадья, пріѣхавшая поздравить Софью Алексѣевну съ благополучнымъ возвращеніемъ; послѣдняя представляла изъ себя особу съ черными зубами, особу такого объема и роста, и столь мужественную, что вчужѣ забиралъ страхъ при мысли, какъ рисковалъ отецъ Леонидъ, допуская ее парить себя въ банѣ вѣникомъ. Тутъ же выступалъ отецъ дьяконъ, человѣкъ коренастый, съ лицомъ выдавшимся впередъ, какъ наскоро отесанный клинъ, и глазами вытаращенными, какъ у рака; главная достопримѣчательная сторона отца дьякона состояла въ томъ, что жена его четыре года къ ряду рожала ему двойни, такъ что въ семь лѣтъ супружества, семейство оказалось въ прибыли на восемь человѣкъ, которыхъ, хотя безъ намѣренія, но совершенно основательно, отецъ дьяконъ называлъ всегда "червями". Дѣйствительно, они нѣсколькими мѣсяцами раньше поѣдали всегда все, что доводилось отцу пріобрѣтать отъ паствы во время Рождества и Святой недѣли.

- Батюшка и матушка, здравствуйте! Здравствуйте, отецъ дьяконъ! проговорилъ не безъ торжественности Сергѣй Львовичъ,- вы видите меня въ ужаснѣйшихъ хлопотахъ: жена пріѣхала!

- Имѣемъ уже извѣщеніе. Вотъ также и матушка моя собрались и пріѣхали поздравить, смиренно сказалъ отецъ Леонидъ.

- Честь имѣемъ поздравить, глухо, какъ бы сквозь перину, сказала попадья.

- Имѣемъ честь поздравить съ возвращеніемъ! буркнулъ въ свою очередь отецъ дьяконъ, какъ изъ бочки.

- Спасибо, спасибо; я еще потому въ хлопотахъ, поспѣшилъ прибавить

Люлюковъ,- что жена привезла извѣстіе: къ намъ будетъ на-дняхъ дорогой гость; представьте, кто къ намъ будетъ: дядюшка Помпей Николаевичъ!

При этомъ имени, Сергѣй Львовичъ невольно пріосанился и повелъ плечами. Отецъ Леонидъ поклонился; глаза отца дьякона окончательно приготовились выскочить изъ впадинъ; одна попадья не вполнѣ, казалось, поняла въ чемъ дѣло и сохранила прежнюю свою неподвижность.

- Изволили сказывать, Сергѣй Львовичъ, дяденька давно обѣщались посѣтить васъ, проговорилъ наконецъ священникъ.

- Да, обѣщалъ, а теперь,- бухъ, и ѣдетъ! Вы, батюшка, распорядитесь уже сами пожалуйста насчетъ молебна; не ждите меня. Такъ и скажите Софьѣ Алексѣевнѣ; я приду, если позволитъ время. Вотъ кстати и Петръ Кондратьевичъ!

Давъ ему время подставить лысину подъ благословеніе и облобызать руку отца Леонида, Сергѣй Львовичъ, не теряя секунды, повелъ его въ кабинетъ.

- Ну, что? спросилъ онъ.

Прежде еще чѣмъ Петръ Кондратьевичъ собрался съ отвѣтомъ, въ сердцѣ Люлюкова шевельнулось безпокойство: лицо вѣрнаго слуги не предвѣщало ничего добраго; онъ явно переминался и затруднялся приступить къ дѣлу.

- Ну? нетерпѣливо повторилъ Сергѣй Львовичъ.

- Ничего, сударь, не сообразишь, никакого, то-есть, толку. Ужъ это и Богъ знаетъ, что такое! проговорилъ Петръ Кондратьевичъ. - Прихожу, тамъ сходка, я всѣ ваши слова, какія сказывать изволили, всѣ слова передалъ...

- Ну? произнесъ Сергѣй Львовичъ, судорожно сжимая табакерку.

- Ничего, сударь, не сдѣлаешь, словно оголтѣлые какіе! Никакимъ, то-есть, манеромъ не сообразишь: всѣ въ одномъ стоятъ.

- Что жъ они говорятъ?

- Говорятъ: съ сѣномъ запоздали, косить надо!

Сергѣй Львовичъ началъ дышать такимъ ускореннымъ тактомъ и такъ тяжело, что Петръ Кондратьевичъ невольно остановился.

- Но объяснялъ ли ты этимъ канальямъ причину? спросилъ онъ, дѣлая неимовѣрныя усилія, чтобы преодолѣть свои чувства. - Сказалъ ли имъ, что мнѣ теперь каждый часъ дорогъ?

- Сказывалъ, сударь; упорствуютъ все единственно; главное потому больше: узнали теперь, въ нихъ надобность есть.

- Негодяи! перебилъ Сергѣй Львовичъ, вспыхивая - какъ быть однакожъ? Дѣлать нечего; нельзя же такъ... Ступай, спроси: сколько хотятъ они за работу? Я готовъ заплатить этимъ мерзавцамъ!

- Я ужъ говорилъ, сударь.

- Ну!

- Такую цѣну ломятъ, ни съ чѣмъ не сообразную; просятъ въ день по полтиннику съ души, бабы по четвертаку, ребятишки - и тѣ нейдутъ меньше гривенника.

Сергѣй Львовичъ затрепеталъ весь отъ головы до пятокъ.

- Когда такъ: не надо, не надо! крикнулъ онъ такъ яростно, что сидѣвшіе въ залѣ отецъ Леонидъ, дьяконъ и попадья вздрогнули,- не надо, когда такъ! Сейчасъ же отправляйся въ Сусловку и найми тамъ народу, бабъ и мужиковъ; не хотятъ дудиловскіе, сусловскіе будутъ работать! Отправляйся сію минуту; всего двѣ версты; не теряй времени, поѣзжай верхомъ! Главное: скорѣй отвѣтъ!

Каждый, кому привелось бы встрѣтить Петра Кондратьевича въ кабинетѣ и который бы увидѣлъ его въ ту минуту, какъ онъ затворялъ за собою дверь кабинета, глазамъ бы своимъ не повѣрилъ, что передъ нимъ одинъ и тотъ же человѣкъ. Правда, лысина, свиные глазки, вся фигура и самый нанковый сюртукъ на крючкахъ, были все тѣ же; но выраженіе до такой степени измѣняло физіономію Петра Кондратьевича, что не было уже никакой возможности узнать въ ней прежняго вѣрнаго и преданнаго кабинетнаго Калеба. Слѣпой, для котораго черты лица сокрыты, и тотъ не могъ бы обмануться; стоило прислушаться: "А, чортъ бы тебя дралъ!" ворчалъ хриплый голосъ, не имѣвшій ничего общаго съ подобострастнымъ голосомъ кабинетнаго Петра Кондратьевича,- "экъ его тормошится!.. Эхъ ты, лахота, быкъ тебя забодай, дьяволъ тебя занеси, прости Господи!"

Проходя черезъ залу и заслышавъ страшный трескъ въ кабинетѣ, точно стулъ грохнулся объ полъ, Петръ Кондратьевичъ махнулъ только рукою и поспѣшилъ въ прихожую.

- Ну, теперь пошелъ швырять чѣмъ ни попало! проговорилъ онъ, выходя на крыльцо.

Трескъ упавшаго стула повторился, между тѣмъ, второй и третій разъ. Священникъ, отецъ дьяконъ и попадья подумали, что начались уже приготовленія и перестановка мебели къ пріѣзду сановника-дяди; но Софья Алексѣевна и Зинаида Львовна, спускавшіяся въ это время внизъ вмѣстѣ съ дѣтьми, не могли, конечно, обмануться въ значеніи шума.

- Что-нибудь случилось. Его вѣрно чѣмъ-нибудь растревожили, пролепетала Зинаида Львовна.

- Вѣроятно, проговорила со вздохомъ Софья Алексѣевна.

Пожавъ другъ другу руку и обмѣнявшись выразительнымъ взглядомъ, обѣ спустились съ лѣстницы и боковою дверью вошли въ кабинетъ. Въ ту же секунду вбѣжали за ними Катя, Соня и Вѣрочка.

Два стула лежали на полу, одинъ въ одномъ углу, другой въ другомъ. Сергѣй Львовичъ, сидѣвшій въ креслахъ, держалъ себя обѣими руками за голову; лицо его отливало багровымъ блескомъ, а въ моргающихъ глазахъ проступали ясные слѣды сильнѣйшаго раздраженія.

- Что случилось? спросили въ одинъ голосъ Софья Алексѣевна и Зинаида Львовна.

- Sophie, или Зиночка, или все равно кто-нибудь изъ дѣтей, сказалъ надорваннымъ голосомъ Сергѣй Львовичъ,- скажите нянькѣ Ульянѣ, чтобъ она намочила въ уксусѣ полотенце и принесла его сюда.

Катя, Соня и Вѣрочка взапуски выбѣжали изъ кабинета.

Сергѣй Львовичъ, въ короткихъ, но выразительныхъ словахъ, передалъ присутствующимъ о всемъ случившемся.

- Эхъ, батюшка, Сергѣй Львовичъ, захотѣлъ ты отъ нихъ! проговорила нянька Ульяна, обвязывая ему полотенцемъ голову,- словно право ты мужиковъ-то и не видывалъ; впервой узналъ ихъ! Плюнь ты на нихъ! Вотъ теперь головка разболѣлась, ну, что хорошаго?.. э, право!

- Да-съ, да-съ,- вѣкъ живи, вѣкъ учись! Именно такъ! сказалъ Люлюковъ, когда нянька удалилась,- видѣли вы: стоило имъ понять, что я въ нихъ нуждаюсь, сейчасъ пошли прижимки, сейчасъ же торговаться и набивать цѣну! И такъ поступать со мною! Со мною! подхватилъ онъ, начиная снова горячиться.

- Что жъ вы хотите?.. другого нельзя ожидать... замѣтила кузина.

- Ты зналъ ихъ, мой другъ... сказала ея подруга.

- Зналъ? Нѣтъ, я не зналъ ихъ! я прожилъ съ ними всю жизнь,- и не зналъ ихъ! Я тогда только ихъ понялъ, тогда только раскусилъ вполнѣ, когда обстоятельства послѣднихъ этихъ годовъ поставили меня въ горькую необходимость имѣть съ ними лично дѣло. Тутъ только они вполнѣ себя показали!.. Да, такъ поступаетъ со мною тотъ самый народъ, который я всю мою жизнь осыпалъ благодѣяніями! примолвилъ онъ вдругъ съ такою силой, что уксусная повязка слетѣла съ головы и шлепнулась на полъ, произведя звукъ пощечины. Зинаида Львовна поспѣшила поднять ее.

- Да, это тотъ самый мужикъ, котораго я не переставалъ осыпать благодѣяніями! продолжалъ Сергѣй Львовичъ, придерживая рукою повязку на лбу, между тѣмъ, какъ Зинаида Львовна, граціозно изгибая станъ, перевязывала концы на его затылкѣ,- тотъ самый народъ, которому дѣлалъ я всевозможныя снисхожденія, котораго я, первый во всемъ уѣздѣ, отпустилъ на оброкъ! Вы помните: даже послѣ уставной грамоты, послѣ того, какъ они поступили со мною совершенными скотами, не я ли имѣлъ еще слабость уступить всѣмъ ихъ просьбамъ? Не я ли отдалъ имъ всю оставшуюся отъ надѣла землю по два цѣлковыхъ на десятину, тогда какъ она,- это всё говорятъ, спросите кого угодно,- она стоитъ три рубля и три съ полтиной! Нѣтъ, больно! Воля ваша, очень больно! Это просто не люди, нѣтъ, это неблагодарные звѣри... Какое? звѣрь - тотъ лучше; тотъ по крайней мѣрѣ чувствуетъ благодарность...

- Мамаша! крикнула Катя, неожиданно вбѣгая въ кабинетъ,- священникъ спрашиваетъ, не начинать ли молебенъ?

- Идите! идите! воскликнулъ Сергѣй Львовичъ, падая въ кресло и махая имъ всѣмъ рукою къ двери.

Оставшись снова одинъ, Люлюковъ испустилъ продолжительный тяжкій вздохъ, который доказывалъ убѣдительнѣйшимъ образомъ, какъ истинно и глубоко было его душевное разстройство.

ГЛАВА СЕДЬМАЯ

служащая продолженіемъ предшествующей.

Что до насъ касается, мы всегда отдавали полную справедливость высокимъ качествамъ души и сердца Сергѣя Львовича. При всемъ томъ, если бы пришлось изречь судебный приговоръ и рѣшить, кого надо винить въ настоящемъ случаѣ: Сергѣя ли Львовича, или крестьянъ его,- мы, не задумавшись секунды, оправдали бы кругомъ послѣднихъ. Вовсе даже не нужно было бы для этого восходить на судейское мѣсто, ослѣплять себѣ глаза блескомъ зерцала, прикладывать руку къ сердцу и надсаживать себѣ горло. Еще менѣе нуждались бы мы при этомъ въ подкупѣ краснорѣчія тѣхъ ораторовъ, которые кричатъ о доблестяхъ народа, и въ доказательство, какъ близко уже подошли къ этимъ доблестямъ, нализываются до положенія ризъ съ утра и до вечера. Здѣсь дѣло совершенно чисто и факты говорятъ сами за себя.

Въ настоящемъ случаѣ поведеніе дудиловцевъ можетъ только служить самымъ неоспоримымъ фактомъ ихъ практичности и глубокаго здраваго смысла. Была ли возможность иначе поступать съ помѣщикомъ, который самъ сознавался, что былъ для нихъ какъ чужой до послѣдняго времени? Такъ по крайней мѣрѣ смотрѣли на этотъ предметъ дудиловцы, и, съ своей точки зрѣнія, они были совершенно вравы. Что въ самомъ дѣлѣ было имъ беречь Сергѣя Львовича и входить такъ сильно въ его интересы, когда самъ онъ нимало объ этомъ не заботился! Случалось ли когда-нибудь, чтобы дудиловцы ослушались въ чемъ-нибудь Сергѣя Львовича? Никогда не случалось! Выѣзжая каждую весну съ семействомъ въ деревню, Сергѣй Львовичъ очень любилъ, чтобы мужики и бабы торжественно встрѣчали его у околицы. Зная такое желаніе своего помѣщика, дудиловцы всегда были на мѣстѣ и даже подносили ему хлѣбъ-соль. Звалъ ли ихъ Сергѣй Львовичъ на обѣдъ въ день приходскаго праздника,- обѣдъ, устраиваемый обыкновенно на барскомъ дворѣ и отличавшійся обиліемъ баранины, солонины, пироговъ, пряниковъ, вина и браги,- не было еще примѣра, чтобы дудиловцы отказывались когда-нибудь отъ приглашенія. Трогательно даже было видѣть при этомъ случаѣ, какъ самыя малыя дѣти, соревнуя своимъ родителямъ, лѣзли другъ на друга и давились кусками пирога, желая доказать свое усердіе. Сергѣй Львовичъ любилъ иногда пріѣзжать въ поле на работу,- что дѣлалъ всегда въ сопровожденіи семьи и въ видѣ partie de plaisir; пріѣзжалъ онъ съ тѣмъ обыкновенно, чтобы тотчасъ же распустить народъ по домамъ. И что жъ? Запомнитъ-ли кто-нибудь, чтобы дудиловцы не исполнили мгновенно воли своего барина? Виноваты ли они, что Сергѣй Львовичъ ничего больше отъ нихъ не желалъ? Конечно не виноваты. "Люблю вокругъ себя веселыя лица! Люблю, чтобы вокругъ меня всѣ улыбались и были довольны!" говорилъ всегда Люлюковъ. Прекрасно питать въ душѣ такія благородныя чувства - спора нѣтъ. Но съ другой стороны, согласитесь сами, справедливо ли было, живя въ деревнѣ, гдѣ, къ сожалѣнію, всегда меньше веселыхъ физіономій, чѣмъ недовольныхъ, и меньше благопріятныхъ случаевъ, чѣмъ неблагопріятныхъ,- справедливо ли было избѣгать послѣднихъ такъ тщательно, какъ дѣлалъ это Сергѣй Львовичъ? Не естественно ли, что, дѣйствуя въ такомъ исключительномъ духѣ, онъ имѣлъ на своей сторонѣ только смѣхуновъ, весельчаковъ, и положительно отдалялъ отъ себя недовольныхъ, которые, какъ уже сказано, всегда составляютъ большинство. Показывая себя гражданамъ Дудиловки только въ торжественныхъ случаяхъ и скрывая себя отъ ихъ взоровъ тамъ именно, гдѣ бы чаще всего они должны были его видѣть, Сергѣй Львовичъ никакимъ образомъ не могъ сдѣлаться вполнѣ популярнымъ. Именно онъ удалялъ отъ себя дудиловцевъ. Вотъ въ какой формѣ происходило обыкновенно это отдаленіе. Встрѣчалъ ли. напримѣръ, Сергѣй Львовичъ въ собственномъ лѣсу почтеннаго гражданина, практиковавшагося въ рубкѣ дерева,- онъ никогда не шелъ къ нему прямо, никогда не нападалъ врасплохъ. Оправдываясь передъ домашними и знакомыми тѣмъ, что боится въ этихъ случаяхъ первой своей вспышки, боится самого себя, Сергѣй Львовичъ только лукаво себя обманывалъ; причина была совсѣмъ другого рода: по обыкновенію тѣхъ натуръ, которыхъ на оффиціальномъ языкѣ называютъ слабыми или "слабцами", но въ домашнемъ, приватномъ нарѣчіи принято называть "черносливными натурами",- онъ попросту терялъ энергію, какъ только подходилъ критическій случай. Энергія въ немъ не держалась. Кипятясь отъ гнѣва и пыхтя, какъ паровой котелъ, отъ сдержанныхъ въ сердцѣ ощущеній, Сергѣй Львовичъ быстро удалялся, заботясь прежде всего укрыться отъ взоровъ дудиловскаго гражданина

41

(бѣда, если въ эти минуты попадалась ему курица, копавшая клумбы: онъ яростно пускалъ въ нее чѣмъ ни попало); онъ давалъ полную волю своему негодованію тогда только, какъ достигалъ дома и запирался на ключъ въ своемъ кабинетѣ.

"Трахъ! трахъ!.." раздавалось тогда по всѣмъ комнатамъ. "Ну пошелъ опять стулья швырять! знать чѣмъ-нибудь раздосадовали!" говорили люди. Послѣ того онъ выходилъ всегда очень разстроеннымъ, съ головною болью, и требовалъ, чтобы нянька Ульяна обвернула ему голову полотенцемъ въ уксусѣ.

Отдаленіе Сергѣя Львовича отъ крестьянъ совершалось иногда въ другой формѣ. Такъ бывало, когда не самъ онъ наскакивалъ на неблагопріятный случай, но когда докладывали ему о проступкѣ какого-нибудь дудиловца. Тутъ уже Сергѣй Львовичъ просто былъ страшенъ; всѣ отъ него бѣжали куда ни попало. Расхаживая большими шагами по залѣ, размахивая руками, онъ гремѣлъ на весь домъ угрозами:

"- Разобью вдребезги! засѣку до смерти! разбойникъ! каналья! Не прощу тебя! ни за что не прощу!.. (Хотя домашніе знали, что въ залѣ никого не было, кромѣ Сергѣя Львовича, всѣ, однакоже, вздрагивали: такъ грозенъ былъ его голосъ).- Не помилую тебя, негодяя! хоть сто лѣтъ валяйся въ ногахъ. Не помилую!" кричалъ онъ, топая каблуками и посылая въ воздухъ удары кулакомъ. Когда же приводили ему виновника, онъ мгновенно утихалъ, быстро уходилъ въ кабинетъ и приказывалъ сказать, что не хочетъ видѣть негодяя; чтобы съ этой минуты не смѣлъ онъ ему на глаза попадаться, и т. д.

Дѣло имѣло, впрочемъ, къ концу одинаковый результатъ: страшно разболится голова и снова идетъ нянька Ульяна примачивать ее уксусомъ. Видя такое явное отчужденіе отъ себя своего помѣщика, дудиловцы чуть ли не рѣшили наконецъ, что у нихъ вовсе не было помѣщика. На всѣ попреки сосѣдей, у Сергѣя Львовича былъ одинъ отвѣтъ:- "Знаю, знаю, что страхъ ихъ балую; но знаю и то также,- и это, признаться, вознаграждаетъ меня за все,- знаю, что они по крайней мѣрѣ любятъ меня и преданы мнѣ отъ перваго до послѣдняго! Вотъ какъ - скажи я: Софронъ, бросься въ рѣку,- онъ это сдѣлаетъ; да-съ, сдѣлаетъ, я вамъ за это ручаюсь!.." - "Попробуйте!" говорили сосѣди. - "Да что пробовать! Придетъ случай: я вамъ докажу это!.."

Случай пришелъ, наконецъ,

Хотя дѣло было не въ рѣчкѣ, куда надо было броситься, а въ уставной грамотѣ, которую надо было подписывать,- все равно: пришелъ часъ испытанія.

Люлюбовъ началъ съ того, что произнесъ рѣчь (онъ трудился надъ ней цѣлую недѣлю), рѣчь, въ которой ясно выразилъ мысль, что все здѣсь основано на взаимномъ довѣріи. "Мы должны вѣрить другъ другу сказалъ онъ.- Вы докажете тѣмъ ваше ко мнѣ довѣріе, что, не въ примѣръ вашимъ сосѣдямъ, подпишете уставную грамоту. Не забудьте, ребята (на этомъ мѣстѣ кто-то громко икнулъ въ толпѣ, и Сергѣй Львовичъ остановился),- не забудьте, ребята, подхватилъ онъ, возвышая голосъ,- грамота въ Дудиловкѣ будетъ первая подписанная грамота во всемъ нашемъ уѣздѣ!.. И вамъ будетъ лестно,- и мнѣ также".

Выслушавъ рѣчь до конца и назвавъ единодушно своего помѣщика отцомъ и благодѣтелемъ, дудиловцы согласились подписать уставную грамоту въ томъ только случаѣ, когда Сергѣй Львовичъ уступитъ имъ выгонъ за мельницей. Сергѣй Львовичъ, надававшій въ видахъ миролюбія и безъ того уже много, пришелъ въ справедливое негодованіе, но далъ, однакоже, и выгонъ. Пришло дѣло къ подписи. Дудиловцы не трогались съ мѣста. Препятствіемъ было теперь болото, безъ котораго, по словамъ ихъ, не было никакой возможности согласиться. Сергѣй Львовичъ вышелъ изъ себя, но далъ болото. Дудиловцы повалились въ ноги и такъ слезно благодарили помѣщика, что тотъ не зналъ уже какъ отъ нихъ отдѣлаться. Грамота тѣмъ не менѣе все-таки не подписывалась. "Какого же еще рожна надо этимъ живодерамъ?" вскричалъ Люлюковъ, отказавшійся уже лично присутствовать при подписи и предоставившій все мировому посреднику. Дудиловцы въ одинъ голосъ отказывались подписываться, если Сергѣй Львовичъ не отрѣжетъ имъ еще семь десятинъ кустарнику.

Но главный источникъ огорченій заключался не столько въ пожертвованіяхъ, не столько въ томъ даже, какъ много обманулся онъ въ мужичкахъ своихъ, сколько въ томъ, что крестьяне сосѣда его, Бабаева, человѣка весьма суроваго, безпрекословно подписали грамоту и согласились на всѣ его условія. Не обидно ли было въ самомъ дѣлѣ! Не самъ ли онъ постояннно стращалъ Бабаева этою уставною грамотой; не самъ ли сколько разъ хвасталъ, что не встрѣтитъ съ этой стороны никакого препятствія; и между тѣмъ, самъ первый такъ горько опростоволосился.

Скорбно также уязвленъ былъ потомъ Сергѣй Львовичъ тѣмъ, что у Бабаева полевое хозяйство пошло отлично, между тѣмъ какъ у него все тотчасъ же пошло къ окончательному разрушенію и безпорядку: сегодня запустили скотъ въ его луга, тамъ нарубили дровъ въ его рощѣ, а объ оброкѣ и говорить нечего: просто совсѣмъ о немъ забыли; такъ что, если бы не посредникъ, Люлюковъ не зналъ бы, на что купить чаю и сахару.

Не малую долю огорченій и разочарованій принялъ онъ также съ дворовыми людьми. Здѣсь, какъ въ первомъ случаѣ, всего сильнѣе задѣло за сердце сравненіе съ сосѣдомъ; не странно ли, что дворовые Бабаева, человѣка, какъ уже извѣстно, суроваго, остались всѣ до единаго въ домѣ, тогда такъ у Сергѣя Львовича, который баловалъ ихъ какъ отецъ, всѣ одинъ передъ другимъ заломили вдругъ страшно-безобразную цѣну, и когда онъ отказалъ имъ, всѣ оставили его тотчасъ же, не выразивъ даже при этомъ ни тѣни сожалѣнія, ни тѣни раскаянія.

Вотъ съ этихъ то поръ собственно перемѣнилъ онъ окончательно мнѣніе свое касательно новой реформы и не могъ говорить о ней равнодушно. Въ первое время онъ думалъ о ней совсѣмъ иначе. Когда прошелъ первый слухъ объ уничтоженіи крѣпостного права, онъ такъ даже обрадовался, что навлекъ на себя въ уѣздѣ названіе "краснаго" и былъ причисленъ къ партіи самыхъ ярыхъ либераловъ. Сергѣй Львовичъ былъ въ этомъ совершенно искаренъ. Онъ находилъ только, что такая перемѣна была совершенно лишнею для дудиловскихъ крестьянъ, которые и безъ того были свободны.

- Дѣло все въ томъ, изволите ли видѣть, такъ выражался онъ въ послѣднее время,- освобожденіе, не касаясь уже того, конечно, что оно нарушило патріархальныя отношенія, которыя связывали крестьянъ съ помѣщиками и составляли, можно сказать, всю прелесть сельской жизни, не считая этого, освобожденіе, главное, сильно подѣйствовало, и вдругъ, знаете-ли, какъ-то, вдругъ подѣйствовало во вредъ нравственности народа; оно убило въ немъ чувство признательности и благодарности; сдѣлало его грубымъ, непочтительнымъ, словомъ, испортило его окончательно!.. А жаль, жаль, потому что прежде были залоги!.."

Такъ и теперь отчасти размышлялъ Сергѣй Львовичъ, сидя въ своемъ кабинетѣ и невольно содрогаясь всякій разъ, когда посреди молебна отецъ дьяконъ возвышалъ голосъ, звучавшій какъ труба второго пришествія.

Само собою разумѣется, ни эти мысли о крестьянахъ, ни голосъ отца, дьякона, ни даже головная боль, не мѣшали Сергѣю Львовичу заниматься дѣломъ. Онъ успѣлъ въ это время просмотрѣть отъ начала до конца печатный каталогъ изъ магазина Андреева, успѣлъ отмѣтить въ немъ всѣ предметы, необходимые для пышныхъ завтраковъ и обѣдовъ, долженствовавшихъ упитывать именитаго дядю. Обыкновенно, Сергѣй Львовичъ самъ всегда ѣздилъ въ магазинъ Андреева и лично дѣлалъ свои покупки, при чемъ вступалъ всегда въ нескончаемыя бесѣды съ приказчиками; на этотъ разъ онъ рѣшился послать въ Москву лакея Петра. Можно было замѣтить также, при этомъ, измѣненіе обычнаго правила. Дѣлая свои покупки, Люлюковъ придерживался обыкновенно системы общеупотребительной въ провинціальныхъ домахъ, гдѣ страсть къ гостямъ и угощеньямъ, часто превышая средства хозяевъ, заставляетъ послѣднихъ покупать припасы пудами, но всегда третьяго сорта; такъ ужъ всегда отмѣчается въ спискѣ закупокъ: рису одинъ пудъ, третьяго сорта; макаронъ 20 фунтовъ, третьяго сорта; сладкаго горошка,- 15 фунтовъ, третьяго сорта, и т. д. Система основана, главное, на томъ, чтобы всего было въ волю, въ изобиліи; чтобы гости не успѣвали очнуться отъ разнообразія угощеній; чтобы кофе слѣдовалъ за чаемъ, шоколадъ за кофе, конфеты за фруктами, мороженое за вареньемъ и т. д.

Правда, угощенія этого рода часто становятся гостю поперекъ горла; но не всѣ такъ взыскательны; для большинства, радушіе тогда вѣдь только и достигаетъ вполнѣ своей цѣли, тогда только и прославляется по уѣзду, когда гость наѣдается у сосѣда до вторыхъ и до третьихъ коликъ.

Сергѣй Львовичъ, какъ радушный хозяинъ и хлѣбосолъ, зналъ очень хорошо, къ чему приводитъ система изобилія; справедливо опасаясь ея вліянія на столичный желудокъ именитаго дяди, онъ на этотъ разъ вездѣ отмѣтилъ въ каталогѣ Андреева "первый сортъ".

Стараясь обставить дядю столько же комфортомъ, сколько и почетомъ, онъ составилъ также списокъ сосѣдямъ и главнымъ сановникамъ уѣзда, которыхъ хотѣлъ пригласить на воскресенье, день рожденія Софьи Алексѣевны. Такъ какъ времени оставалось очень мало, онъ рѣшился отправиться съ визитами нынче же вечеромъ.

Оставалось только подождать возвращенія Петра Кондратьевича, получить отвѣтъ его и повторить ему тѣ перемѣны и преобразованія, которыя предположено было исполнить.

Въ ожиданіи этого Люлюковъ снова вышелъ въ залу, чтобъ освѣжиться.

Молебенъ давно уже кончился; семейство пило чай, за исключеніемъ хозяйки дома, которая тотчасъ же послѣ службы поднялась къ себѣ наверхъ. Священникъ, попадья и дьяконъ сидѣли передъ блюдечками съ опрокинутыми чашками; они ждали Сергѣя Львовича, чтобы встать и проститься.

- Сергѣй Львовичь, сказала Зинаида Львовна, дѣлая ему знакъ и вызывая въ гостиную,- бѣдняжка Sophie, которая такъ устала, что едва могла достоять службу, поручила мнѣ сказать: не прилично ли будетъ также пригласить священника къ пріѣзду дяди...

- Я, душа моя, уже думалъ объ этомъ, отвѣтилъ Сергѣй Львовичъ,- только вотъ бѣда: у него подрясникъ очень плохъ. Если бъ обѣ вы объ этомъ позаботились, не худо бы было. Въ два дня успѣете ему сшить новый... А то, право, неловко какъ-то... Вотъ еще что: подумайте-ка вдвоемъ, не нужно ли чего-нибудь вамъ въ Москвѣ по части туалета: я нарочно посылаю Петра сегодня же вечеромъ съ послѣднимъ поѣздомъ; я бы самъ поѣхалъ, но невозможно; необходимо сдѣлать тьму тьмущую визитовъ... я сейчасъ же отправляюсь...

- Какъ... сегодня? сегодня?..

Зинаида Львовна остановилась, вперяя въ него взоръ укоризны.

- Знаю! знаю! но что-жъ прикажешь дѣлать, душа моя! возразилъ Люлюковъ съ очевидною неловкостью,- сама ты разсуди: сегодня вторникъ; онъ будетъ въ субботу, можетъ-быть даже въ пятницу!..

Объясни все это хорошенько Sophie... Скажи ей, между прочимъ: я душевно радъ исполнить ея желаніе и приглашу священника... впрочемъ, я зайду еще къ вамъ проститься передъ отъѣздомъ!..

Передавъ священнику приглашеніе отъ имени жены,- но такъ, однакожъ, чтобы не могъ этого слышать отецъ дьяконъ, Сергѣй Львовичъ распорядился, чтобы не медля ни минуты закладывали ему тарантасъ. Послѣ того онъ кликнулъ Петра, приказавъ ему снаряжаться въ путь, но прежде вызвалъ его въ кабинетъ для полученія инструкцій и для того также, чтобъ онъ помогъ ему одѣться.

Туалетъ приближался къ концу, когда дверь кабинета скрипнула и пропустила лысину Петра Кондратьевича.

- Ну, что? съ живостью спросилъ Люлюковъ.

- Говорилъ, сударь, съ сусловскими мужиками, троихъ привелъ съ собою; говорятъ: готовы служить...

- Ну, и прекрасно; очень радъ! сказалъ мгновенно повеселѣвшій помѣщикъ. - Я сейчасъ одѣнусь, обойду вмѣстѣ съ вами дворъ и садъ и укажу, что надо будетъ дѣлать...

- Осмѣлюсь доложить, сударь, наши лѣзутъ! промолвилъ Петръ Кондратьевичъ,- какъ проходилъ по деревнѣ, всѣ пристали, говорятъ: чѣмъ чужихъ звать, мы лучше станемъ работать...

- Ни одного чтобы не было! крикнулъ Сергѣй Львовичъ, мгновенно вспыхивая,- слышишь, ни одного! Сначала отказались негодяи, начали даже со мной торговаться; а теперь какъ увидѣли, что дѣло безъ нихъ обойдется, давай соглашаться; - ни за что! Вонъ гони ихъ! Даромъ станутъ работать - не возьму ни одного. Слышь, Петръ Кондратьевичъ: чтобы ни одинъ дудиловскій каналья не смѣлъ здѣсь быть!..

Негодованіе, закипѣвшее въ груди Сергѣя Львовича, ограничилось на этотъ разъ только вспышкой. Оно прошло, какъ только вышелъ онъ на крыльцо и увидѣлъ сусловскихъ мужиковъ.

Сусловцы представляли съ дудиловцами такое же разительное сходство, какъ мѣдные пятаки похожи на мѣдные пятаки, вычеканенные въ Сестербекѣ въ одно и то же время. Зная, что безъ нихъ дѣло не обойдется теперь никакимъ манеромъ, они заломили тройную цѣну, прежде еще чѣмъ было имъ извѣстно, въ чемъ состоитъ работа и что отъ нихъ потребуется. Сергѣй Львовичъ на все согласился: то, что казалось возмутительнымъ со стороны дудиловцевъ, было очень естественно со стороны сусловцевъ, не связанныхъ съ Сергѣемъ Львовичемъ ни чувствомъ благодарности, ни чувствомъ преданности.

Приказавъ имъ завтра же чѣмъ свѣтъ явиться на работу, онъ торопливо поднялся на верхъ проститься съ женою.

- Душа моя, ты видишь меня въ отчаяніи. Я долженъ отправиться въ тотъ самый день, какъ ты пріѣхала!.. сказалъ Сергѣй Львовичъ, цѣлуя жену въ лобъ,- но я обдумалъ: иначе сдѣлать нѣтъ никакой возможности. Зиночка передала тебѣ причину; необходимо мнѣ самому сдѣлать кой-какія приглашенія... Кстати, припомните пожалуйста: не встрѣчали ли у кого-нибудь изъ сосѣдей печатнаго портрета дяди? Не слыхали ли, по крайней мѣрѣ, что онъ у кого-нибудь существуетъ? примолвилъ онъ озабоченнымъ тономъ.

Зинаида Львовна и Софья Алексѣевна отвѣчали отрицательно.

- Ужасно досадно! Достать его, между тѣмъ, необходимо. Портретъ существуетъ, а мы, родные, не имѣемъ его!.. Неловко, воля ваша... Вотъ еще что: если вамъ нужно что-нибудь по части туалета для себя или для дѣтей,- я полагаю, не лишнимъ будетъ обратить вниманіе на дѣтскій туалетъ,- составьте поскорѣй списокъ и отдайте его Петру, я посылаю его нынче съ послѣднимъ поѣздомъ въ Москву... Ну, прощайте, друзья мои... поцѣлуйте за меня дѣтей; проходя черезъ коридоръ, я слышалъ, они укладываются уже спать... Сегодня вторникъ; я вернусь домой въ четвергъ и все обдѣлаю... Надѣюсь, ты поняла, мой другъ, что одна только крайняя необходимость заставляетъ меня ѣхать въ такой день; въ противномъ случаѣ, я бы... но ты, конечно, поняла меня и не будешь сердиться...

Такое объясненіе было совершенно лишнимъ, если припомнить, что Софья Алексѣевна съ утра еще такъ ясно выражала желаніе предаться уединенію и отдыху. Просить у нея извиненія въ отъѣздѣ не значило ли почти то же, въ настоящую минуту, что извиняться въ томъ, что не наступаешь сосѣду на ногу. Сергѣй Львовичъ зналъ все это очень хорошо; но дѣйствовалъ единственно въ силу мягкоты своей,- мягкоты слишкомъ, впрочемъ, уже извѣстной, чтобы слѣдовало ее краснорѣчиво доказывать.

Зинаидѣ Львовнѣ также очень хорошо было извѣстно, какое дѣйствіе можетъ произвести отъѣздъ Сергѣя Львовича на нервы обожаемой подруги; дѣло было ясно, какъ день. Но сердце ея имѣло, видно, свойство проливать свой собственный свѣтъ, передъ которымъ ясность дня и самая очевидность факта равнялись густѣйшимъ потемкамъ. Отъѣздъ Сергѣя Львовича и поспѣшность его при прощаньи съ женой послужили для Зинаиды Львовны новымъ доказательствомъ непостижимой загрубѣлости чувствъ мужчинъ вообще и мужей въ частности. Уѣхать! Уѣхать какъ нарочно въ самый день пріѣзда жены; въ такой день, которымъ именно слѣдовало бы воспользоваться, чтобы выразить женѣ все свое вниманіе! Неожиданное прибытіе дяди, такъ взбудоражившее Сергѣя Львовича, ничего не значило. Всѣмъ слѣдовало пожертвовать, всѣмъ рѣшительно! Сердце не принимаетъ никакихъ отговорокъ. Положимъ, Софья Алексѣевна очень равнодушно приняла вѣсть объ отъѣздѣ мужа; положимъ, она не сказала слова, продолжала лежать на диванѣ и тотчасъ послѣ ухода мужа зажмурила глаза (въ комнатѣ такъ уже сгустились сумерки, что нельзя было различать, заснула ли она или нѣтъ); но что

47

слѣдовало изъ всего этого? Не убѣдительно ли говорило все это въ пользу неисчерпаемой кротости характера и ангельской терпимости Софьи Алексѣевны?..

Зинаида Львовна не высказывала, однакожъ, высокихъ чувствъ своихъ по этому предмету. Быть-можетъ, они такъ бы и остались сокрытыми въ тайной сокровищницѣ ея сердца; но въ эту самую минуту, какъ нарочно, послышался шумъ тарантаса, который увозилъ Сергѣя Львовича... При этомъ, она сама не понимала, что съ ней сдѣлалось (такъ послѣ открылось изъ собственныхъ ея словъ), она не могла долѣе приневоливать порывовъ своего сердца. Она быстро подошла къ открытому окну, прищурила глаза по направленію къ удалявшемуся экипажу и произнесла голосомъ глубоко оскорбленнаго и взволнованнаго чувства:

- О, эгоистъ! эгоистъ! эгоистъ!!..

Энергическое восклицаніе Зинаиды Львовны, пробудивъ внезапно Софью Алексѣевну, послужило поводомъ къ весьма интересному разговору.

Чувствуя неодолимую потребность передать его скорѣе читателю, мы думаемъ, однакожъ, не лишнимъ будетъ прежде познакомить его короче съ тѣми отношеніями, которыя связывали двухъ подругъ.

Такъ какъ нѣтъ никакой возможности исполнить это однимъ взмахомъ пера и притомъ въ одну секунду, мы, подумавъ хорошенько, рѣшились отложить дѣло до слѣдующей главы.

ГЛАВА ВОСЬМАЯ

Исторія двухъ подругъ и повѣсть сердца глубоко потрясеннаго и вдребезги разбитаго.

Извѣстно уже, что нѣжная дружеская связь двухъ подругъ началась съ дѣтства, и притомъ въ институтѣ. Зинаида Львовна поступила въ институтъ двумя годами позже; стремленіе другъ къ другу началось съ перваго же мѣсяца. Иниціатива принадлежала, впрочемъ, Зинаидѣ Львовпѣ. Объ этомъ можно судить по прилагаемому здѣсь отрывку ея журнала, который до сихъ поръ свято хранится въ маленькой шкатулкѣ вмѣстѣ съ письмами, переложенными цвѣточными листочками,- увы! уже давно, давно увядшими,- и другими сувенирами трогательнаго свойства, напоминающими нѣжное дѣтство и поэтическую юность. Отрывокъ этотъ начертанъ тѣмъ неуловимо тонкимъ почеркомъ, который называютъ бисеромъ; одно имя Sophie вырисовано вездѣ большими буквами съ маленькими незабудками на хвостикахъ. Вотъ что гласитъ отрывокъ:

"Съ перваго мая я начала обожать, подъ названіемъ "groseille", ангела, чудесную, восхитительную, небесную, божественную, очаровательную красавицу Sophie Золотухину. Я дала себѣ слово любить ее вѣчно, не измѣнять до гроба, любить пламенно, безконечно, всѣмъ сердцемъ, всею душою, любить какъ жизнь, и эту любовь буду высказывать не холодными восклицаніями: люблю ее! люблю ее! нѣтъ! я ее люблю тихо, безмолвно, не словами, но всѣмъ бытіемъ моимъ!! Ахъ, если бы только она знала, какъ много, какъ пламенно я люблю ее! тогда она вѣрно и меня бы полюбила!.. Но нѣтъ! я еще не достойна ея любви!.. Въ продолженіе этой недѣли не было ничего замѣчательнаго, кромѣ одного дня... Блаженный день, котораго я никогда не забуду! тѣмъ болѣе, что онъ былъ первый, когда я такъ долго пробыла съ "тою", которую люблю больше своего земного существованія... Это было шестого мая, въ четвергъ, въ дежурство m-lle Фукъ; мы весь день гуляли въ саду, потому что былъ праздникъ. Мнѣ было очень весело,- особенно вечеромъ. Въ семь часовъ, или немного позже, я пошла ходить по коридору съ Варенькой Лупандиной; мы сдѣлали не болѣе двухъ туровъ; вдругъ къ намъ подходитъ ангелъ, чудесная Sophie, и мы съ ней продолжали ходить; черезъ нѣсколько минутъ "она" сказала: "пойдемте въ залу!" Мы пошли: тамъ было довольно темно, потому что не было огня; но впрочемъ было такъ пріятно любоваться луной, которая была очень хорошо видна изъ оконъ и такъ ярко освѣщала залу. Въ ней было только одно четвертое отдѣленіе и еще двѣ-три дѣвицы изъ большого класса. Варенька Лупандина довольно скоро ушла, и я осталась одна съ божественною Sophie!! Мы продолжали ходить; она мнѣ очень много говорила про "блаженный изумрудъ"; я слушала ея слова и думала: кто эта особа, которая такъ счастлива?.. Къ ней нѣсколько разъ подходили двѣ дѣвицы изъ четвертаго отдѣленія, которыхъ она очень любитъ. Она одну крѣпко поцѣловала и сказала мнѣ: совѣтую ее поцѣловать, у ней такія мягкія губы. Но я этого не исполнила. Потомъ ангелъ, чудесная Sophie, пошла къ послѣднему окну и стояла довольно задумчиво, я смотрѣла на нее, и у меня сердце такъ сильно билось отъ любви къ этому неземному ангелу... Но звонъ колокольчика раздался, и я должна была съ нею разстаться!.. Ахъ, если бы кто-нибудь зналъ, какъ мнѣ больно было! Я никакъ не могла заснуть, долго переносилась мечтами въ залу, съ воспоминаніемъ каждаго слова, каждаго взгляда чудесной, дивной Sophie; мнѣ дѣлалось скучнѣе и скучнѣе... Боже, какъ я много страдаю!.."

Продолженіе свидѣтельствуетъ, что любовь юной страдалицы не замедлила увѣнчаться самымъ блистательнымъ успѣхомъ. "Блаженный изумрудъ" былъ преданъ забвенію, и, несмотря на потоки слезъ, пролитые послѣднимъ, божественная Sophie отдала навѣки свое сердце и душу кузинѣ своей Зиночкѣ Зюзюкиной. Надо думать, не было ли уже въ самой природѣ двухъ барышень чего-то родственнаго, водготовившаго въ сильнѣйшей мѣрѣ мистическое сліяніе ихъ душъ.

Съ этого времени, нѣжная любовь между "булкой" (такъ звали въ институтѣ Sophie Золотухину),- и "спаржей" (такимъ прозвищемъ пользовалась Зиночка Зюзюкина),- ничѣмъ уже не омрачалась. ихъ не разъединило даже то обстоятельство, что обѣ находились въ разныхъ классахъ и были надѣлены природой совершенно противоположными способностями.

Sophie была особенно сильна въ математикѣ, физикѣ, исторіи, статистикѣ и проч.; она безошибочно и безостановочно исчисляла на экзаменѣ всѣ года достопамятныхъ историческихъ событій, не ошибалась въ родословной удѣльныхъ князей, перечисляла какъ разъ-два-три,- всѣ города земного шара, прямо писала на доскѣ выводъ труднѣйшихъ математическихъ задачъ, никогда не ошибалась въ составныхъ частяхъ воды и воздуха,- такъ что, на публичныхъ экзаменахъ, всегда приводила въ справедливое изумленіе тѣхъ почетныхъ лицъ, которыя не дремали.

У Зиночки Зюзюкиной, напротивъ, не было никакой памяти; она путалась въ собственныхъ именахъ и числахъ какъ въ дремучемъ лѣсу. Публичные экзамены особенно имѣли свойство приводить ее въ замѣшательство. При первомъ вопросѣ, она смущалась, краснѣла, потупляла глаза и забывала окончательно все, что такъ усердно вытверживала наизусть. Вы слышали, конечно, извѣстный анекдотъ съ дѣвицей, которую спросили на экзаменѣ, изъ чего состоитъ россійскій гербъ и которая такъ смутилась, что отвѣтила "орелъ" тогда только, какъ ей подсказали. "Ну, а дальше что?.." спросилъ экзаменаторъ,- "что у орла въ лапахъ?" - Дѣвица стала втупикъ. "Скипетръ... скипетръ..." подсказалъ кто-то шопотомъ. "Скрипка!" отвѣчала дѣвица. Если бъ эта исторія не была анекдотомъ, она, безъ всякаго сомнѣнія, могла бы случиться съ робкою Зинаидой Львовной.

Природныя способности влекли ее больше къ предметамъ изящнымъ и поэтическимъ; никто съ такимъ чувствомъ не читалъ стиховъ; никто особенно не переписывалъ ихъ въ тетрадкахъ такимъ изящнымъ почеркомъ. Тогда какъ Софья Алексѣевна блистала въ точныхъ, положительныхъ наукахъ, Зинаида Львовна считалась первою ученицей рисовальнаго учителя. Дѣти бывшей инспектрисы и теперь еще сохраняютъ два образчика, свидѣтельствующіе объ изящныхъ наклонностяхъ дѣвицы Зюзюкиной. Они заключаются въ двухъ кружкахъ ватманской бумаги величиною съ пятачокъ; одинъ изображаетъ соборъ Петра въ Римѣ, исполненный въ перспективѣ и однѣми точками; на другомъ написанъ весь Прощальный гимнъ, пѣтый дѣвицами при выходѣ ихъ изъ института; имя автора гимна такъ мелко, что разобрать его можно не иначе, какъ съ помощью большого увеличительнаго стекла. Наконецъ, въ домѣ рисовальнаго учителя или, вѣрнѣе, его наслѣдниковъ, потому что самъ онъ давно уже умеръ,- можно видѣть голову Аполлона Бельведерскаго, рисованную Зинаидой Львовной и точно такъ же выполненную однимъ пунктиромъ.

Несмотря на свою память, Софья Алексѣевна и тогда еще выказывала большую склонность ко сну и аппетиту; классныя дамы никогда не могли ея добудиться и нѣсколько разъ подвергали ее наказанію за дремоту во время классовъ. Зинаида Львовна, напротивъ, кушала какъ птичка и спала очень мало, предпочитая мечтать о своей любви или сидѣть у окна, любоваться луною и прислушиваться къ тихому шелесту вѣтра въ институтскомъ саду. Чувство безкорыстія и самоотверженія поэтической души ея и тогда уже высказывалось во всей яркости. Булки свои она постоянно отдавала обожаемой подругѣ. Софья Алексѣевна играла на фортепіано съ изумительною вѣрностію; пухлые ея пальчики быстро бѣгали по клавишамъ и никогда не ошибались; но она играла какъ машина. Мечтательная Зинаида Львовна, напротивъ, ошибалась безпрерывно, но зато каждая нота ея проникнута была глубокимъ чувствомъ и выраженіемъ: душа слышалась! Когда, на выпускныхъ экзаменахъ, воспитанницы танцовали "pas de chale" въ общемъ кордебалетѣ, Софьго Алексѣевну ставили всегда въ заднихъ рядахъ, между тѣмъ какъ ея подруга постоянно отличалась въ первыхъ парахъ. "Зюзюкина не хорошенькая, говорила инспектриса, но въ ней есть что-то интересное... и притомъ она очень граціозна!.."

Но разница способностей и вкусовъ, казалось, скрѣпляла только союзъ дружбы. Послѣ выхода изъ института, Зинаида Львовна не могла поселиться подъ одною кровлей съ обожаемою подругой. Сколько ни упрашивала объ этомъ Софья Алексѣевна свою тетку и опекуна дядю, сколько ни старалась склонить ихъ на свою сторону, выставляя имъ на видъ родственную связь съ кузиной, круглое сиротство послѣдней и ихъ дѣтскую привязанность, она ничего не могла сдѣлать.

Дѣло въ томъ, что сама Софья Алексѣевна ничего не имѣла и была, какъ говорятъ, безприданницей. Единственное достояніе ея заключалось въ томъ, можно сказать, что она происходила отъ древней славянской фамиліи Золотухиныхъ. Ставьте, пожалуй, ни въ грошъ такое обстоятельство и смѣйтесь надъ нимъ сколько хотите; дѣло въ томъ, однакожъ, чта Софья Алексѣевна вышла скоро замужъ, потому именно, что носила фамилію Золотухиныхъ, а не другую.

Сергѣй Львовичъ, только что вышедшій тогда изъ улановъ и получившій наслѣдство, предложилъ Софьѣ Алексѣевнѣ руку и сердце. Если бы не то обстоятельство, о которомъ мы говорили, то, согласитесь, съ чего сталъ бы онъ въ день рѣшенія своей участи обнимать всѣхъ и каждаго и повторять голосомъ, упоеннымъ отъ счастія: "Я сталъ о себѣ теперь лучшаго мнѣнія! Я теперь горжусь самимъ собою!.." Не даромъ, наконецъ, до сихъ поръ еще не могъ онъ забыть связи своей съ Золотухиными и сообщалъ о томъ такъ часто даже отцу Леониду.

Въ первые дни супружества обыкновенно ни въ чемъ не отказываютъ женѣ; нечего говорить, слѣдовательно, что Сергѣй Львовичъ восторженно согласился пригласить Зинаиду Львовну въ Дудиловку и предложить ей поселиться подъ однимъ кровомъ съ ея другомъ. Онъ не замедлилъ, конечно, очень скоро убѣдиться, какое сокровище души, сердца и дивнаго самоотверженія пріобрѣлъ онъ въ лицѣ дальней родствепницы жены своей. Съ перваго же года, при поправкѣ "верзилы", оказался недочетъ въ тысячѣ рублей, которыя тотчасъ же предложила Зинаида Львовна. Деньги эти составляли, между тѣмъ, ровно третью часть ея маленькаго капитала. Софья Алексѣевна и особенно Сергѣй Львовичъ пришли сначала въ ужасъ отъ такого предложенія; они ничего не хотѣли слушать; но Зинаида Львовна такъ искренно обидѣлась, такъ горячо плакала, такъ энергически объявила, что въ случаѣ отказа ни минуты не останется подъ ихъ кровомъ,- что не было уже положительно никакой возможности отказать ей. На слѣдующій годъ повторилась точь-въ-точь такая же сцена и по поводу тѣхъ же обстоятельствъ,- съ тою разницею, однако, что Сергѣй Львовичъ началъ отказываться еще рѣшительнѣе, а Зинаида Львовна принялась уже собираться въ дорогу и укладываться,- отчего поперемѣнно то съ Софьей Алексѣевной, то съ Зинаидой Львовной дѣлались такіе страшные истерическіе припадки, что Сергѣй Львовичъ сейчасъ же на все согласился. Онъ едва могъ убѣдить Зинаиду Львовну считать эти двѣ тысячи, какъ священный залогъ, врученный ему на сохраненіе, и согласиться получать съ нихъ ежегодно небольшіе проценты.

Долго послѣ того, Сергѣй Львовичъ не могъ говорить безъ слезъ о кузинѣ жены своей. Зная его, вы легко повѣрите, что онъ говорилъ о ней совершенно безпристрастно. Стоило самому быть сколько-нибудь чувствительнымъ и слабонервнымъ, чтобы прослезиться отъ его разсказовъ; самое черствое, самое невпечатлительное сердце не могло оставаться равнодушнымъ. Слушая добраго Сергѣя Львовича, воображеніе въ тотъ же мигъ рисовало нравственный образъ молодой дѣвушки, которая, имѣя независимое состояньице, имѣя возможность вести столичную жизнь и пользоваться всѣми удовольствіями, столь свойственными молодости; имѣя, наконецъ, возможность сдѣлать самую скорую, самую выгодную партію, отказалась между тѣмъ отъ всего этого, зарылась въ глушь, въ деревню,- словомъ, принесла себя въ жертву, и все это ради того только, чтобы не разлучаться съ подругой дѣтскихъ лѣтъ своихъ. Личность поэтической институтки, которая, по словамъ Сергѣя Львовича, представляла сочетаніе совершеннѣйшихъ душевныхъ качествъ, невольно настраивала каждаго холостяка къ мечтательности.

Въ домѣ Люлюковыхъ начали появляться одинъ за другимъ молодые и старые сосѣди, не успѣвшіе еще отыскать идеальной подруги жизни. Въ продолженіе своихъ визитовъ, они выказывали самыя чистыя побужденія, говорили больше о счастіи семейной жизни и ея тихихъ радостяхъ; новые ихъ галстуки, напомаженныя половы и взгляды, обращенные преимущественно къ Зинаидѣ Львовнѣ, служили несомнѣннымъ знакомъ ихъ благородныхъ намѣреній. Въ эти дни Зинаида Львовна была всегда особенно интересна; причесанная и одѣтая Софьей Алексѣевной, она входила въ гостиную обыкновенно съ цвѣткомъ въ рукѣ и всегда съ такимъ видомъ, какъ будто вовсе не ожидала тамъ встрѣтить посторонняго; лицо ея мгновенно покрывалось румянцемъ, и вся фигура выражала наивное смущеніе и невинную застѣнчивость. Во время обѣда, чая или завтрака, она ни къ чему не прикасалась; взоры ея оставались потупленными и если приподнимались, то развѣ для того только, чтобъ устремиться на небо, на Софью Алексѣевну, на цвѣтокъ или на бабочку. Если встрѣчалась ей необходимость занять гостя, она обыкновенно робко приступала всегда къ разсказу о томъ, какъ однажды въ Петербургѣ, въ Духовъ день, украденъ былъ въ Лѣтнемъ саду ребенокъ. Исторія эта случилась очень давно; Зинаида Львовна ни въ какомъ случаѣ не могла быть свидѣтельницей трагическаго происшествія: но все равно, она передавала его съ такимъ неподражаемымъ чувствомъ, высказывала столько участія къ судьбѣ невиннаго малютки, что можно было тотчасъ заключить о нѣжныхъ свойствахъ ея чувствительнаго и добраго сердца.

Какъ только гость уѣзжалъ, Зинаида Львовна поспѣшно поднималась въ свою комнату и впадала въ мечтательность, которую, съ одной стороны, поддерживала Софья Алексѣевна выразительными пожатіями руки и не менѣе выразительными взглядами, съ другой стороны, Сергѣй Львовичъ. Послѣдній шумно всегда вбѣгалъ на верхъ, билъ въ ладоши, поздравлялъ "кого-то" съ побѣдой и говорилъ, что надѣется скоро всѣхъ удивить, ловкостью, съ какою пройдетъ мазурку съ "кѣмъ-то", одѣтымъ въ бѣлое платье и съ вѣнкомъ флеръ-д'оранжъ на головѣ... Послѣ вторичнаго визита сосѣда, возбудившаго такія романтическія предположенія,- дѣло принимало уже болѣе серьезный характеръ. Сергѣй Львовичъ не переставалъ о чемъ-то шопотомъ совѣщаться съ женой; откуда ни возьмись, въ домѣ появлялись куски миткаля и полотна; дворовыя дѣвки дѣятельно усаживались за работу. Софья Алексѣевна просиживала по цѣлымъ часамъ, не выпуская руки Зинаиды Львовны; обрубая батистовые носовые платки, подруги дѣтства часто плакали и, опуская поперемѣнно другъ другу голову на плечо, просиживали въ такомъ положеніи вплоть до глубокихъ сумерекъ. Если деревня гостя лежала къ сѣверу отъ Дудиловки,- Зинаида Львовна замѣтно начинала просиживать часть ночи на окнѣ сѣверной стороны дома; если гость обиталъ къ югу,- она замѣтно отдавала преимущество окнамъ юга.

Не странно ли, однакожъ, что бдѣніе по ночамъ, сопровождаемое взглядами, полными томительнаго ожиданія и направленными въ ту или другую сторону Дудиловки, никогда не служило началомъ, но всегда концомъ въ романахъ изъ жизни Зинаиды Львовны! Проводила ли она безсонныя ночи на окнахъ юга, востока, сѣвера и занада,- результатъ былъ постоянно одинъ и тотъ же: сосѣдъ не повторялъ болѣе своихъ визитовъ. проходилъ мѣсяцъ, другой; о сосѣдѣ не было ни слуху, ни духу: онъ точно вдругъ въ воду канулъ. Въ одинъ прекрасный день, Сергѣй Львовичъ неожиданно поднималъ страшный шумъ, объявлялъ наотрѣзъ, что послѣ "свинскаго" поступка такого-то, онъ вытолкаетъ его вонъ, если увидитъ когда-нибудь на порогѣ своего дома! Въ случаѣ, если бы сосѣдъ вздумалъ оправдаться и привелъ въ доказательство своей невинности, что онъ рѣшительно не понимаетъ о какомъ поступкѣ идетъ рѣчь, что весь поступокъ состоитъ въ томъ, что онъ надѣлъ новый галстукъ, напомадился и бросилъ нѣсколько взглядовъ на Зинаиду Львовну, говоря о счастіи и прелестяхъ супружеской жизни,- Сергѣй Львовичъ не удовольствовался бы этимъ. Онъ твердилъ только одно: что не позволитъ шутить съ собою и, тѣмъ меньше, не позволитъ шутить сердцемъ дѣвушки ему близкой; служи онъ прежде въ статской службѣ, дѣло, можетъ-быть, обошлось бы такъ или иначе; но такъ какъ онъ служилъ въ военной,- дѣло пахнетъ совсѣмъ не тѣмъ, и шутка подобнаго рода можетъ повести къ извѣстному концу весьма короткаго свойства!

Самымъ покорнымъ и кроткимъ существомъ въ этихъ случаяхъ являлась обыкновенно сама Зинаида Львовна; она не только не бранила, но, напротивъ, вступалась всегда за сосѣда противъ Люлюкова, который стоялъ на томъ, что сосѣдъ не что другое, какъ негодяй, невѣжда и притомъ человѣкъ, лишенный всякихъ нравственныхъ правилъ. Зинаида Львовна не понимала даже причины, возбуждавшей въ такой степени гнѣвъ Сергѣя Львовича; развѣ не зналъ онъ,- что Зинаида Львовна дала обѣтъ никогда не выходить замужъ? Предположивъ даже, что сосѣдъ былъ одаренъ всѣми достоинствами и качествами, она и тогда осталась бы непреклонною въ своемъ намѣреніи, и тогда отвергла бы его предложеніе! Объясненія эти кончались обыкновенно тѣмъ, что Зинаида Львовна припадала къ груди Софьи Алексѣевны и, облегчая на ней свою собственную грудь истерическими рыданіями, сообщала утѣшительную для человѣчества мысль,- что вся жизнь ея посвящена безъ раздѣла подругѣ юности и ея дѣтямъ.

Наблюдая Зинаиду Львовну послѣ каждаго изъ такихъ приключеній (ихъ было четыре въ первыя десять лѣтъ ея жизни въ Дудиловкѣ), и видя, какъ она съ каждымъ разомъ болѣе и болѣе худѣла и обильнѣе орошала слезами подоконники на окнахъ юга, востока, сѣвера и запада, можно было заключить безошибочно, что исторіи эти разрушительно дѣйствовали на ея дѣвственную натуру. По всей вѣроятности, такъ гибельно дѣйствовало не столько горькое сознаніе, что она лично обманулась четыре раза сряду,- о нѣтъ, вовсе нѣтъ! Чего ей было обманываться? Она никогда не мечтала выходить замужъ: никогда! никогда! Ее сушилъ и заставлялъ проливать слезы скорѣе самый фактъ обмана въ примѣненіи его вообще къ судьбѣ беззащитной жеищины!.. Боже мой! На кого положиться? Кому довѣриться?.. Мужчины въ глазахъ Зинаиды Львовны были не что иное, какъ созданія безъ сердца, созданія, движимыя однимъ грубымъ, ничѣмъ не сокрушимымъ эгоизмомъ. Взглядъ этотъ не допускалъ исключеній. Кого исключить? Не Сергѣя ли Львовича? Этого только недоставало! Сергѣй Львовичъ былъ, если хотите, добрякъ въ своемъ родѣ, существо, въ которомъ не совсѣмъ еще угасло человѣческое чувство, но что жъ изъ этого? Не принадлежалъ ли онъ все равно къ своему полу, не былъ ли все-таки мужчиной? Доказательства такой неоспоримой истины были передъ глазами какъ Зинаиды Львовны, такъ и Софьи Алексѣевны. Не ясно ли онѣ видѣли, что стоило Сергѣю Львовичу прожить три года съ женою,- три года только, чтобы мужская природа его успѣла вполнѣ восторжествовать и высказаться во всей грубой наготѣ своей.

Онъ говорилъ, что любитъ жену, но кто жъ ему вѣрилъ? Развѣ такъ любятъ? Куда же дѣвались эти ласки, нѣжность и предупредительность, сопровождавшія первые мѣсяцы супружества?.. Три года! - боже милостивый! три года,- и все прошло, оставивъ послѣ себя одну жизненную сухую прозу! Но этого мало. Вслѣдствіе чудовищнаго своего охлажденія (иначе нельзя было объяснить себѣ его поступки), онъ на четвертый годъ дошелъ до того, что позволилъ себѣ замѣтить... Что бы вы думали?.. Позволилъ себѣ сказать, что жена его день-денской ничего не дѣлаетъ!.. Чѣмъ же еще хотѣлъ онъ, чтобъ занялась Софья Алексѣевна, женщина, которая въ эти первые три года супружества носила три раза подъ сердцемъ залогъ любви, и подарила мужу трехъ восхитительныхъ дѣтей?

Но и этого мало...

Встрѣчая запутанные счеты въ расходахъ по хозяйству, и часто недовольный столомъ, когда бывали гости, Сергѣй Львовичъ явно началъ придираться къ Софьѣ Алексѣевнѣ. Забывъ всякое чувство уваженія и деликатности, онъ началъ вдругъ подтрунивать, дѣлая разные косвенные намеки на женъ, которыя нерадѣютъ по хозяйству, которыя только сами кушаютъ, не заботясь нисколько, повидимому, о томъ, что будутъ кушать другіе и проч., и проч.Онъ иронически называлъ такихъ женъ "барынями"; и надо было видѣть выраженіе лица его, когда вдругъ послѣ этого, ни съ того, ни съ сего, начиналъ онъ сѣтовать на недостатокъ средствъ и вообще на разстроенныя свои обстоятельства. О послѣднемъ онъ распространялся, быть-можетъ, безъ всякаго намѣренія; но все равно, деликатно ли было касаться такого предмета при Софьѣ Алексѣевнѣ, которая, какъ извѣстно, не принесла ему никакого состоянія? Сбросивъ съ себя разъ навсегда лицемѣрную маску, которую надѣваютъ мужчины, когда ухаживаютъ за женщиной, и которую бросаютъ, какъ только достигли своей цѣли, Сергѣй Львовичъ,- да, этотъ самый добродушный Сергѣй Львовичъ,- пошелъ еще далѣе...

Онъ сталъ то и дѣло твердить о вредѣ, который неминуемо долженъ отразиться на дѣтяхъ, если мать, въ отношеніи къ нимъ, ограничивается только ласками и поцѣлуями, а въ остальномъ предоставляетъ ихъ совершенно попеченію кормилицъ, нянекъ и мамокъ. Обо всемъ этомъ говорилось, конечно, опять-таки не прямо;- еще бы! Приступая къ такимъ объясненіямъ, Сергѣй Львовичъ выказывалъ нерѣшительность, мялся, пріискивалъ выраженія; но, благодаря Бога, Софья Алексѣевна и Зинаида Львовна надѣлены были слишкомъ тонкимъ инстинктомъ, чтобы тотчасъ же понять, о комъ идетъ здѣсь рѣчь и къ кому относятся эти намеки!

Спрашивается: чего жъ хотѣлъ въ самомъ дѣлѣ Сергѣй Львовичъ отъ бѣдной жены своей? Боже праведный, чего хотѣлъ этотъ человѣкъ отъ женщины, которая, можно сказать, принесла ему въ жертву судьбу свою, закабаливъ себя вмѣстѣ съ нимъ въ скучную деревню? Взвѣсилъ ли онъ хоть разъ въ жизни то обстоятельство, что ежегодно ставилъ ее въ интересное положеніе и подвергалъ ее слѣдовательно адскимъ мукамъ родовъ? Понялъ ли онъ, что всѣ эти косвенные намеки и грубыя требованія относились къ женщинѣ, получившей утонченное образованіе? къ женщинѣ,- въ дѣтствѣ еще поражавшей всѣхъ необыкновенными успѣхами въ физикѣ, статистикѣ и знаніи иностранныхъ языковъ? Все было забыто, или, вѣрнѣе, должно было быть принесено въ жертву безпощадному эгоизму! Да, эгоизму, потому что, не имѣя средствъ окружить такую женщину обстановкой, для которой она была, такъ сказать, спеціально и даже исключительно приготовлена,- Сергѣй Львовичъ не долженъ былъ позволить себѣ на ней жениться! Грубыя свойства его природы заглушали въ немъ, повидимому, даже сознаніе самыхъ простыхъ вещей. Справедливо гордясь всегда своею связью съ отраслью Золотухиныхъ, онъ требовалъ между тѣмъ отъ этой отрасли того же, что могъ бы требовать отъ жены темнаго происхожденія, всосавшей съ молокомъ мѣщанскія привычки и мѣщанскія наклонности. Не ясно ли послѣ всего сказаннаго, что Сергѣй Львовичъ не въ состояніи былъ оцѣнить сокровище, которое судьба такъ безпощадно бросила въ его объятія. Можно было спросить у всего свѣта: понялъ ли Сергѣй Львовичъ то возвышенное существо, которое,- увы! - носило его имя? и весь свѣтъ, несмотря на свою холодность и равнодушіе, весь свѣтъ, конечно, отозвался бы въ одинъ голосъ: не понялъ! не понялъ! не понялъ!..

Но свѣтъ хранилъ упорное молчанье; свѣтъ ничего не зналъ объ этомъ. Объ этомъ знали только двѣ женщины, двѣ подруги дѣтства, связанныя мистическимъ союзомъ душъ. Свѣтъ ихъ ограничивался узкимъ горизонтомъ Дудиловки, мрачными стѣнами "верзилы" и двумя небольшими комнатами верхняго этажа, гдѣ обѣ женщины особенно любили проводить печальную жизнь свою. Однѣ эти комнаты, единственные свидѣтели того, какъ обѣ подруги просиживали ночи, тихо бесѣдуя другъ подлѣ друга, какъ часто проливали онѣ слезы и вздыхали, однѣ эти комнаты въ состояніи были передать грустную повѣсть о томъ, какъ горько чувствовать себя существомъ возвышеннымъ и вмѣстѣ съ тѣмъ не понятымъ и не оцѣненнымъ!..

Взглядъ Зинаиды Львовны на свѣтъ и на мужчинъ въ особенности не вдругъ получилъ характеръ полной своей безналежности; къ этому приведена была она однимъ происшествіемъ. Оно занимаетъ такую важную роль въ ея жизни, что я упрекалъ бы себя до гробовой доски, если бы позабылъ когда-нибудь довести его до свѣдѣнія читателя.

Все это случилось въ той самой Дудиловкѣ, ровно пять лѣтъ до настоящаго времени. Зинаида Львовна была слѣдовательно уже въ томъ возрастѣ, когда поэты сравниваютъ дѣвушку съ поблекшимъ цвѣткомъ, забытымъ на клумбѣ въ концѣ сентября.

Весною какъ-то въ Дудиловку явился сослуживецъ Сергѣя Львовича, бывшій эскадронный командиръ его и давно уже вышедшій въ отставку. Звали его Александръ Карловичъ Ластъ.

Ротмистръ Ластъ, человѣкъ лѣтъ около пятидесяти, принадлежалъ къ числу самыхъ молчаливыхъ холостяковъ, когда-либо украшавшихъ россійскіе полки и даже человѣчество. Даже въ молодости, въ полку, онъ отличался такимъ свойствомъ; единственная рѣчь, съ какою онъ обращался къ товарищамъ, проводившимъ у него иногда день, заключалась въ слѣдующемъ: "будемъ чай пить!" или: "будемъ обѣдать!" или: "будемъ ужинать!" Больше онъ ничего не говорилъ. Проведя послѣ отставки нѣсколько лѣтъ уединенной жизни въ курляндской деревнѣ, ротмистръ Ластъ сдѣлался еще несообщительнѣе. Надо было быть такимъ человѣкомъ, какъ Сергѣй Львовичъ, чтобъ изловчиться залучить къ себѣ такого человѣка, какъ Ластъ, уговорить его пріѣхать въ домъ, гдѣ были дамы. Дѣло въ томъ, что Ластъ пріѣхалъ.

Когда Сергѣй Львовичъ рекомендовалъ его женѣ и Зинаидѣ Львовнѣ, Ластъ низко кланялся, при чемъ лицо его принимало всякій разъ выраженіе какой-то притупленной задумчивости. Во время обѣда, присутствующіе разъ только услышали его голосъ; это было послѣ того, какъ Люлюковъ перебралъ всѣ полковыя воспоминанія, потрепалъ Ласта по плечу и сказалъ:

- Да, братъ, веселое было времечко!

Ластъ отвѣтилъ:

- Было весело!

Вставая изъ за стола, Зинаида Львовна, сидѣвшая подлѣ гостя, случайно уронила платокъ. Ластъ, несмотря на очевидную свою неповоротливость (онъ сидѣлъ и держался такъ прямо, что можно было думать, ему не было никакой возможности согнуться), ротмистръ Ластъ поспѣшилъ однакожъ поднять платокъ; подавая его Зинаидѣ Львовнѣ, онъ снова отвѣсилъ одинъ изъ своихъ задумчивыхъ поклоновъ.

Этимъ заключилось все, чѣмъ ознаменовалъ себя гость въ первый день своего пріѣзда. Тѣмъ не менѣе Софья Алексѣевна и Зинаида Львовна, удаляясь въ свои комнаты, вынесли самое выгодное впечатлѣніе о гостѣ. Онъ былъ молчаливъ, это правда; но не всегда ли недостатокъ внѣшняго блеска говоритъ въ пользу внутреннихъ качествъ? Молчаливость Ласта, сопровождавшаяся какою-то задумчивостію, не была ли слѣдствіемъ горькихъ испытаній, быть-можетъ, даже трагическихъ сердечныхъ потрясеній?.. Обѣ удивлялись и искренно сожалѣли, какъ могъ онъ до сихъ поръ остаться холостякомъ? Принимая во вниманіе его скромность и спокойствіе нрава, онѣ рѣшили, что Ластъ представляетъ именно тотъ рѣдкій образчикъ мужчины, изъ котораго выходятъ хорошіе мужья и добрые отцы семейства. проведя второй день съ ротмистромъ подъ одною кровлей, дамы окончательно укрѣпились въ своихъ убѣжденіяхъ.

Случилось, однакожъ, что въ этотъ второй день ротмистръ Ластъ, отличавшійся, между всѣми своими качествами, несокрушимымъ здоровьемъ (онъ точно отлитъ былъ весь изъ чугуна), почувствовалъ вдругъ къ вечеру страшную головную боль. На третій день боль такъ усилилась, что принуждены были уложить его въ постель, нарочно приготовленную въ комнатѣ, примыкавшей къ кабинету Люлюкова. На четвертый день у ротмистра открылась горячка; такъ по крайней мѣрѣ объявилъ уѣздный докторъ.

Какъ водится обыкновенно въ подобныхъ случаяхъ, всѣ въ домѣ начали ломать голову, стараясь объяснить себѣ причину внезапной болѣзни гостя. Какъ это обыкновенно также бываетъ, мнѣнія отличались страшнымъ противорѣчіемъ и никто ровно ничего не рѣшилъ. Сергѣй Львовичъ сваливалъ всю вину на блюдо грибовъ за ужиномъ; онъ самъ чувствовалъ, что его послѣ того часто бросало въ жаръ. Зинаида Львовна приписывала бѣдствіе тому, что ротмистръ, выпивъ одинъ за другимъ шесть стакановъ чая,- она помнила очень хорошо, потому что сама ему наливала,- имѣлъ послѣ этого неосторожность просидѣть весь вечеръ у отвореннаго окна. Софья Алексѣевна стояла на томъ, что ротмистръ, гуляя по саду съ ея мужемъ, вѣроятно жестоко промочилъ себѣ ноги и не замѣтилъ этого, и т. д. Послѣднее предположеніе ближе всего впрочемъ подходило къ истинѣ: ротмистръ Ластъ, оконтуженный во время первой польской кампаніи въ правый глазъ и видя ясно только лѣвымъ, дѣйствительно легко могъ ступить въ лужу и не замѣтить этого. Какъ бы то ни было, болѣзнь гостя приняла вскорѣ самый опасный характеръ. Она повергла хозяевъ дома въ совершенное отчаяніе.

- Не знаю, что дѣлать! говорилъ Сергѣй Львовичъ, поднимаясь на верхъ въ женскую половину,- бѣднаго Ласта положительно нельзя такъ оставить!.. Онъ постоянно въ бреду; не перестаетъ бредить и метаться... Формально не знаю, что дѣлать! Эти дуры, наши горничныя, и даже старая нянька, испугались Богъ знаетъ чего, всѣ боятся не только сидѣть ночь подлѣ больного, но даже боятся войти въ его комнату!..

При этомъ, лицо Зинаиды Львовны неожиданно покрывалось яркимъ румянцемъ. Софья Алексѣевна крѣпко схватила ее за руку.- Что съ тобою, Зиночка? спросила она.

Но смущеніе Зинаиды Львовны было такъ велико, что въ первую минуту она ничего не могла выговорить. Дрожащимъ, взволнованнымъ голосомъ объявила она наконецъ, что готова ходить за больнымъ...

Сергѣй Львовичъ бросился обнимать ее; Софья Алексѣевна ограничилась только новымъ выразительнымъ пожатіемъ руки; она слишкомъ хорошо понимала свою подругу, чтобъ удивляться въ ней такой чертѣ великодушія.

Въ тотъ же вечеръ, Зинаида Львовна приняла на себя многотрудную должность сестры милосердія. Первый разъ, какъ она приблизилась къ комнатѣ больного, ноги едва держали ее; сердце рвалось и вздрагивало, какъ бы приготовляясь выпрыгнуть; казалось, вся стыдливость, вся застѣнчивость, всѣ дѣвическія свойства, скоплявшіяся тридцать-пять лѣтъ въ груди ея, разомъ воспрянули и заговорили.

Мало-по-малу она привыкла однакожъ и вся отдалась великодушной своей роли.

Больной замѣтно сталъ поправляться. По прошествіи шести недѣль, онъ могъ уже выходить на свѣжій воздухъ, къ великой радости Сергѣя Львовича и Софьи Алексѣевны. Иной разъ, стоя у окна и видя, какъ Зинаида Львовна водила подъ руку выздоравливающаго, супруги едва могли удержаться отъ слезъ. Такая картина хоть кого бы впрочемъ тронула! Любуясь ею, супруги невольно пришли къ убѣжденію, что пріѣздъ добряка Ласта и самая болѣзнь его не нарочно ли устроены премудрымъ Провидѣніемъ съ тѣмъ, чтобъ опредѣлить наконецъ судьбу Зинаиды Львовны...

Кто изъ нихъ первый подалъ такую мысль, кто пустилъ ее въ ходъ, кто возвелъ на степень несомнѣннаго факта - положительно не извѣстно. Извѣстно только, что во все время болѣзни и потомъ, въ часы прогулокъ, между ротмистромъ Ластомъ и Зинаидой Львовной не было положительно произнесено ни одного слова. Ласть ограничился тѣмъ, что разъ выразилъ свои чувства Сергѣю Львовичу касательно Зинаиды Львовны. Онъ сказалъ ему: "Прекрасная дѣвица; чувствительно благодаренъ!"

Тѣмъ не менѣе, какъ только Ласть выздоровѣлъ и уѣхалъ, въ домѣ появилось больше чѣмъ когда нибудь кусковъ полотна и миткаля; дворовыя дѣвушки тотчасъ же усажены были за работу. Даже Софья Алексѣевна пробудилась отъ апатіи; она дѣятельно занялась обрубкою батистовыхъ платковъ; Зинаида Львовна между тѣмъ, сидя подлѣ своей подруги, задумчиво выводила на углахъ платковъ готическія вензеля З. и Л. Что жъ касается Сергѣя Львовича, ему просто не сидѣлось на мѣстѣ; онъ бѣгалъ по всему дому, билъ въ ладоши и даже подпрыгивалъ; разъ по двадцати по крайней мѣрѣ въ сутки назначалъ онъ даже день, когда пройдется мазурку съ "кѣмъ-то", одѣтымъ въ бѣлое платье и съ вѣнкомъ померанцевыхъ цвѣтовъ на головѣ. Никто не сомнѣвался, что Ласть уѣхалъ такъ скоро единственно съ тою мыслію, чтобы сдѣлать необходимыя распоряженія въ своей курляндской деревнѣ и по дорогѣ заказать приданое въ Петербургѣ.

Такъ думала, повидимому, даже сама Зинаида Львовна. Съ перваго дня, какъ уѣхалъ Ласть, Софья Алексѣевна едва могла оторвать ее отъ окна, смотрѣвшаго на сѣверъ. Увѣренность въ будущемъ счастіи ясно проступала въ чертахъ ея; самыя неудачи прошлыхъ лѣтъ, казалось, изгладились изъ ея памяти. (Если помнитъ читатель, она вообще имѣла слабую память.) Короче сказать, Зинаида Львовна отъ головы до ногъ сіяла довольствомъ и счастіемъ. Она краснѣла, потупляла глаза и хмурила брови въ тѣхъ только случаяхъ, когда развеселившійся Сергѣй Львовичъ начиналъ вдругъ приставать, описывая при всѣхъ картину, какъ Зинаида Львовна будетъ кормить своихъ дѣтей. Сергѣй Львовичъ былъ всегда впрочемъ неумѣренъ, какъ въ радости, такъ и въ горести.

Юбокъ, чепцовъ и кофтъ, не считая другихъ сокровенныхъ принадлежностей женскаго туалета, нашито было множество. Обрубка платковъ подошла къ концу. Сергѣй Львовичъ съѣздилъ разъ въ Москву и привезъ въ подарокъ Зинаидѣ Львовнѣ три платья, изъ которыхъ одно было изъ бѣлаго муаръ съ кружевной отдѣлкой.

Ласть, между тѣмъ, не подавалъ о себѣ слуха. Прошелъ мѣсяцъ, другой,- Ласть продолжалъ молчать. Прошелъ еще мѣсяцъ...

- Странно! Непостижимо!.. Ужъ не заболѣлъ ли онъ опять?.. повторялъ Сергѣй Львовичъ.

Наконецъ, съ почты получены повѣстки на страховое письмо и посылку изъ Петербурга.

Сердце Зинаиды Львовны такъ вдругъ забилось, и она почувствовала такую дрожь въ ногахъ, что едва ли бы устояла на мѣстѣ безъ поддержки Софьи Алексѣевны.

Въ тотъ же мигъ повѣстки были подписаны и отправлены съ нарочнымъ въ городъ.

Письмо получено; получена также посылка.

Послѣдняя заранѣе всѣхъ поражаетъ малымъ своимъ объемомъ; неужели здѣсь часть приданаго?.. быть не можетъ!..

Сергѣй Львовичъ читаетъ письмо; оно адресовано на его имя. Внезапно глаза его начинаютъ моргать самымъ зловѣщимъ образомъ, краска бросается въ лицо, дыханіе становится неровнымъ.

Софья Алексѣевна и Зинаида Львовна, томимыя предчувствіемъ, судорожно схватываютъ другъ друга за руку.

- Что случилось? спрашиваютъ онѣ въ одинъ голосъ.

- Это такъ не пройдетъ! возражаетъ Сергѣй Львовичъ.

- Боже мой! Что случилось? повторяютъ несчастныя женщины, цѣпенѣя отъ ужаса.

- Скотъ! вскрикиваетъ Сергѣй Львовичъ.

- Что случилось?... повторяютъ снова обѣ женщины, едва переводя духъ.

Сергѣй Львовичъ читаетъ письмо. Въ немъ всего нѣсколько строкъ. Ротмистръ Ластъ чувствительно благодаритъ всѣхъ за попеченія и проситъ Зинаиду Львовну принять на память небольшой подарокъ...

Вскрываютъ посылку: она заключаетъ въ себѣ кожаный рабочій баульчикъ со всѣми принадлежностями шитья и вышиванья, сдѣланными, впрочемъ, очень искусно подъ апплике.

Но уже Зинаида Львовна не видитъ этого предмета. Она лежитъ безъ чувствъ на диванѣ. Пользуясь этою минутой, Софья Алексѣевна умоляетъ мужа скорѣе спрятать баульчикъ, чтобъ онъ не попался какъ-нибудь на глаза несчастной подруги въ ту минуту, какъ она снова придетъ въ чувство. Сергѣй Львовичъ горячится и весь пѣнится отъ негодованія. Въ этотъ день онъ несчетное число разъ принимается писать Ласту; но каждый разъ, написавъ только: "Милостивый Государь..." бросаетъ листъ въ сторону и бьетъ кулакомъ въ столъ. Юбки, чепцы, кофты, платки, съ готическими вензеллми З. и Л., поспѣшно запрятаны на дно сундуковъ; приняты всѣ предосторожности, чтобы ничто не напоминало Зинаидѣ Львовнѣ горе, такъ нежданно, такъ глубоко ее поразившее. Ее принуждены были облить нѣсколько разъ водою, чтобы привести въ чувство.

Первымъ дѣломъ ея было успокоить присутствующихъ касательно ея участи. Она говоритъ, что все это ничего... что не знаетъ даже, изъ чего такъ горячится Сергѣй Львовичъ?.. Развѣ не знаетъ онъ, Боже мой, развѣ онъ не знаетъ, что если бы могло даже осуществиться то, что предполагалось, она, все равно, отказала бы въ своей рукѣ... кто жъ не знаетъ, что жизнь ея давно отдана безъ раздѣла Софьѣ Алексѣевнѣ и ея дѣтямъ...

Въ голосѣ ея слышится, однакожъ, вопль и дребезжаніе разбитаго вдребезги сердца; вопль этотъ не можетъ обмануть Софью Алексѣевну. Послѣдняя такъ долго не выпускаетъ руку подруги изъ своей руки, что часто засыпаетъ въ этомъ положеніи. Только Люлюкова и еще одинъ изъ подоконниковъ сѣверной стороны "верзилы" могутъ сказать, чего стоилъ Зинаидѣ Львовнѣ этотъ послѣдній ударъ, нанесенный въ самую чувствительную сторону ея дѣвственнаго, но, увы! слишкомъ пылкаго и довѣрчиваго сердца.

Собственно только послѣ этого злополучнаго событія взглядъ Зинаиды Львовны относительно свѣта и людей получилъ свой послѣдній, глубоко безотрадный характеръ. Софья Алексѣевна не могла, конечно, не раздѣлять тѣхъ же убѣжденій; это ужъ само собою разумѣется. Въ мысляхъ двухъ подругъ, представлявшихъ трогательное сочетаніе сіамскихъ близнецовъ въ нравственномъ смыслѣ, не могло быть разногласія; онѣ столько лѣтъ жили одною жизнію, дышали однимъ воздухомъ, питались вздохами и несчастіями другъ друга! Надо отнести, однакоже, къ чести Зинаиды Львовны: душа ея не совсѣмъ еще зачерствѣла; остался въ ней уголокъ для симпатіи къ человѣчеству; она глядѣла на свѣтъ и на людей не столько съ горечью, сколько съ глубокимъ чувствомъ сердечнаго соболѣзнованія. Ей "жаль было человѣка", какъ она говорила. Съ истинно-ангельскою терпимостью относилась она къ слабостямъ человѣческимъ; мало того, сама даже дѣлала этимъ слабостямъ значительныя уступки; такъ, напримѣръ, продолжала осыпать себя пудрой и даже часто подрумянивала себѣ щеки ломтиками изъ свеклы. Все это имѣло, разумѣется, только внѣшнее значеніе. Въ самомъ же дѣлѣ, она положительно отказалась отъ свѣта и обратилась къ небесамъ, отыскивая въ нихъ единственное счастье. Не такъ ли оно и слѣдовало! Одна безпредѣльность могла отвѣчать безпредѣльности ея чувствъ и возвышенныхъ стремленій.

Оставалось сожалѣть, что небо получило только клочокъ ея сердца и незначительную уже долю душевнаго жара, такъ безплодно растраченнаго на землѣ; но такъ, впрочемъ, всегда почти бываетъ!

Съ этого времени пальцы ея, столь искусные въ дѣлѣ изображенія на канвѣ махровыхъ розъ, собачекъ и пастушковъ съ пастушками, исключительно занялись вышиваньемъ рясъ, воздуховъ и проч.

Съ того же времени, не только въ постъ, но даже по середамъ и пятницамъ, передъ Зинаидой Львовной и Софьей Алексѣевной неизмѣнно стало появляться грибное кушанье. Въ Великій постъ онѣ совсѣмъ даже отказались отъ пищи; обѣ питались однимъ чаемъ, въ который не клали даже сахару; его замѣняла ложка меду; рѣдкая недѣля стала обходиться безъ молебна и акаѳиста.

Новое настроеніе двухъ подругъ, весьма натурально, долженствовало окончательно отдалить ихъ отъ Сергѣя Львовича.

Понастоящему давно пора было это сдѣлать!

Мы уже видѣли, какъ, еще въ первые годы своего супружества, приложилъ онъ старанія, чтобы раскрыть бездну между собою и своею добродѣтельною женой. Послѣдній поступокъ, когда онъ принялъ на себя исключительное обязательство заботиться о дѣтяхъ и даже покупать имъ башмаки, довершилъ отчужденіе отъ него двухъ кроткихъ существъ, именуемыхъ Софьей Алексѣевной и Зинаидой Львовной. Оправдывая свои дѣйствія тѣмъ, что желаетъ избавить жену отъ лишнихъ хлопотъ и заботъ, и самъ не замѣчая, какъ лжетъ немилосердно, потому что Софья Алексѣевна въ жизнь свою ничѣмъ не занималась и ни о чемъ не хлопотала, онъ доказалъ только, какъ далеко простиралась его деспотическая и всепоглощающая природа.

Съ тѣхъ поръ онъ шагу не сдѣлалъ для примиренія.

Снисхожденіе его (снисхожденіе?!.) относительно новаго настроенія жены и кузины ровно ничего не доказывало. Начать съ того, что въ первое время онъ явно даже высказалъ имъ свое неудовольствіе; сколько разъ потомъ позволялъ онъ себѣ трунить надъ ними. Не онъ ли, наконецъ, тая въ сердцѣ безсильную досаду, не онъ ли разсказалъ по секрету, что оставляетъ въ покоѣ жену и кузину потому собственно, что самъ видитъ: всѣ замѣчанія его ведутъ лишь къ тому, чтобъ усилить фанатизмъ "дудиловскихъ кликушъ!" Да, это было его собственное выраженіе!

Послѣ этого все уже было кончено; чаша оскорбленій переполнилась! Сергѣй Львовичъ могъ сколько угодно ухаживать за женой, могъ дѣлать ей сюрпризы, могъ посылать ее въ Старую Руссу на воды, могъ сколько угодно говорить, что "Софьѣ Алексѣевнѣ недостаетъ только истинныхъ огорченій, чтобы перестать считать себя несчастною!.." Ничѣмъ уже нельзя было исправить дѣла, никогда уже не суждено было закрыться той пропасти, которая, простирая свою зіяющую пасть, раздѣляла Софью Алексѣевну отъ деспотическаго, холоднаго супруга.

Теперь мы можемъ съ чистою совѣстью перейти къ разговору, который происходилъ между подругами послѣ отъѣзда Сергѣя Львовича.

ГЛАВА ДЕВЯТАЯ

передаетъ разговоръ, вызывающій на размышленіе.

Не лишнимъ будетъ замѣтить, что разговоръ происходилъ не въ спальнѣ Люлюковой, но въ комнатѣ Зинаиды Львовны. Послѣдняя увела туда подругу, какъ только дѣти простились съ матерью и ушли спать.

Софьѣ Алексѣевнѣ, безъ всякаго сомнѣнія, покойнѣе было лежать у себя въ постели; отъ этого, надо думать, самая сладость бесѣды получила бы для нея больше прелести. Но въ настоящемъ случаѣ все зависѣло отъ Зинаиды Львовны, и она рѣшила иначе. Она нашла, что бесѣда съ подругой утратитъ свою сладость, если будетъ происходить въ ея "собственной" комнатѣ. Назовите это пожалуй слабостью, мелочностью, сентиментальничаньемъ съ ея стороны,- назовите чѣмъ угодно! Согласитесь только, что слабости этого рода, какъ исключительная принадлежность нѣжныхъ и любящихъ сердецъ, заслуживаютъ нашего полнаго уваженія.

Можно предположить, наконецъ, что комната Зинаиды Львовны особенно располагала къ дружескимъ, интимнымъ изліяніямъ.

Дѣйствительно, мирная эта келья не наводила свѣтскихъ, тщеславныхъ мыслей; стѣны ея и предметы, ихъ обставлявшіе, ничего бы не сказали холодному наблюдателю. Что могъ бы онъ извлечь, напримѣръ, при видѣ стараго комода, покрытаго вязаною салфеткой, комода, уставленнаго зеркаломъ и десяткомъ самыхъ невинныхъ бездѣлушекъ, между которыми главную роль играла стеклянная птичка для духовъ съ пробочкой вмѣсто хвоста? Комодъ могъ имѣть значеніе только для Зинаиды Львовны и Софьи Алексѣевны; только онѣ знали, что въ немъ хранится шкатулочка съ записочками и сувенирами ихъ драгоцѣннаго, невиннаго дѣтства! То же самое слѣдуетъ сказать о трехъ портретахъ, повѣшенныхъ рядомъ и изображавшихъ господина съ владимірскимъ крестомъ, даму въ наколкѣ и, между ними, грудного ребенка съ голубыми глазами, занимавшими половину головы; портреты принадлежали лицамъ, давно покинувшимъ жизнь, давно отдыхавшимъ подъ холодною плитою могилы; то были: двоюродная сестра Зинаиды Львовны, урожденная также Зюзюкина, ея мужъ и единственный ихъ ребенокъ. Какое значеніе могли имѣть эти изображенія для посторонняго? Они ничего не говорили даже Сергѣю Львовичу. Мало того: онъ утверждалъ всегда, что ими не можетъ особенно интересоваться даже Зинаида Львовна, если взять въ расчетъ, что въ жизнь свою не видала въ глаза этихъ родственниковъ и знала о нихъ только по наслышкѣ. Онъ никогда не входилъ въ комнату Зинаиды Львовны безъ того, чтобы не улыбнуться при видѣ лоскутка чернаго крепа, которымъ задрапированы были внизу портреты, а также безъ того, чтобы не подмигнуть саркастически на каллиграфическую надпись: "увы, ихъ больше нѣтъ!" которую Зинаида Львовна наклеила подъ среднею рамкой... Мы, съ своей стороны, видимъ во всемъ этомъ честные, естественные порывы души нѣжной, чистой и глубоко-чувствительной! Но что говорить о предметахъ, которые доступны только избраннымъ. Перейдемъ лучше къ разговору.

- О, эгоистъ! эгоистъ! эгоистъ! повторяла съ наиряженнымъ чувствомъ Зинаида Львовна, какъ только тарантасъ, уносившій Сергѣя Львовича, выѣхалъ за ворота.

При послѣднемъ восклицаніи, на кушеткѣ, гдѣ покоилась Софья Алексѣевна, послышался вздохъ.

Зинаида Львовна, чувствуя, что зашла, можетъ-быть, слишкомъ уже далеко, оставила окно, подбѣжала къ кушеткѣ и, ставъ на колѣни, напечатлѣла нѣсколько поцѣлуевъ на утомленныхъ глазахъ подруги.

- Ты на него слишкомъ уже нападаешь... слабо проговорила Софья Алексѣевна.

- Ты ангелъ! ангелъ!..

- Онъ право не виноватъ...

- Божественная женщина!..

- Ты слишкомъ ко мнѣ снисходительна... Боже мой, когда подумаю: какіе вы всѣ для меня добрые...

- Святое существо...

- Не говори этого, Зиночка; тебя увлекаетъ дружба и привязанность.

- Нѣтъ, мой другъ, я не увлекаюсь; я счастлива, но покойна. Да, я покойна!.. Уже одно то, что ты называешь насъ "всѣхъ" добрыми, доказываетъ неизмѣримую доброту твоего собственнаго сердца, твоего драгоцѣннаго, золотого сердца! съ чувствомъ прибавила Зинаида Львовна. - Гдѣ же наша доброта? подхватила она, минуту спустя, съ горькою, задумчивою усмѣшкой,- въ чемъ ты видишь ее?.. Не въ тѣхъ ли ничтожныхъ бездѣлушкахъ, которыми мы встрѣтили тебя сегодня?

- Нѣтъ... Но все-таки, не доказываютъ ли онѣ...

- Ничего не доказываютъ! перебила Зинаида Львовна съ энергіей, которой никакъ нельзя было ожидать отъ такой чувствительной особы.

- Во всемъ этомъ одно меня огорчаетъ, продолжала Софья Алексѣевна,- онъ въ самомъ дѣлѣ думалъ, что я желала всего этого... Мнѣ тяжело думать, какъ онъ хлопоталъ для меня, суетился, тратилъ деньги...

- Я это предчувствовала! вымолвила Зинаида Львовна, сдѣлавъ выразительный жестъ,- прошу тебя, Sophie, ради самого неба, не огорчай себя такими мыслями! Во-первыхъ, повѣрь мнѣ, ты, наконецъ, сама слишкомъ хорошо его знаешь, чтобы не понять этого; повѣрь мнѣ, онъ дѣлалъ все это для самого себя, для того больше, чтобы чѣмъ-нибудь занять свою безпокойную дѣятельность!.. Я не хочу сказать, чтобъ онъ о тебѣ не думалъ... О нѣтъ! нѣтъ!.. Но, какъ всѣ мужья, Serge эгоистъ, страшный эгоистъ! Устраивая всѣ эти сюрпризы, какъ онъ ихъ называетъ, и тратя на нихъ деньги, онъ имѣлъ, конечно, больше въ виду стюе собственное удовольствіе... Нѣтъ, Sophie, нѣтъ, ты напрасно ажитируешь себя такими мыслями. Твоя женская гордость, твое достоинство не должны возмущаться; они могутъ быть покойны! И наконецъ, что жъ такое? Что жъ такое, въ самомъ дѣлѣ?.. Проживши съ нимъ двадцать-пять лѣтъ, проживши такъ, какъ ты жила, ты, кажется, заслуживаешь, чтобы для тебя сколько-нибудь безпокоились...

- Я не должна забывать: я всѣмъ ему обязана... Ты знаешь, какъ тяжело думать...

- Не знаю, но чувствую и вполнѣ тебѣ симпатизирую, подхватила Зинаида Львовна, горячо пожимая руку подруги,- когда я думаю объ этомъ, мнѣ всегда кажется: я бы, по крайней мѣрѣ, скорѣй согласилась умереть, чѣмъ выйти замужъ за человѣка, который былъ бы меня богаче... хотя бы даже одною копейкой! Жить и каждый часъ, каждый мигъ страдать отъ мысли, что я всѣмъ ему обязана, а между тѣмъ сама не могу отплатить ему тѣмъ же... О, я понимаю, какъ должно страдать при этомъ благородное сердце. женщины!.. Но ты, Sophie, ты, другъ мой, другое дѣло; ты искупила своею жизнію всѣ эти страданія! Въ эти двадцать-пять лѣтъ супружества ты тринадцать разъ носила подъ сердцемъ священный залогъ и, слѣдовательно, тринадцать разъ подвергала себя всѣмъ ужасамъ мученій и даже смерти!..

- О, я не сержусь на него, произнесла Софья Алексѣевна съ истинно-ангельскою кротостью,- нѣтъ, напротивъ, я очень ему благодарна. Только зачѣмъ все это? Къ чему? Все это такая мелочь, такое ничтожество!..

- Ну, разумѣется!.. Но подумай съ другой стороны: всѣ ли могутъ понимать вещи, какъ мы ихъ понимаемъ? Много ли людей на свѣтѣ, у которыхъ чувства возвышены и тонки? Сердце твое слишкомъ благородно; оно не должно оскорбляться мелочами, которыя тебл окружаютъ... Я впрочемъ предвидѣла, что всѣ эти приготовленія скорѣе огорчатъ тебя, чѣмъ обрадуютъ. Но что будешь съ нимъ дѣлать? Ты знаешь, какъ онъ упрямъ и настойчивъ!.. Возьми, напримѣръ, хоть сегодняшнюю его выходку, продолжала Зинаида Львовна голосомъ, въ которомъ замѣтно теперь проглянуло больше грусти, чѣмъ увлеченія,- я очень понимаю, что пріѣздъ дяди Помпея Николаевича долженъ былъ сдѣлать на него большое впечатлѣніе; ты передала ему это извѣстіе такъ неожиданно; онъ такъ давно мечталъ увидѣть дядю въ своемъ домѣ:- все это очень понятно... О, я все это понимаю,- все рѣшительно! Но, съ другой стороны, во всемъ должны быть границы; гдѣ же эти границы? Я не требую невозможнаго; я слишкомъ хорошо знаю всѣ его слабости, чтобы требовать больше того, сколько можно ожидать; но согласись, мы имѣемъ, кажется, полное право требовать, чтобъ онъ, по крайней мѣрѣ, выказывалъ тебѣ уваженіе и внимательность!.. Помилуй, душа моя, ты была цѣлый мѣсяцъ въ разлукѣ съ нимъ,- пріѣзжаешь,- и что же?.. Онъ въ этотъ самый день, какъ ни въ чемъ не бывало, спокойно себѣ отправляется дѣлать визиты!.. Его не удержало даже чувство приличія и деликатности; не удержала мысль, что тебя можетъ огорчить такая выходка!.. Онъ не прдумалъ даже, что такой поступокъ можетъ дурно подѣйствовать на дѣтей... Въ самомъ дѣлѣ: что послѣ этого остается думать дѣтямъ? Какой примѣръ? Что можетъ подумать эта молоденькая гувернантка? Люди наконецъ!.. Нѣтъ, это не благородно! - не благородно!..

Тутъ Зинаида Львовна остановилась и приготовилась взять носовой платокъ столько же для себя собственно, сколько для того, чтобъ утереть имъ глаза Софьи Алексѣевны, которые, какъ ей казалось, должны были въ эту минуту переполняться слезами. Нагнувшись къ обожаемой подругѣ, она замѣтила, что глаза ея были закрыты.

Зинаида Львовна поднялась съ мѣста, переставила свѣчку такъ, чтобы пламя не раздражало зрѣнія обожаемой подруги, придвинула стулъ къ кушеткѣ и расположилась на немъ; скрестивъ руки и вытянувъ ноги, она снова обратила умиленный взоръ на лицо Софьи Алексѣевны.

Глаза послѣдней попрежнему оставались закрытыми.

Не знаю, отчего это случилось: вѣтеръ ли сильнѣе пахнулъ въ окно, или Зинаида Львовна прежде еще чувствовала щекотанье въ горлѣ - только она вдругъ громко закашлялась, не успѣвъ даже приложить руку къ губамъ своимъ.

- Гм! гм! гм!

- Да... это ужасно... дядюшка... это ужасно!.. внезапно пролепетала Софья Алексѣевна, раскрывая глаза.

Зинаида Львовна поспѣшила взять ея руку, нагнулась и нѣжно поцѣловала ее въ лобъ.

Послѣднія слова Софьи Алексѣевны ясно доказывали, что впечатлѣнія бывшаго разговора слишкомъ сильно подѣйствовали на ея нервы; они преслѣдовали ее даже во снѣ. Само собою разумѣется, забота Зинаиды Львовны должна была состоять теперь въ томъ, чтобы какъ можно скорѣе перемѣнить предметъ разговора и по возможности стараться развлечь, разсѣять грустныя мысли подруги.

- Кстати, о дядѣ... сказала она, игриво перебирая пухлые пальцы Люлюковой,- я столько лѣтъ слышу о немъ отъ твоего мужа... Въ самомъ же дѣлѣ, знаю только, что онъ очень важный генералъ и больше ничего!.. Ты, Sophie, никогда не говорила мнѣ о немъ, какъ о человѣкѣ... Скажи, пожалуйста, въ этомъ отношеніи, какъ онъ: интересный старичокъ?..

- Онъ еще не совсѣмъ старикъ... промолвила Люлюкова.

- Однакожъ?

- Ему, я думаю, лѣтъ пятьдесятъ... или около этого...

- Не странно ли это? оживленно заговорила Зинаида Львовна, усиливаясь разсѣять окончательно грустныя впечатлѣнія подруги, и съ этою цѣлью принимаясь теперь нѣжно похлопывать ея ладонями одну о другую,- не странно ли это?.. Я не могу дать себѣ отчета, но сколько ни припоминаю, дядя твой всегда представлялся мнѣ дряхлымъ какимъ-то старичкомъ; не слыша о немъ очень давно,- твой мужъ никогда не удостоиваетъ меня говорить о немъ; онъ бережетъ видно разсказы о дядѣ для своихъ пріятелей,- я, признаюсь, подумала даже: - не умеръ ли онъ?.. При этомъ мнѣ приходило даже въ голову: какъ хорошо, что Помпей Николаевичъ не былъ женатъ, по крайней мѣрѣ, не останется послѣ него опечаленнаго семейства, плачущей жены, рыдающихъ дѣтей... Ты, Sophie, просто меня удивила; принимая въ соображеніе высокое положеніе Помпея Николаевича, его долгую служебную карьеру, я всегда воображала встрѣтить въ немъ стараго, старенькаго старичка...

Зинаида Львовна очень хорошо знала Помпея Николаевича,- насколько можно знать человѣка по слухамъ; но дѣло было не въ этомъ: какъ мы уже сказали, дѣло состояло въ томъ, чтобы повернуть разговоръ и развлечь, разсѣять грустныя мысли подруги. Тѣмъ не менѣе, она съ большимъ любопытствомъ начала прислушиваться, когда заговорила подруга.

- Вовсе нѣтъ; я увѣрена, тебя удивитъ даже его наружность, сказала Софья Алексѣевна, растягивая слова,- я не видала его теперь ровно пятнадцать лѣтъ; онъ въ это время почти не перемѣнился: такой же свѣжій, статный мужчина, какимъ былъ прежде... немножко только больше посѣдѣлъ. Я увѣрена, если бъ онъ захотѣлъ, онъ могъ бы даже жениться... онъ такъ еще свѣжъ, такъ бодръ; я сама удивилась...

Вообще жъ этотъ вечеръ Зинаида Львовна чувствовала себя очень нервною и впечатлительною; быть-можетъ, къ этому особенно располагалъ теплый воздухъ іюльской ночи и лунный свѣтъ, проходившій голубоватыми, серебристыми лучами въ отворенное окно; во всякомъ случаѣ, слова подруги замѣтно оживляли ее, пробуждая въ ней ту милую егозливость, которая не оставляетъ дѣнушекъ даже въ той порѣ, когда, пры болѣе благопріятныхъ обстоятельствахъ, онѣ могли бы имѣть кучу взрослыхъ дѣтей.

- Одно мнѣ не понятно въ отношеніи къ Помпею Николаевичу, сказала Зинаида Львовна, произнося его имя съ особенною какою-то мягкостью; - что за мысль оставить Петербургъ, оставить великолѣпную дачу и ѣхать въ деревню...

- Онъ теперь уже въ отставкѣ...

- Какъ? вымолвила Зинаида Львовна съ живѣйшимъ участіемъ. Послѣдняго обстоятельства она, дѣйствительно, не знала.

- Онъ говорилъ мнѣ, что ему надоѣлъ Петербургъ, прискучила служба, продолжала Люлюкова... Онъ вообще показался мнѣ очень недовольнымъ; я замѣтила, онъ положительно даже скучаетъ.

- Быть-можетъ, какая-нибудь тайная, сердечная страсть... промолвила Зинаида Львовна, чувствуя, что и у нея при этомъ болѣзненно сжалось сердце.

- О, нѣтъ, подхватила Люлюкова,- онъ просто уѣзжаетъ въ деревню съ тѣмъ, чтобы пожить въ тишинѣ, успокоить себя послѣ городского шума, устроить въ деревнѣ домъ... такъ, по крайней мѣрѣ, онъ самъ сказилъ мнѣ.

Лицо Зинаиды Львовны покрылось румянцемъ;- въ комнатѣ было душно, даже жарко.

- Изъ того, что ты говоришь о немъ, я заключаю, что у него должна быть добрая, кроткая натура... Да, кроткая, и добрая!.. заключила Зинаида Льновна послѣ паузы, въ продолженіе которой сидѣла она, склонивъ голову набокъ и впѣряя задумчивые глаза въ ночной полусвѣтъ, посеребренный мѣсяцемъ.

Софья Алексѣевна ничего не отвѣчала. Обративъ къ ней лицо свое, Зинаида Львовна замѣтила, что глаза подруги снова сомкнулись.

- Боже, что жъ это я дѣлаю!.. воскликнула она, торопливо вставая со стула,- сижу здѣсь и болтаю безъ умолку, забывая, что давно пора тебѣ успокоиться, давно пора лечь въ постель... Ангелъ мой, прости меня! подхватила она, принимаясь цѣловать Софью Алексѣевну съ какою-то восторженною экзальтаціей,- я такъ обрадовалась, что снова ты здѣсь, снова держу твою руку въ своей рукѣ, и обѣ мы сидимъ въ моей комнатѣ, что сама себя не помню!.. Дай мнѣ поднять тебя... Вотъ такъ... еще... облокотись сильнѣе... ты такъ устала, бѣдняжка, что едва держишься на ногахъ!..

Крѣпко обнявъ совсѣмъ почти заснувшую подругу, она повела ее въ спальню, не переставая удивляться, до чего можетъ довести радость встрѣчи и не переставая во всю дорогу называть себя эгоисткой.

Десять минутъ спустя, когда въ комнатѣ Люлюковой стало совсѣмъ темно, Зинаида Львовна быстро вбѣжала къ себѣ, взяла листокъ бумаги и, придвинувъ къ нему свѣчку, начертила нѣсколько строкъ; тщательно свернувъ записку, она спустилась вииэъ, спросила у Аннушки: "не уѣхалъ ли Петръ на желѣзную дорогу?" и нолучивъ отрицательный отвѣтъ, велѣла передать ему скорѣе записку, содержавшую, какъ она сказала, списокъ необходимѣйшихъ покупокъ, которыя поручала ему сдѣлать въ Москвѣ.

Лакей Петръ, прибывъ на станцію желѣзной дороги около часу ночи и желая сообразить, какого рода покупки поручали ему сдѣлать, началъ приводить въ порядокъ три-четыре списка, сложенные въ его карманѣ; развернувъ записку Зинаиды Львовны, онъ прочелъ слѣдующее:

"Коробку лучшей пудры (рисовой) у Вуиса на Кузнецкомъ мосту; тамъ же: розовой губной покады и кольдкрему".

ГЛАВА ДЕСЯТАЯ

Новое лицо и первыя его впечатлѣнія въ Дудиловкѣ.

Ночь была чудная, тихая и теплая; мѣсяцъ еще не показывался надъ горизонтомъ и только звѣзды весело мигали въ безоблачномъ небѣ...

Но что-жъ это я дѣлаю?.. Я совсѣмъ забылъ, что принялъ твердое намѣреніе избавить читателя отъ описаній картинъ природы! Усовершенствованіемъ этимъ, противъ обычной моей методы, обязанъ я, конечно, не столько самому себѣ, сколько постороннему лицу, которому тутъ приношу чувствительную благодарность.

Годъ тому назадъ, судьба свела меня съ любителемъ россійской словесности, человѣкомъ, котораго цѣлый уѣздъ справедливо считаетъ своимъ представителемъ по части просвѣщенія (на блистательномъ обѣдѣ, данномъ имъ въ прекрасномъ помѣстьи, онъ первый высказалъ благородную мысль, складываться вчетверомъ, чтобы выписывать, по крайней мѣрѣ, хоть "Полицейскія Вѣдомости"). Удостоивъ меня бесѣдой о литературѣ, почтенный ревнитель просвѣщенія (умалчиваю о его имени изъ уваженія къ его скромности) выразилъ мнѣніе, что такъ какъ оиисаніе вообще, и описанія природы въ особенности, значительно всегда затягиваютъ и охлаждаютъ интересъ повѣствованія, онъ издавна держится такого правила: сряду пропускаетъ всѣ страницы, сколько-нибудь тѣсно напечатанныя и останавливается на тѣхъ только, которыя веселятъ взоръ частыми пробѣлами, словомъ, гдѣ идетъ бѣглый, живой разговоръ.

Убѣжденный вполнѣ, что мнѣніе почтеннаго представителя просвѣщенія служитъ выраженіемъ мнѣнія большинства, я тутъ же рѣшился ему покориться.

Такимъ образомъ тотчасъ же истреблена была картина іюльскаго утра, которою начиналась повѣсть. По той же причинѣ и здѣсь точно такъ же слѣдуетъ воздержаться отъ описанія красотъ ночи, блеска звѣздъ и чуднаго благорастворенія воздуха.

Достаточно будетъ сказать, оно и короче, и ближе къ цѣли, что время приближалось часамъ къ десяти вечера, когда тарантасъ, вмѣщавшій

Сергѣя Львовича, началъ подбираться къ границѣ дудиловскихъ владѣній. Оставалось всего какихъ-нибудь двѣ, двѣ съ половиною версты до подъѣзда "верзилы".

Хотя верхъ тарантаса былъ откинутъ, и вся фигура Сергѣя Львовича довольно явственно обозначалась въ полусумракѣ, не было, однакожъ, никакой возможности уловить, что именно въ эту минуту выражали черты его. Но это ничего; стоило взглянуть на взмыленныхъ лошадей, бѣжавшихъ какъ-то въ разладъ, съ опущенными головами, и тяжело переводившихъ духъ, чтобъ убѣдиться, что Сергѣй Львовичъ, въ эти послѣдніе дни, не терялъ минуты времени; кучеръ, качавшійся на козлахъ, поминутно засыпавшій и встряхивавшій головой, могъ въ свою очередь свидѣтельствовать, что Сергѣй Львовичъ не давалъ отдыха ни ему, ни себѣ, ни лошадямъ, даже въ ночное время.

- Ну, что, Власъ, усталъ? умаялся? спросилъ Сергѣй Львовичъ, неожиданно обращаясь къ кучеру.

Сообщительность Люлюкова точно такъ же, какъ и его дѣятельность, никогда не знала угомону; онъ долженъ былъ говорить во что бы ни стало, когда не спалъ.

На вопросъ его не послѣдовало никакого отвѣта.

- Власъ, ты никакъ спишь? промолвилъ Люлюковъ, возвышая голосъ и слегка дергая возницу за рукавъ.

- Я... гм... никакъ нѣтъ! отозвался Власъ, встряхиваясь и принимаясь дергать вожжами.

Тарантасъ постепенно, между тѣмъ, приближался къ дорогѣ, соединявшей Дудиловку со станціей желѣзной дороги. Недалеко отъ поворота, слухъ Сергѣя Львовича пораженъ былъ отдаленнымъ свистомъ локомотива.

- Власъ, надо думать, поѣздъ подъѣхалъ къ станціи? заговорилъ опять Люлюковъ,- слышишь?.. Слышь? повторилъ онъ, напрягая слухъ.

Визгъ локомотива повторился въ другой и третій разъ.

- Власъ!.. Власъ, ты спишь, кажется?

Съ козелъ послышалось только какое-то несвязное мычаніе.

- Что ты говоришь? спросилъ Сергѣй Львовичъ.

- Говорю: такъ точно; машина пріѣхала... Ну, вы, любезныя! подхватилъ онъ, медленно сворачивая на дудиловскую дорогу.

Да, завтра точно такъ же свистнетъ локомотивъ, и привезетъ можетъ-быть дядю Помнея Николаевича, подумалъ Люлюковъ,- очень даже можетъ быть; онъ такъ и сказалъ: или въ субботу, или въ пятницу; завтра пятница!"

- Власъ, а Власъ, постой-ка на минуту, сказалъ Сергѣй Львовичъ, хватаясь рукою за передокъ и стараясь приподняться,- постой, придержи лошадей; мнѣ сдается, кто-то ѣдетъ въ нашу сторону... Слышишь?

- Слышу.

- Странно; кто бы это могъ быть! Дорога отъ станціи ведетъ къ намъ и больше никуда... Развѣ мужикъ какой-нибудь?

- И то телѣга, промолвилъ Власъ.

- Телѣга-то, телѣга, а ты все погоди... Слышишь?

- Слышу, ѣдутъ.

"А ну, какъ дядя?" внезапно мелькнуло въ головѣ Люлюкова. При этомъ его съ ногъ до головы обдало жаромъ и потъ выступилъ подъ козырькомъ, выкроеннымъ на манеръ африканскихъ стрѣлковъ.

Онъ быстро повернулся спиною къ кучеру и вперилъ безпокойно-моргающіе глаза на дорогу, которую только-что проѣхалъ.

Стукъ отъ копытъ скакавшей лошади и дребезжанье не то телѣги, не то экипажа, замѣтно приближались.

Часы, запрятанные въ боковой карманъ жилета Сергѣя Львовича, не такъ, казалось, скоро чикали, какъ скоро забилось его сердце, когда показалась на дорогѣ черная, впередъ движущаяся масса, за которой видимо клубилось облако пыли.

- Эй, прочь съ дороги! крикнулъ чей-то хриплый голосъ,- чего тамъ стали?

- Стой, стой! закричалъ Сергѣй Львовичъ, у котораго окончательно занялся духъ,- стой!.. Кто ѣдетъ?

Послѣднія слова произнесъ онъ, соскочивъ уже наземь и стоя на дорогѣ.

Экипажъ, уже совсѣмъ подъѣхавшій и оказавшійся простою телѣгой, внезапно остановился; изъ телѣжки выпрыгнулъ человѣкъ средняго роста и, сколько можно было различить въ полумракѣ, одѣтый въ пальто и въ сѣрой шляпѣ на головѣ. Онъ быстро подбѣжалъ къ Сергѣю Львовичу.

- Пьеръ! Батюшки! Ты ли это? Голубчикъ!.. закричалъ Сергѣй Львовичъ, восторженно порываясь впередъ.

- Папаша, здравствуй! отозвался веселый голосъ.

Сергѣй Львовичъ и тотъ, кого онъ назвалъ Пьеромъ, заключили другъ друга въ объятья и начали звонко и горячо цѣловаться.

- Вотъ не ждалъ, не гадалъ! Какими судьбами?.. Впрочемъ, я ждалъ тебя, ждалъ каждую минуту; вѣдь ты же писалъ, что непремѣнно будешь ко дню рожденья матери... Что жъ ты, злодѣй ты этакой, хоть бы предупредилъ меня! Я бы по крайней мѣрѣ выѣхалъ къ тебѣ навстрѣчу. Ну, да все равно: ты пріѣхалъ; главное дѣло, слѣдовательно, сдѣлано!

- Всѣ у насъ здоровы? Все благополучно? спросилъ Пьеръ, пожимая руку отца.

- Всѣ какъ нельзя лучше, то-есть, такъ было по крайней мѣрѣ во вторникъ, три дня назадъ; надѣюсь и теперь, Богъ милостивъ, все исправно... Ну, здравствуй! здравствуй! Что жъ ты здѣсь стоишь, однакожъ? Успѣемъ наговориться и въ тарантасѣ... Садись, голубчикъ... Перетаскивай ко мнѣ въ тарантасъ свои вещи... суетился Люлюковъ, между тѣмъ какъ кучеръ Власъ кланялся молодому барину и тотъ съ нимъ здоровался.

- У меня всего одинъ чемоданъ и сакъ!..

- Ну, и прекрасно, сюда ихъ, сюда! А возницу твоего мы отпустимъ... Сколько ему?

- Я сейчасъ отдамъ, сказалъ сынъ.

- Это еще что? воскликнулъ отецъ,- ну, нѣтъ, братъ, это еще погоди: молода, какъ говорится, въ Саксоніи не была!..

Люлюковъ старшій подбѣжалъ къ владѣльцу телѣги, разсчитался съ нимъ и вдобавокъ, на радостяхъ, всыпалъ ему цѣлую пригоршню мѣдныхъ денегъ. Сынъ въ то время перенесъ свои вещи въ отцовскій тарантасъ.

Минуту спустя, оба усѣлись, и тарантасъ снова покатилъ по дорогѣ.

- Уфъ! промолвилъ Сергѣй Львовичъ, трепля сына по рукѣ,- ну, братъ, перепугалъ же ты меня!..

- Чѣмъ же?

- Представь себѣ, я думалъ: это ѣдетъ дядя Помпей Николаевичъ!

- Дядя моей матери?

- Да, впрочемъ, что жъ я говорю? вѣдь ты, братъ, ничего еще не знаешь! восторженно подхватилъ отецъ,- онъ будетъ къ намъ завтра или послѣзавтра навѣрное...

- Какая скука! произнесъ неожиданно сынъ.

- Какъ скука?..

- Разумѣется, продолжалъ сынъ спокойнымъ голосомъ,- неужели ты видишь въ этомъ какое-нибудь удовольствіе?

Сергѣй Львовичъ былъ, повидимому, крѣпко озадаченъ.

- Удовольствія особеннаго не вижу, промолвилъ онъ, какъ бы оправляясь,- вижу честь, которую дѣлаетъ намъ Помпей Николаевичъ своимъ визитомъ; и... и это весьма натурально, не можетъ... то-есть, я весьма ему благодаренъ... потому что такой человѣкъ, какъ онъ...

- Что жъ въ немъ особеннаго?

- Какъ что особеннаго? произнесъ Сергѣй Львовичъ, болѣе и болѣе удивленный,- помилуй, это такой человѣкъ, который, и по важности своей, и по положенію, и по связямъ...

- Намъ-то въ этомъ какая надобность? весело, хотя съ прежнимъ спокойствіемъ спросилъ сынъ,- и, наконецъ, ты ошибаешься, прибавилъ онъ, взявъ отца за руку,- Помпей Николаевичъ Пыщинъ былъ когда-то важенъ, когда важность доставляло оффиціальное служебное положіе, а не личныя заслуги и достоинства... Но это время прошло; теперь слава Пыщина померкла, или, проще сказать, онъ сошелъ съ пьедестала и стушевался...

- Ну, братъ, теперь пошелъ!.. пошелъ! проговорилъ Сергѣй Львовичъ обиженнымъ какимъ-то тономъ, и въ то же время кивнулъ сыну на кучера, прося его понизить голосъ,- знать такое ужъ время пришло; все вверхъ тормашкой, все теперь шиворотъ-навыворотъ: яйца учатъ курицу... Очень хорошо знаю: для вашего брата - стоитъ только имѣть сѣдые волосы, чтобы никуда уже не годиться; вонъ его, стараго дурака! изъ ума дескать выжилъ!..

- Не знаю, какъ другіе... Ты можетъ и правъ отчасти... что до меня, я первый готовъ уважать старость... когда она заслуживаетъ уваженія, конечно; нельзя же такъ: старикъ,- ну, стало-быть, и надай ницъ предъ нимъ! Я вообще готовъ уважать кого угодно; для этого надо только, чтобы лицо чѣмъ-нибудь себя заявило; въ Помпеѣ Николаевичѣ, нризнаться, ничего не видно такого...

- Ну, полно говорить объ этомъ: тебя, я знаю, не переспоришь! Вотъ тебѣ новость; я унеремъ, послѣдняя придется тебѣ по вкусу, заговорилъ отецъ такъ оживленно, что, казалось, прошла его досада,- представь, что я узналъ въ эти три дня, разъѣзжая по уѣзду съ приглашеніями сосѣдей къ пріѣзду... ко дню рожденія матери...

Тутъ Сергѣй Львовичъ на секунду пріостановился и нагнулся къ сыну, чтобъ увериться: не подсмѣивается ли онъ? Успокоивъ себя на этотъ счетъ, онъ продолжалъ:

- Да, представь себѣ: Липецкой сдѣланъ губернаторомъ!

- Какой Липецкой?

- Боже мой, нашъ сосѣдъ! Липецкой, сынъ покойнаго бѣдняка Ильи Петровича, тотъ самый Липецкой, который опредѣленъ былъ на казенный счетъ,- я же и хлопоталъ объ этомъ въ свое время, потому что у отца не было чѣмъ платить въ корпусъ; который, потомъ, изъ корпуса поступилъ въ военную академію, оттуда перешелъ въ штабъ на Кавказъ, потомъ отличился подъ Севастополемъ, хватилъ генерала, попалъ въ свиту и теперь, наконецъ, назначенъ губернаторомъ!.. Его не сегодня, завтра ждутъ въ губернію... Ты его очень хорошо знаешь!..

- То-есть, не столько знаю, сколько слышалъ!.. Вотъ этотъ дѣйствительно не то, что Помпей Николаевичъ... Тутъ совсѣмъ другое дѣло...

- Я такъ и зналъ! Еще бы! воскликнулъ Сергѣй Львовичъ, посмѣиваясь иронически, что очевидно стоило ему большого труда,- еще-бы не хорошъ: вашего поля ягода! Человѣкъ современный, новаго поколѣнія, какъ ему не быть хорошимъ!..

- Совсѣмъ не потому; потому что Липецкой изъ ничего, довольно сказать: былъ чуть ли не съ дѣтства запрятанъ въ кадетскій корпусъ! изъ ничего, при самыхъ неблагопріятныхъ обстоятельствахъ, умѣлъ сдѣлаться человѣкомъ просвѣщеннымъ, полезнымъ, благороднымъ... Таковъ по крайней мѣрѣ общій голосъ; а это даромъ не дается!. Вотъ, такого человѣка я готовъ уважать сколько тебѣ угодно!.. Хороши мы однакожъ съ тобою! смѣясь, подхватилъ Петръ Сергѣевичъ,- три мѣсяца не видались, встрѣчаемся и цѣлыя пять минутъ говоримъ Богъ знаетъ о чемъ, тогда какъ у насъ столько предметовъ, которые намъ близки...

- Ну, нѣтъ, братъ, нѣтъ! главное я-то хорошъ во всемъ этомъ! перебилъ Сергѣй Львовичъ,- я началъ, слѣдовательно я виноватъ, а не ты!.. Хотя въ послѣднихъ письмахъ ты и разсказываешь мнѣ подробно о дѣлахъ своихъ,- я хочу теперь слышать о нихъ лично отъ тебя самого... Спасибо, душа моя; ты меня много, много порадовалъ своими успѣхами! Ты мнѣ ничего не пишешь однакожъ въ послѣднемъ письмѣ: какъ ты защищалъ свою диссертацію? Магистръ университета, Петръ Сергѣевичъ Люлюковъ, магистръ университета! произнесъ Сергѣй Львовичъ, возвышая голосъ, какъ бы съ тѣмъ, чтобы довести это до свѣдѣнія кучера Власа. - Ну, разсказывай теперь, разсказывай обо всемъ, какъ можно подробнѣе...

- Разсказывать нечего, возразилъ сынъ,- все обошлось очень удовлетворительно; я совершенно покончилъ съ университетомъ, получилъ дипломъ и теперь, какъ видишь, ѣду къ тебѣ, домой, въ деревню... Настоящее не дурно; что будетъ впереди,- того не знаю... Скажи-ка ты лучше, что у насъ въ Дудиловкѣ подѣлывается? Какъ здоровье матери? Что сестры и братишки... Что Зинаида Львовна?..

- Что, душа моя: перемѣнъ большихъ нѣтъ! Мать по-прежнему хандритъ,- слова живого не добьешься! Я уже писалъ тебѣ, что посылалъ ее въ Старую Руссу пить воды: но сколько замѣтно,- и это ни къ чему не повело! Зиночка продолжаетъ смотрѣть однимъ глазкомъ на кіотъ, другимъ въ зеркало; дѣти учатся и здоровы; мужики, какъ и слѣдуетъ ожидать, и какъ я заранѣе предсказывалъ, бездѣльничаютъ напропалую и окончательно спиваются съ кругу... Вотъ впрочемъ новость: у насъ новая гувернантка!

- Ты прекрасно сдѣлалъ, что рѣшился наконецъ разстаться съ этой... какъ бишь ее... m-lle Фолишонъ, что ли? Она положительно никуда не годилась; ну, а эта какъ?

- Да какъ тебѣ сказать? дѣвица просвѣщенная; экзаменъ выдержала; знаетъ много,- это видно: только не понутру что-то; очень ужъ самолюбива, и притомъ, мысли такія... Впрочемъ, я въ этомъ плохой судья, какъ самъ знаешь; курсъ моихъ наукъ окончился, когда я съ грѣхомъ пополамъ могъ подписывать свое имя; - время, братъ, такое тогда было!.. Можетъ-быть, тебѣ она и понравится; Ѳедоровы въ Москвѣ рекомендовали, мать и взяла ее...

Въ такомъ духѣ бесѣдовали они до той минуты, какъ впереди раздался лай собакъ, возвѣстившій, что тарантасъ проѣзжалъ мимо пруда и деревни.

- Знаешь ли что? оживленно воскликнулъ Сергѣй Львовичъ,

повѣствовавшій въ послѣднее время о сюрпризахъ, которые сдѣлалъ женѣ,- давай-ка, сотворимъ славную штуку: не показывайся сегодня матери!.. Къ тому же, теперь поздно, всѣ ужъ давно укладываются, и ты только напрасно растревожишь ее на ночь... Не лучше ли будетъ, завтра утромъ: какъ только мать одѣнется, я поднимусь къ ней наверхъ и постараюсь такъ устроить, чтобъ, разговаривая съ нею, она смотрѣла въ окно; въ это самое время ты стой за дверью; я кашляну, ты въ комнату и поднесешь ей чашку чаю...

- Ха-ха-ха!.. смѣялся сынъ.

- Ха-ха-ха! закатился въ свою очередь Сергѣй Львовичъ, объясняя, повидимому, смѣхъ сына своимъ особеннымъ образомъ.- Для этого, главное, надо такъ устроить, чтобы никто не могъ подозрѣвать въ домѣ твоего пріѣзда; Власъ будетъ молчать, я за это ручаюсь...

- Что жъ, по-твоему, надо для этого сдѣлать?

- Спрячься!.. сказалъ Сергѣй Львовичъ, весь приходя въ движеніе и живо схватывая сына за руки.

При этомъ Петру Сергѣевичу невольно пришла на память штука, которую сыгралъ съ нимъ отецъ ровно семь лѣтъ назадъ и совершенно по тому же поводу. Бывъ еще тогда въ гимназіи и спѣша ко дню рожденія матери, онъ пріѣхалъ въ Дудиловку сутками раньше; нарочно торопился для этого; отецъ точно такъ же встрѣтилъ его на дорогѣ и упросилъ спрятаться до утра торжественнаго дня; чтобы вѣрнѣе достигнуть такой цѣли, онъ засадилъ мальчика на чердакъ, гдѣ послѣдній чуть не изжарился подъ желѣзною кровлей, которую накаливало солнцемъ съ ранняго утра до поздняго вечера. Штука эта, которую впослѣдствіи молодой Люлюковъ называлъ первымъ своимъ знакомствомъ съ испытаніями Сильвіо Пеллико подъ пломбами Венеціи,- слишкомъ была ему памятна, чтобъ онъ желалъ когда-нибудь повторенія ея надъ собою. Зная очень хорошо, что отецъ его былъ все тотъ же, и не сомнѣваясь на секунду, что самъ онъ въ глазахъ отца, несмотря на свои двадцать три года, все тотъ же четырнадцатилѣтній мальчикъ, Петръ Сергѣевичъ поспѣшилъ отклонить угрожавшее бѣдствіе.

- Теперь поздно, сказалъ онъ,- я думаю, насъ и безъ того никто не замѣтитъ...

- А люди? суетливо заговорилъ отецъ.- Люди сейчасъ разболтаютъ!.. Душенька, потѣшь меня... Ну, сдѣлай милость!..

- Если ты этого непремѣнно хочешь, я готовъ пожалуй... Скажи только, какъ это сдѣлать...

- Стой! Шш! проговорилъ Сергѣй Львовичъ, приказывая кучеру остановиться. - Мы какъ разъ теперь для этого на самомъ выгодномъ мѣстѣ; выходи изъ тараитаса и ступай въ садъ; я между тѣмъ пріѣду домой, какъ ни въ чѣмъ не бывало, и нарочно постараюсь такъ сдѣлать, чтобы всѣ скорѣе улеглись; черезъ полчаса проберись тихонько къ окну моего кабинета... Я буду ждать; тамъ же на диванѣ и постель тебѣ приготовлю!..

Послѣднія слова сказаны были однакожъ съ замѣтно меньшею живостью; молчаніе сына не предвѣщало ничего добраго; оно подавало мысль, что сынъ мало сочувствуетъ выдумкѣ; такое открытіе нѣсколько пріудержало и даже смутило Сергѣя Львовича. Сынъ, между тѣмъ, продолжая молчать, вылѣзъ изъ тарантаса и пошелъ къ саду.

- Пьеръ!.. сказалъ Сергѣй Львовичъ, покашливая съ видимою неловкостью.

Петръ Сергѣевичъ остановился.

Сергѣй Львовичъ проворно вылѣзъ изъ тарантаса и суетливо подошелъ къ сыну.

- Ты, вѣдь, братъ, такой народъ... сказалъ Сергѣй Львовичъ нерѣшительнымъ какимъ-то голосомъ и, чтобъ моправиться, началъ вертѣть пуговицу на пальто сына,- ты вотъ теперь ничего не говоришь, только молчишь... да... молчишь только... а потомъ... Ты пожалуйста, Пьеръ, не стѣсняйся... Я придумалъ все это такъ, ради шутки... Вотъ и насчетъ Помпея Николаевича также... Ты молчишь, Пьеръ, а, между тѣмъ, потомъ будешь надо мною смѣяться...

- Помилуй, папа, кадъ тебѣ не стыдно! живо заговорилъ Петръ Сергѣевичъ, схватывая руку отда и крѣпко ее пожимая,- развѣ я давалъ тебѣ когда-нибудь поводъ думать такимъ образомъ?.. Если тебя все это занимаетъ, ты совершенно правъ; не зачѣмъ тебѣ рѣшительно стѣсняться передо мною... Всѣ эти затѣи меня самого очень забавляютъ, поспѣшилъ присовокупить онъ, замѣтивъ въ моргающихъ глазахъ отца блеснувшую влагу,- я сейчасъ же докажу тебѣ это. Смотри - вотъ!..

Съ послѣднимъ словомъ и прежде чѣмъ отецъ опомнился, Петръ Сергѣевичъ перескочилъ черезъ плетень и пропалъ въ кустахъ.

Проведя украдкою пальцами по глазамъ, Сергѣй Львовичъ вернулся къ тарантасу и занялъ свое мѣсто съ какимъ-то смиреннымъ и пристыженнымъ видомъ.

- Пошелъ домой! сказалъ онъ голосомъ, которому старался возвратить прежнюю бодрость.

Дудиловскій садъ былъ очень великъ и, вдобавокъ, приводился ровесникомъ "верзилѣ". Та часть его, которая примыкала къ дорогѣ и извѣстной аллеѣ, была особенно глуха и запущена. Но Петръ Сергѣевичъ, бѣгавшій по этому саду съ первыхъ лѣтъ дѣтства, изучилъ до такого совершенства всѣ его изгибы и захолустья, что могъ безошибочно попастъ на какой угодно пунктъ, даже съ завязанными глазами; одной секунды было довольно ему, чтобы мысленно начертить планъ сада и выбрать точку для своей прогулки.

"Экой добрякъ этотъ отецъ, но, вмѣстѣ съ тѣмъ, что за чудачина! Боже мой, что за чудачина!.." думалъ онъ, шагая какъ журавль въ травѣ, которая, какъ изъ лейки, осыпала его сапоги росою.

Онъ очень любилъ отца. Чувство это для него самого стало замѣтно усиливаться въ послѣдніе годы; постоянно наблюдая за собою, онъ пришелъ мало-по-малу къ убѣжденію, что чувство это, такъ горячо жившее въ его дѣтскомъ сердцѣ, когда онъ былъ еще въ деревнѣ, снова и какъ бы само србою начало возвращаться, какъ только высвободился онъ изъ-подъ вліянія гимназическаго круга товарищей; онъ помнилъ очень хорошо, какъ съ перваго же года, проведеннаго въ гимназіи, каждая выходка отца, которая прежде приводила его въ восторгъ или которую не замѣчалъ вовсе, начала дѣйствовать на него раздражительно, и часто даже заставляла стыдиться родителя.

У Сергѣя Львовича была, напримѣръ, слабость разсказывать всѣмъ и каждому объ успѣхахъ и способностяхъ сына; такъ какъ мальчикъ дѣйствительно отлично учился и съ каждымъ годомъ дѣлалъ значительные успѣхи, Сергѣй Львовичъ, все болѣе и болѣе подстрекаемый, не могъ утерпѣть, чтобы не говорить объ этомъ не только съ знакомыми, но даже съ посторонними; онъ заводилъ знакомство на улицахъ, въ магазинахъ и въ театрахъ нарочно иногда съ тѣмъ, чтобы сообщить мимоходомъ: что вотъ, дескать, какой сынишка у меня - постоянно полные баллы и постоянно на золотой доскѣ!.. Все это, конечно, было лишнее; но болтливость эта, доходя иногда черезъ товарищей до пятнадцатилѣтняго сына, приводила его тогда въ совершенное бѣшенство; онъ краснѣлъ, горячился, выходилъ изъ себя и, въ припадкѣ глупѣйшаго мальчишескаго самолюбія, готовъ былъ тогда, передъ смѣявшимися товарищами, отказаться отъ такого чудака и болтуна-отца, каковъ былъ его родитель. Въ первый университетскій годъ онъ чувствовалъ къ отцу полнѣйшее равнодушіе. Этому, какъ онъ объяснялъ потомъ, много содѣйствовало также, что тогда онъ провелъ около двухъ лѣтъ въ разлукѣ съ отцомъ и ворбще отдаленъ былъ отъ умягчающаго, теплаго вліянія семейной жизни. Дѣйствительно, оно такъ и было, потому что, когда онъ сталъ проводить каникулярное время въ деревнѣ - все пошло иначе; дурь и дребедень, навѣянная на него гимназіи и засорившая ему голову, къ счастью, не успѣла еще пройти въ сердце. Умъ его, начивавшій уже тогда работать, живо рисовалъ ему образъ пятнадцатилѣтняго дрянного и самолюбиваго мальчугана, который стыдится отцовскихъ слабостей и шутокъ, но въ то же время не стыдится выманивать у него денегъ. Умъ его скоро сумѣлъ отдѣлить наносное, случайное отъ существеннаго; онъ увидѣлъ, что, замѣчая тогда только мелочь отцовскихъ слабостей, которыми такъ мальчишески возмущался, не замѣчалъ вовсе тѣхъ добрыхъ, честныхъ и сердечныхъ свойствъ отца, которыми могъ бы справедливо гордиться. Сердце его, обогрѣтое мало-по-малу семейнымъ очагомъ, снова раскрылось и приняло,- но уже теперь сознательно,- то, что смутно, хотя живо двигало имъ въ дѣтскіе годы. Онъ замѣтно больше любилъ отца, чѣмъ мать; онъ всячески угождалъ Софьѣ Алексѣевнѣ, ухаживалъ за нею; но его невольно влекла къ отцу внутренняя симпатія, тогда какъ къ матери чувствовалъ онъ только привязанность. Петръ Сергѣевичъ мало видѣлся съ сестрами и братишкой Коко; онъ не считалъ ихъ, однакожъ, чужими, и лучшимъ тому доказательствомъ служитъ, что онъ безпрестанно посылалъ имъ книги, въ письмахъ спрашивалъ объ ихъ успѣхахъ и, каждый разъ, какъ пріѣзжалъ въ деревню, очень усердно съ ними занимался.

Даже и теперь онъ думалъ о нихъ, пробираясь въ тѣни старыхъ яблонь и стараясь выйти на дорогу къ маленькой, тинистой рѣчкѣ, которая живописно изгибалась въ нижней части сада.

ГЛАВА ОДИННАДЦАТАЯ

Встрѣчи. Петръ Сергѣевичъ продолжаетъ удивляться.

Достигнуть рѣчки, куда направлялся Петръ Сергѣевичъ, можно было только однимъ путемъ: необходимо было пересѣчь въ томъ или другомъ мѣстѣ большую липовую аллею. Макушки липъ высоко подымались надъ яблонями; освещенныя мѣсяцемъ, который то выглядывалъ изъ-за тучъ, то снова прятался,- онѣ издали указывали дорогу; пробираясь къ нимъ прямо черезъ траву, Петръ Сергѣевичъ круто повернулъ въ аллею, и въ тотъ же мигъ очутился носъ къ носу съ незнакомою дамой въ бѣломъ пеньюарѣ.

Онъ хотѣлъ отброситься назадъ, но уже было поздно: дама испустила пронзительный визгъ и понеслась со всѣхъ ногъ по аллеѣ.

- Ради Бога, не пугайтесь! крикнулъ ей вслѣдъ Люлюковъ, подумавъ въ то же время:- вотъ исторія! Подниметъ теперь гвалтъ по всему дому; а, главное, пропалъ отцовскій сюрпризъ... Кто бы это былъ, однакожъ?.. Вѣрно, новая гувернантка...

Онъ побѣжалъ за нею, убѣдительно упрашивая ее не пугаться и остановиться.

Выбѣжавъ на свѣтлую площадку, шагахъ въ пятидесяти отъ дому, Ольга Ивановна,- это была точно она,- остановилась въ нерѣшительности.

- Кто вы?.. Что вамъ угодно? Не подходите или я закричу!.. отозвалась она, приготовляясь снова къ побѣгу.

- Ради Бога, тише! вы перепугаете весь домъ, отвѣтилъ Петръ Сергѣевичъ, продолжая подвигаться.

Шагахъ въ пяти, онъ снялъ шляпу и поклонился.

- Извините меня пожалуйста!.. Я, кажется, очень испугалъ васъ... Мудренаго нѣтъ: мы такъ нечаянно встрѣтились... Притомъ, вы вовсе меня не знаете... Я сынъ Сергѣя Львовича и только что съ нимъ пріѣхалъ...

- Петръ Сергѣевичъ? вопросительно сказала Ольга Ивановна, къ которой въ тотъ же мигъ возвратилась храбрость.

Она украдкой пристегнула напереди какую-то пуговку и смѣло шагнула впередъ.

- Очень рада съ вами познакомиться! сказала она, протягивая руку, которую тотъ поспѣшилъ подать, радуясь въ душѣ, что дѣло обошлось такъ благополучно.

Олма Иваповна, не медля секунды, постаралась поставить его на настоящую точку зрѣнія касательно своей особы; она объявила, что не можетъ-быть ему совершенно чужою, потому что, скоро уже три мѣсяца, какъ занята воспитаніемъ и развитіемъ его сестеръ и брата. Она присовокупила къ тому, что такъ какъ оба они вышли подышать свѣжимъ воздухомъ, то могутъ теперь безпрепятственно продолжать прогулку.

Защитница человѣческихъ правъ употребляла, казалось, всѣ старанія, чтобы сразу, съ первыхъ словъ выставить себя въ глазахъ новаго знакомаго такою, какъ она есть, то-есть образцомъ самой усовершенствованной развитости, образцомъ, которому не знакомы, даже смѣшны и презрѣнны мелочи и кривлянья обыкновенныхъ барышень. Желаніе это такъ заняло ея мысли, что, повидимому вытѣснило изъ ея памяти непріятныя впечатлѣнія этого утра.

Люлюковъ, имѣвшій уже случай встрѣчаться съ эманципированными дѣвицами или "дикими барышнями", какъ ихъ теперь называютъ,- выразилъ тѣмъ не менѣе большое любопытство.

- Скажите, пожалуйста, Петръ Сергѣевичъ, развѣ вы не зашли въ домъ, когда пріѣхали? Я слышала отсюда шумъ тарантаса; этому всего какихъ-нибудь пять минутъ...

Люлюковъ разсказалъ ей, въ чемъ дѣло, и просилъ никому не говорить.

- О, разумѣется...

- Вы смѣетесь? спросилъ онъ, улыбаясь въ свою очередь.

- Извините, Петръ Сергѣевичъ... впрочемъ вамъ самимъ смѣшно...

- Я смѣюсь, потому что вы смѣетесь... вы знаете: смѣхъ заразителенъ...

- Меня смѣшитъ, во-первыхъ, мысль самого сюрприза, заговорила Ольга Ивановна,- согласитесь, въ этомъ слышится что-то до такой степени сентиментальное, отжившее, что невольно переноситъ къ забавамъ прошлаго столѣтія... Переноситъ къ дѣдушкамъ и бабушкамъ, фижмамъ и пастушкамъ, что не мѣшало, однакожъ... прибавила она съ какою-то торопливостію и вовсе не замѣчая, что переходъ былъ некстати,- что не мѣшало этимъ сентиментальнымъ пастухамъ и пастушкамъ заковывать въ кандалы крестыінъ и засѣкать ихъ до смерти!..

- Ну, а во-вторыхъ... перебилъ Люлюковъ.

- Во-вторыхъ, съ кокетливымъ лукавствомъ продолжала "отвлеченная" Ольга Ивановна,- во-вторыхъ,- извините меня, мнѣ смѣшно, что вы, именно вы,- согласились на такую затѣю вашего отца... тогда какъ между нимъ и вами ничего не можетъ быть общаго...

Послѣднее заключеніе, снова сдѣланное поспѣшно, некстати, какъ съ бока припека, доказывало только со стороны Ольги Ивановны нетерпѣливое желаніе заявить какъ можно скорѣе собесѣднику ея смѣлый, независимый взглядъ на вещи.

- Странно было бы даже, вовсе даже несовмѣстно, промолвила она,- если бы между вами могло быть что-нибудь общее...

- Однакожъ?.. замѣтилъ собесѣдникъ, единственно съ тою цѣлью, чтобы вызвать гувернантку на дальнѣйшую откровенность.

- Разумѣется, есть общее между вами, подхватила она съ живостію,- матеріально вы, конечно, связаны тѣмъ, что получили отъ отца право существованія, хотя, сказать по правдѣ, васъ это ровно ни къ чему не обязываетъ, потому что вы не просили у него жизни и, наконецъ, онъ далъ вамъ ее совершенно безсознательно... Но я говорю здѣсь о сродствѣ духовномъ и интеллектуальномъ... Въ послѣднемъ случаѣ, вы, какъ человѣкъ вполнѣ развитой и современный, должны чувствовать себя разъединеннымъ съ вашимъ отцомъ, принадлежащимъ къ поколѣнію отсталому и отжившему; при вашихъ стремленіяхъ, вамъ должны казаться смѣшными и абсурдными его понятія и дѣйствія; вы можете принять въ нихъ фиктивное участіе,- изъ угожденія къ отцу,- но ни въ какомъ случаѣ не примете во всемъ этомъ активнаго участія,- ни въ какомъ случаѣ! Это положительно невозможно!..

"Ну, конечно! Экъ куда занеслась сія дѣвица!" подумалъ Люлюковъ и прибавилъ громко:

- Изо всего, что вы мнѣ сказали, я заключаю: вамъ должно быть жестоко у насъ скучно; отецъ и мать стары, вы имъ сочувствовать не можете; Зинаида Львовна, сколько я ее знаю,- далеко вамъ не пара; сестры пока еще дѣти; сосѣдей интересныхъ не бываетъ... Словомъ, вы здѣсь совершенно однѣ. Успѣли ли вы, по крайней мѣрѣ, хоть сколько-нибудь свыкнуться съ деревенскою жизнію?..

- О, нѣтъ, нѣтъ! подхватила Ольга Ивановна, нимало не замѣчая ироническаго тона собесѣдника, и подъ вліяніемъ своей мысли показать

81

себя въ выгоднѣйшемъ свѣтѣ, все далѣе и далѣе залетая впросакъ. - Деревня! Есть ли возможность къ ней привыкнуть? Одинъ видъ этихъ несчастныхъ избъ, свидѣтельницъ рабства и угнетенія, одинъ видъ этихъ мужиковъ, напоминающихъ униженіе человѣческаго достоинства... Вы упоминаете о сосѣдяхъ... Боже!.. Не говорю о вашемъ отцѣ, онъ еще добрый человѣкъ; но остальные, которыхъ здѣсь видишь... Всякій разъ сердце сжимается, когда подаешь кому-нибудь руку: вотъ, думаешь, это можетъ-быть та самая рука, которая поднималась на своего ближняго!.. При моихъ убѣжденіяхъ,- вы теперь отчасти ихъ уже знаете,- согласитесь, трудно свыкнуться съ деревенскою жизнію, если убѣжденіе истинно, а не призракъ... Оно... оно наполняетъ всего человѣка и не можетъ... не можетъ не сказаться въ его дѣйствіяхъ... Оторвите убѣжденіе отъ жизненной его основы и оно... да, и оно, если не потеряетъ своего разумнаго смысла, легко можетъ... (тутъ Ольга Ивановна на секунду пріостановилась, какъ бы стараясь что-то припомнить), оно легко можетъ показаться странностью и поведетъ только къ произвольнымъ толкованіямъ...

"Я уже читалъ гдѣ-то эту фразу... Не помню только въ какомъ журналѣ", подумалъ Петръ Сергѣевичъ.

Ольга Ивановна говорила съ большимъ увлеченіемъ; можно бы замѣтить, однакожъ, что восторженное состояніе не совсѣмъ заглушало въ ней желаніе произвести также на собесѣдника выгодное впечатлѣніе своими глазами и наружностію; бесѣдуя съ нимъ такъ оживленно, она тѣмъ не менѣе изловчалась всегда становиться такимъ образомъ, чтобы свѣтъ мѣсяца падалъ ей на лицо и сообщалъ ему интересную прелесть; могло также статься, что къ восторженному состоянію не мало также содѣйствовала тайная увѣренность, что въ минуты увлеченія черты Ольги Ивановны принимаютъ всегда особенно эффектное выраженіе, а глаза сверкаютъ даже опаснымъ блескомъ для слушателя.

- Да, тяжело протянуть руку помѣщику! подтвердила она, бросивъ такой энергическій взглядъ, что Петра Сергѣевича невольно потянуло сказать: "какіе у васъ хорошенькіе глаза..."

- Но мужики теперь свободыы и рабства не существуетъ... проговорилъ онъ.

- Да, съ одной стороны... Но съ другой, какая же это свобода? какая свобода, когда рядомъ помѣщикъ все еще существуетъ, и втайнѣ поддерживается все-таки его власть...

- Но помѣщикъ, каковъ онъ ни есть, представляетъ образованное сословіе...

- Помилуйте, Петръ Сергѣевичъ, это сословіе давно стнило, давно отжило! Его долженъ замѣнить народъ; въ одномъ народѣ заключается вся свѣжесть и сила...

"Быть-можетъ и такъ... только что-то ужъ очень наобумъ и притомъ

82

слишкомъ кудряво, чтобы могло быть искреннимъ съ ея стороны... Какіе у нея, однакожъ, хорошенькіе глаза!.." прибавилъ онъ тутъ же мысленно.

- Да, народу недостаетъ только образованія, продолжала между тѣмъ Ольга Ивановна,- и дѣло нашего поколѣнія, святое дѣло, состоитъ именно въ томъ, чтобы сблизиться съ народомъ, постичь его духъ и раскрыть ему глаза!.. заключила она, не замѣчая вовсе, повидимому, въ своемъ увлеченіи, какъ снова жестоко сама себѣ противорѣчила.

Въ три мѣсяца она ни съ однимъ еще мужикомъ слова не промолвила; ни разу даже не зашла въ избу навѣстить больныхъ бабъ и ребятъ, предоставляя такое мелкое занятіе сентиментальной и комической Зинаидѣ Львовнѣ, этой "уксусной кислотѣ", какъ она ее называла. Въ скорбномъ убѣжденіи, что ее принимаютъ здѣсь за гувернантку, и прстоянно раздражаясь мыслію, что неуваженіе къ ней хозяевъ дома неминуемо отражается на прислугѣ, она очень даже дурно обращалась съ послѣднею, такъ что Аннушка нѣсколько разъ даже приходила съ жалобой, говоря, что силъ нѣтъ никакихъ: такая "пронзительная" и капризная барышня! Особенно жестоко противорѣчила себѣ Ольга Ивановна касательно убѣжденія о необходимости сліянія съ народомъ для передачи ему просвѣщенія; въ первые пять дней, какъ она поступила въ Люлюковымъ, она дѣйствительно привела въ свою комнату сына Петра Кондратьевича; непоколебимымъ желаніемъ ея было просвѣтить его умъ и сдѣлать изъ него со временемъ, очень даже скоро, замѣчательнаго гражданина; нл жаръ ея простылъ на второмъ урокѣ и дѣло кончилось пшикомъ; она рѣшительно не могла вынести запаха конопляного масла на головѣ питомца и также не могла вынести всегда босыхъ его ногъ съ пальцами, вывороченными точно какою-то машиной, нарочно для того изобрѣтенною. Разсудивъ, что питомеуъ, какъ образчикъ двороваго сословія, былъ уже нѣкоторымъ образомъ попорченъ, она завербовала уже свѣжаго, такъ сказать непочатаго крестьянскаго мальчика, но тутъ оказалось невозможнымъ выдержать и одного урока. На этомъ остановилось стремленіе къ народному образованію. Вообще говоря, готовности въ ней была бездна и постоянно кипѣло въ ней желаніе посвятить себя, но чему именно посвятить: наукѣ ли, или человѣчеству, она положательно не могла дать себѣ въ томъ яснаго отчета; въ безсиліи своемъ и ради утѣхи собственному своему самолюбію, Ольга Иванрина ограничиралась восторженными изреченіями и пересыпкою словъ: истина, дѣятельность, культура, міросозерданіе, почва, развитіе и т. д., короче сказать, пересыпала фразами и словами, которыя затвердила, читая журнальныя статьи, или которыя случайно вошли въ ея ухо во время лекцій самоотверженнаго ея учителя Іерусалимскаго.

Въ то время, какъ мы все это разсказывали, Ольга Ивановна не теряла премени, такъ что, когда пришлось гуляющимъ расходиться, Петръ

Сергѣевичъ сказалъ себѣ, что хотя и много видѣлъ дикихъ барышень, по Ольга Ивановна была безспорно совершеннѣйшимъ образцомъ своего рода; словомъ, она вполнѣ достигла своей цѣли,

Фигура молоденькой гувернантки, а можетъ также и глаза ея такъ его озадачили, что вмѣсто того, чтобы ройти къ дому направо, онъ взялъ налѣво, и чуть было снова не наткнулся на другую женскую особу, также въ бѣломъ пеньюарѣ. Она скрылась впрочемъ такъ быстро, что онъ едва разсмотрѣлъ ея фигуру.

"Что за чортъ? подумалъ онъ,- это рѣшительно вечеръ какихъ-то таинственныхъ столкновеній!.." Что это была не Ольга Ивановна, въ томъ не могло быть сомнѣнія; разставшись съ нею, онъ увидѣлъ, что она пошла совсѣмъ въ другую сторону; послѣдняя фигура очевидно мргла принадлежать только Зинаидѣ Львовнѣ. Прождавъ минутъ пять на мѣстѣ, Люлюковъ осторожно прокрался къ дому, соблюдая при этомъ, чтобы постоянно держаться въ тѣни высокихъ кустовъ бузины. Въ нерхнемъ этажѣ "верзилы" всѣ огни были погашены; тишина вокругъ была мертвая; внизу въ одномъ только окнѣ, гдѣ находился кабинетъ Сергѣя Львовича, горѣла свѣчка; самое окно было отворено.

Петръ Сергѣевичъ бережно подошелъ къ окну и постучалъ въ косякъ.

- Папаша, ты здѣсь? спросилъ онъ вполголоса.

- Здѣсь, душа моя, здѣсь и жду тебя уже минутъ десять, отозвался отецъ, высовываясь на воздухъ,- ну, давай руку... полѣзай скорѣе... Ты на меня не сердишься?

- Какой вздоръ! Напротивъ, я даже тебѣ очень благодаренъ, проговорилъ сынъ, но тѣмъ не менѣе крякнулъ и покачалъ головой, когда пришлось совершить восхожденіе въ отцовскій кабинетъ.

Пробравшись туда не безъ того, чтобы ссадить себѣ локоть, Петръ Сергѣевичъ осмотрѣлся кругомъ; не мало изумился онъ, увидѣвъ, что столы, окна и даже стулья уснащены были множествомъ свертковъ и коробокъ самаго разнокалибернаго формата; даже на полу возвышались два полновѣсные ящика и подлѣ торчалъ неуклюжій, туго набитый кулекъ.

- Что это у тебя за магазинъ? спросилъ онъ.

- Покупки, душа моя, которыя привезли безъ меня изъ Москвы, сказалъ Сергѣй Львовичъ, потирая лобъ съ видомъ суетливой озабоченности,- согласись: нельзя же кой-какъ принять Помпея Николаевича... Ты знаешь, впрочемъ, поспѣшилъ онъ прибавить,- я вообще люблю, чтобы день рожденія матери справлялся, какъ слѣдуетъ... Сосѣдей въ этотъ день съѣзжается обыкновенно довольно много; надо обо всемъ этомъ подумать...

- А это что? спросилъ сынъ, подходя къ столу и увидя на немъ большой листъ съ литографскимъ изображеніемъ толстаго, курносаго и короткошейнаго генерала. Въ первую минуту онъ не обратилъ вниманія на подпись, обозначавшую внизу: "Его высокопревосходительстѣо, П. Н. Пыщинъ, кавалеръ и т. д."

- Портретъ дяди, какъ вйдишь...

Мысль, что портретъ этотъ, наконецъ, найденъ и въ его рукахъ, такъ снова оживила и обрадовала Сергѣя Львовича, что онъ не могъ долѣе скрывать передъ сыномъ настоящихъ своихъ чувствъ.

- Да, удалось-таки мнѣ, наконецъ, добыть его! проговорилъ онъ,- выпросилъ я его у жены бывшаго исправника, который служилъ когда-то при Помпеѣ Николаевичѣ... Одно, чортъ возьми, досадно; нѣтъ ни стекла, ни рамки; придется завтра поддѣлаться къ Зиночкѣ; упрошу ее убѣдить Sophie одолжить на нѣсколько дней стекло и раму съ ея литографированной "Mater dolorosa"... Они какъ разъ придутся по этому листу...

Тутъ Петръ Сергѣевичъ, сколько ни крѣпился, не въ силахъ былъ долѣе владѣть собою; онъ залился смѣхомъ.

- Ахъ, папа! папа! Чудной ты, право, человѣкъ!.. сказалъ онъ; но въ ту же секунду остановился, подошелъ къ Сергѣю Львовичу, расправилъ ладонями въ обѣ стороны его сѣдые волосы и поцѣловалъ его въ лобъ.

Неловкость Сергѣя Львовича мгновенно получила замѣтное облегченіе.

Пройдя какъ бы случайно мимо стола и закрывъ украдкою портретъ какимъ-то счетомъ, онъ весело заговорилъ о предстоящемъ днѣ рожденія. Онъ началъ просить сына помочь ему въ многотрудной роли хозяина дома и также не менѣе трудной роли изобрѣтателя тѣхъ невинныхъ затѣй, безъ которыхъ, конечно, не долженъ обойтись такой торжественный праздникъ.

- Одно, братъ, плохо, вымолвилъ подъ конецъ со вздохомъ Сергѣй Львовичъ,- не тѣ ужъ времена, что бывало прежде! Теперь нечего и думать устроить, напримѣръ, сельскій праздникъ, какъ, помнишь, въ старину бывало! Того и смотри, скажутъ: а сколько за это пожалуете? да еще торговаться станутъ!.. Да, таковъ, братъ, нынче народецъ! Другое тоже скверно: денегъ нема, то-есть, вотъ какъ нема: послѣ этихъ покупокъ,- а онѣ, самъ видишь, необходимы,- просто сѣлъ безъ гроша...

- Если очень нужно, пожалуй, я могу дать; немного, конечно, но все же на первый случай вывезетъ изъ необходимости... У меня съ собою рублей триста; возьми, если надо.

Сергѣй Львовичъ былъ крайне озадаченъ. Онъ зналъ, что денегъ, которыя могъ удѣлить сыну, едва было достаточно на его содержаніе,- и это обстоятельство составляло чуть ли не величайшее его огорченіе. Онъ положительно не постигалъ, какимъ образомъ сынъ могъ скопить столько денегъ.

- Не думалъ даже копить, возразилъ сынъ,- я получилъ ихъ за переводы разныхъ статей.

Сергѣемъ Львовичемъ овладѣлъ окончательно столбнякъ.

- Какихъ статей?

- Съ англійскаго.

- Развѣ ты знаешь по-англінеки?

- Настолько, чтобы переводить, знаю; я въ эти два года, очень усердно занимался этимъ языкомъ; видишь, пригодилось! прибавилъ онъ, посмѣиваясь.

Сергѣя Львовича болѣе всего удивляла простота, съ какою сынъ говорилъ обо всемъ этомъ. Хоть бы простеръ онъ объятія, бросился отцу на шею и сказалъ: "папенька, я заработалъ деньги моими трудами, примите ихъ, онѣ вамъ нужны!.." или, напримѣръ, сколько-нибудь утѣшилъ самолюбіе старика и, вмѣстѣ съ тѣмъ, свое собственное, разсказавъ о томъ, какъ трудился, какъ не спалъ ночей, какъ всѣ хвалили его переводы и т. д. Хоть бы словами выказалъ, по крайней мѣрѣ, что деньги - плодъ его трудовъ,- сколько-нибудь ему дороги и, отдавая ихъ отцу, онъ доказываетъ ему этимъ, какъ много его любитъ; словомъ, сдѣлалъ бы что-нибудь такое, что такъ свойственно въ его лѣта и что самъ Сергѣй Львовичъ сдѣлалъ бы, конечно, въ свое время и при тѣхъ же обстоятельствахъ. Нѣтъ! удивительно! Говоритъ такія вещи, которыя сами собою хватаютъ за сердце, говоритъ слова, отъ которыхъ на глазахъ навертываются слезы, а въ груди таетъ сердце, и все это такъ просто, какъ будто дѣло идетъ о самыхъ обыкновенныхъ бездѣлицахъ!

"Непостижимо! Странный молодой человѣкъ!" думалъ Сергѣй Львовичъ долго за полночь, лежа уже въ своей постели,- "все это очень странно!.. Не такъ, по крайней мѣрѣ, какъ было въ прежнее время... Можетъ и въ самомъ дѣлѣ теперь лучше, и они правы... Впрочемъ, и то также не досказалось: развѣ много такихъ молодыхъ людей, какъ Пьеръ?.. Боже, какое сердце! и какъ же уменъ при этомъ! какъ уменъ, у-у-у!.. Не постигаю только, въ кого такой орелъ уродился!.."

Не подкупленные къ Петру Сергѣевичу отцовскимъ пристрастіемъ, мы отзовемся о немъ гораздо скромнѣе. Насъ особенно пугаетъ мысль, чтобы, чего добраго, не заподозрилъ насъ читатель въ желаніи выставить молодого Люлюкова какъ идеальную какую-нибудь личность. Оборони, помилуй Боже! Начать съ того, опытъ уже доказалъ намъ, что въ русскихъ повѣстяхъ никогда еще не удавались идеалы, даже если брали ихъ изъ нѣмцевъ или грековъ. Надо думать, общество наше слишкомъ еще мало подготовило матеріаловъ для такихъ лицъ, можетъ-быть и то также, что въ погонѣ за идеалами, ищутъ такихъ высокихъ свойствъ ума и добродѣтелей, какихъ не существуетъ вовсе въ натурѣ смертныхъ, гуляющихъ въ Петербургѣ, въ Москвѣ и украшающихъ собою пятьдесятъ-семь губерній Россійскаго государства...

Петръ Сергѣевичъ Люлюковъ, молодой человѣкъ, какихъ довольно на бѣломъ свѣтѣ, то-есть умный по природѣ, съ честными побужденіями, хорошимъ сердцемъ и твердою волей; нослѣднее, впрочемъ, рѣже встрѣчается.

Въ томъ, что онъ отлично учился съ гимназическихъ классовъ и еще усерднѣе принялся за свое образованіе, когда получилъ степень кандидата, ничего также нѣтъ удивительнаго; сколько есть такихъ, которые дѣлаютъ то же самое, полагая очень основательно, что университетъ есть ничего больше, какъ приготовительная, образовательная школа въ широкихъ размѣрахъ. Въ томъ, что онъ смиренно, хотя энергически, продолжалъ заниматься своимъ дѣломъ, ни разу не подумалъ производить на семнадцатомъ году своей жизни всемірные перевороты, надо видѣть только, съ одной стороны, присутствіе здраваго смысла (на это, согласитесь, не много требовалось), съ другой стороны, искреннее сердечное влеченіе образовать себя какъ можно основательнѣе, чтобы въ свою очередь получить по совѣсти право учить другихъ и вообще быть полезнымъ, гдѣ бы то ни было, въ Перми или въ Петербургѣ, въ Тамбовѣ или въ Каширѣ.

Вотъ и все, что мы о немъ скажемъ; до идеала далеко, какъ видите!

ГЛАВА ДВѢНАДЦАТАЯ

открывающая сначала замѣчательныя художественныя дарованія въ маленькомъ Коко и знаменующая себя при концѣ великимъ событіемъ.

Было еще довольно рано, то-есть, собственно говоря, рано было для Сергѣя Львовича, который пробуждался обыкновенно часовъ около девяти, когда на другое утро голосъ его неожиданно раздался въ саду и перепугалъ нѣсколькихъ птицъ, мирно сидѣвшихъ на своихъ вѣтвяхъ. Солнце, плывя въ безоблачномъ лучезарномъ небѣ, обогрѣвало кроткими пока еще лучами широкую лысину Петра Кондратьевича, выступавшаго шагахъ въ полутора отъ своего господина. Пройдясь по боковымъ дорожкамъ и главной аллеѣ, словомъ, побывавъ вездѣ, гдѣ предполагалось водить дядю Пыщина, обойдя потомъ вокругъ дома и заглянувъ на заднее крыльцо, Сергѣй Львовичъ остался очень доволенъ. Комнаты, предназначенныя для вмѣщенія именитаго гостя, осмотрѣнныя еще наканунѣ и потомъ вторично сегодня, также, казалось, оставили Сергѣя Львовича въ удовлетворенномъ состояніи духа.

Онъ закидывалъ уже правую ногу на крыльцо и вдругъ остановился.

- А мостъ? спросилъ онъ, обращаясь къ Петру Кондратьевичу.

- Мостъ сдѣлали...

Не удовольствовавшись, видно, такимъ лаконическимъ отвѣтомъ, Сергѣй Львовичъ быстро повернулъ въ садъ и снова зашагалъ въ глубину аллеи.

Петръ Кондратьевичъ поневолѣ долженъ былъ принять то же направленіе.

Сжатые кулаки его приблизительно выказывали о состояніи его чувствъ въ настоящую минуту; лицо, впрочемъ, говорило еще краснорѣчивѣе; въ чертахъ его и заплывшихъ свиныхъ глазкахъ ясно отпечатывались такія слова: "Эхъ ты, латоха, латоха, чтобы тебя черти ѣли. Право, словно оголтѣлый какой, латошитъ день-деньской безъ угомону!"

Въ концѣ аллеи, спускавшейся гласисомъ, извивалась извѣстная уже тинистая рѣчонка, которую правильнѣе было назвать ручьемъ, но въ которой, но словамъ Сергѣя Львовича, ловились раки вкуснѣе гатчинской форели. Черезъ нее, съ незапамятныхъ временъ, шелъ мостикъ, устроенный изъ березовыхъ брусьевъ съ неободранною берестой, который извѣстенъ былъ въ семействѣ подъ именемъ: "pont rustique"; непосредственно за мостомъ возвышалась искусственная земляная насыпь, украшенная четырьмя колоннами и куполомъ; все это были еще прадѣдовскія затѣи; въ послѣдніе годы, мостъ, колонны и куполъ пришли въ самое плачевное состояніе; они, безъ всякаго сомнѣнія, скоро бы повалились, если бы Сергѣй Львовичъ, передъ отъѣздомъ своимъ, три дня назадъ, не вспомнилъ о нихъ случайно и не велѣлъ осмотрѣть ихъ, подновить и подкрасить.

И здѣсь точно такъ же онъ остался счень доволенъ. Знай онъ, что всѣми этими чудесами расторопности управлялъ не столько Петръ Кондратьевичъ, сколько маленькій лужокъ, котораго домогался Петръ Кондратьевичъ, Сергѣй Львовичъ, нимало не думая, подарилъ бы его послѣднему. Но Сергѣй Львовичъ ничего не подозрѣвалъ. До того ли было ему, чтобы думать объ этомъ въ настоящее время! И безъ того голова шла кругомъ...

Въ тѣ часы, какъ Сергѣй Львовичъ заботился такимъ образомъ о своемъ хозяйствѣ, обитатели "верзилы" покоились еще сладкимъ утреннимъ сномъ; исключеніе составляла только Зинаида Львовна. Она пробудилась въ это утро еще раньше Сергѣя Львовича.

Она сомнѣвалась даже,- спала ли она въ самомъ дѣлѣ въ эту ночь, или такъ только полежала, сомкнувъ утомленныя вѣжды; она и теперь еще не могла оправиться,- такъ сильно взволновала ее вчерашняя встрѣча гувернантки, которая прогуливалась ночью въ самой глухой части сада... Боже! она не могла повѣрить этому!.. Убѣждая себя, что благодаритъ судьбу за то, что она не дала ей подслушать преступнаго разговора, Зинаида Львовна только ласково себя обманывала. Дѣло извѣстное: при нѣкоторой долѣ ханжества, а у Зинаиды Львовны доля эта достигла весьма почтеннаго размѣра,- въ сердцѣ всегда открывается лишній клапанъ не только для любопытства, но даже для тайнаго расположенія къ скандалу и вообще всему скромному. Вся штука въ томъ, что она увидѣла преступную гувернантку только издали и подошла къ ней, когда она удалялась. Дѣвственныя чувства Зинаиды Львовны поднялись въ ея сердцѣ и взволновались, какъ содовые порошки, опущенные въ воду; къ этому присоединялась еще другая причина, не мало также встревожившая госпожу Зюзюкину; недаромъ поминутно подходила она къ комоду, брала зеркало и подносила его къ окну; недаромъ также, я полагаю, меланхолическіе глаза ея проявляли въ этомъ случаѣ такое безпокойство; дѣло было ясно, какъ на ладони: каждый взглядъ подтверждалъ убѣжденіе, что ночь, проведенная безъ сна и притомъ въ нравственныхъ потрясеніяхъ, не обошлась безъ послѣдствій для римскаго носа, и безъ того уже такъ жестоко подсушеннаго временемъ. Такое открытіе, очень натурально, должно было усилить волненіе каждой особы прекраснаго пола, которая, въ извѣстныя лѣта, дѣятельно поддерживаетъ тайную связь съ кольдъ-кремомъ, пудрой и ломтиками свеклы для щекъ.

Въ это утро Зинаида Львовна разъ десять по крайней мѣрѣ подходила къ двери Софьи Алексѣевны; раза два-три она даже умышленно скрипнула дверью, въ надеждѣ услышать голосъ пробуждающейся подруги. Но Софья Алексѣевна какъ нарочно спала сномъ праведницы. Слѣдовало удивляться, какъ инстинктъ сердца,. какъ этотъ инстинктъ, который вообще такъ чутокъ, какъ этотъ инстинктъ, повторяемъ мы, не подсказывалъ ей, что она съ каждою лишнею минутой усиливала безпокойство и мучительное томленіе своей подруги!

Наконецъ, часамъ уже къ девяти, когда внизу раздался звукъ чашекъ и послышались голоса дѣтей, Зинаида Львовна уловила кашель въ спальнѣ Софьи Алексѣевны.

Она вошла; но сдѣлавъ три шага, почувствовала потребность остановиться, чтобы перевести духъ.

Волненіе изобразилось вдругъ такими явными чертами на лицѣ ея, что Софья Алексѣевна тотчасъ же это замѣтила, даромъ что успѣла открыть всего одинъ глазъ.

- Зиночка, что съ тобою? спросила она, окончательно раскрывая глаза.

У Зинаиды Львовны ровно достало настолько силы, чтобы приложить руку къ груди.

- Зиночка, мой другъ, что съ тобою? повторила Софья Алексѣевна, на этотъ разъ уже садясь на постели.

- Ужасно! ужасно!.. могла только проговорить Зинаида Львовна, схватывая руку подруги и опускаясь въ изнеможеніи на сосѣдній стулъ.

- Ради Создателя, ты меня пугаешь... произнесла Люлюкова, у которой при этомъ ротъ началъ нервически подергиваться.

Зинаида Львовна сдѣлала сверхъестественное усиліе.

- Я видѣла... вчера... вечеромъ, въ саду... поздно... гувернантку...

Софья Алексѣевна вздрогнула.

Далѣе, въ эту минуту по крайней мѣрѣ, Зинаида Львовна ноложительно не могла проговорить слова.

- Что жъ она тамъ дѣлала? наивно спросила Софья Алексѣевна.

Подруга поднялась съ мѣста, простерла впередъ руки и упала на грудь Люлюковой.

- Несчастная женщина!! воскликнула она, обливая ея щеки слезами.

- Какъ?.. Онъ?.. Serge?.. вроизнесла, обмирая, Софья Алексѣевна.

- Несчастная жертва!! подхватила еще энергичнѣе Зинаида Львовна. - Да, только этого недоставало! Не правда ли,- только этого!..

Въ самую эту минуту на лѣстницѣ раздались знакомые шаги Сергѣя Львовича.

- Твой мужъ!.. шепнула Зинаида Львовна, чувствуя, какъ холодъ пробѣжалъ въ ея волосахъ при одномъ имени этого человѣка.- Сегодня же мы все откроемъ!..

- Сегодня же... простонала Софья Алексѣевна, въ изнеможеніи падая на подушки.

- Можно войти? весело крикнулъ Люлюковъ.

- Нѣтъ, нѣтъ! Sophie еще въ постели! съ ужасомъ отозвалась Зинаида Львовна.

- Господи! крикнулъ Сергѣй Львовичъ,- добро бы вы спали, а то вѣдь также разговариваете!.. А между тѣмъ чай давно на столѣ, давно десятый часъ! Мы васъ давно ждемъ...

- Мы скоро будемъ готовы... откликнулась опять Зинаида Львовна, едва находя силы превозмочь трепетаніе своего сердца.

Минутъ черезъ десятокъ, Зинаида Львовна кой-какъ одѣла свою подругу. Она даже уговорила ее сойти внизъ; но тамъ, видно, данъ уже былъ mot d'ordre, въ спальню вбѣжали дѣти; за ними вошла Ольга Ивановна.

Появленіе гувернантки произвело тѣмъ больше дѣйствія, что она прежде никогда сюда не входила.

Софья Алексѣевна почувствовала вдругъ слабость въ ногахъ и робко поклонилась, не смѣя даже взглянуть ей въ глаза. Зинаида Львовна быстро отошла въ дальній конецъ комнаты,- и каждый, кто увидалъ бы ее въ эту минуту, невольно сказалъ бы, что если существовала когда-нибудь статуя, аллегорически представляющая оскорбленную добродѣтель, она теперь передъ его глазами,- правда, нѣсколько только пострадавшая отъ времени; - но, впрочемъ, таковы вѣдь почти всѣ драгоцѣнныя античныя изваянія...

Ольга Ивановна взглянула на Люлюкову, потомъ перевела удивленные глаза на ея подругу и, обративъ ихъ наконецъ къ дѣтямъ,- сказала, чтобъ они отправлялись внизъ; послѣ этого она вышла изъ спальни, какъ ни въ чемъ ни бывало.

- Какой апломбъ! какое безстыдство! Боже, такъ молода и уже такъ...

Зинаида Львовна не договорила и только потрясла головой.

- Ужасно! проговорила Софья Алексѣевна.

Но "ужасной тайнѣ",- виновницѣ столькихъ тревогъ, суждено было открыться совсѣмъ другимъ путемъ и гораздо скорѣе, чѣмъ предполагали обѣ подруги.

Стоило Сергѣю Львовичу войти въ комнату,- при этомъ замѣтимъ, лицо кроткой Софьи Алексѣевны сдѣлалось совершенно зеленымъ, а носъ и щеки Зинаиды Львовны побѣлѣли какъ полотно,- стоило Сергѣю Львовичу усѣсться подлѣ жены и заставить ее выглянуть въ окно; стоило вслѣдъ затѣмъ показаться Петру Сергѣевичу,- что, сказать мимоходомъ, сдѣлалъ онъ очень неловко,- "ужасная тайна", плодъ устарѣлаго, но тѣмъ не менѣе еще пылкаго и живого воображенія,- обнаружилась сама собою и лопнула какъ мыльный пузырь. Осталось пожалѣть, что все это стоило Зинаидѣ Львовнѣ безсонной ночи и повело ее впослѣдствіи къ лишней тратѣ огуречнаго кольдъ-крема, употребленнаго въ значительномъ количествѣ.

Мы не станемъ входить во всѣ подробности сюрприза; достаточно сказать,- онъ превзошелъ даже ожидаемое дѣйствіе: Софья Алексѣевна чуть не покатилась навзничь въ истерическомъ припадкѣ, Зинаида Львовна взвизгнула и, рыдая, упала на грудь молодому человѣку, дѣти, стоявшія въ это время за дверью, повисли на рукахъ и ногахъ брата, Сергѣй Львовичъ залился восторженнымъ смѣхомъ и забилъ въ ладоши;- но въ ту же минуту проворно отошелъ къ окну и отвернулся, такъ что нельзя было рѣшить, подаетъ ли онъ кому-нибудь на дворѣ таинственные знаки, или попросту проводитъ пальцами по моргающимъ глазамъ; словомъ, эффектъ былъ полный, и сюрпризъ удался какъ нельзя лучше.

- Такъ это ты, Пьеръ, гулялъ вчера въ саду, сказала Зинаида Львовна, послѣ того, какъ дѣти Сергѣя Львовича удалились,- а я, признаться, ужасно перетревожилась... Мнѣ, Богъ знаетъ, что представилось... прибавила она, нѣжно глядя ему въ глаза.

- Развѣ гувернантка дала поводъ думать что-нибудь въ этомъ родѣ? спросилъ Петръ Сергѣевичъ.

- Нѣтъ, я не говорю этого... Сохрани Богъ!.. Скажи, кстати, какъ

91

вообще она тебѣ понравилась?.. присовокупила Зинаида Львовна, какъ бы стараясь замять прежній разговоръ.

- Не скажу, чтобы совсѣмъ...

- Не правда ли? Я такъ и думала... Спроси у матери, если я не предсказывала, что эта Ольга Ивановна тебѣ не понравится.

- Это правда... сказала Софья Алексѣевна, съ трудомъ припоминая, повидимому, когда было сдѣлано предсказаніе.

- Всего ужаснѣе, мы обѣ замѣтили, у нея нѣтъ никакой религіи... Она положительно ни во что не вѣруетъ...

- Это правда, подтвердила опять Софья Алексѣевна.

- Ну, это ея дѣло, оно при ней и остается; религія - дѣло совѣсти... проговорилъ Петръ Сергѣевичъ,- главное въ томъ, сколько могу я судить по вчерашнему разговору съ ней, она положительно не годится въ гувернантки ни нашимъ дѣтямъ, ни какимъ другимъ; чему можетъ она учить, когда у нея самой фанаберія въ головѣ? къ тому же, она положительно сама ничего не знаетъ; дипломъ дали ей, видно, за ея хорошенькіе глаза... Сегодня я изъ любопытства попросилъ отца украдкою принести мнѣ нѣсколько учебныхъ тетрадокъ сестеръ; разсматривая поправки Ольги Ивановны, я убѣдился, что она писать даже правильно не умѣетъ по-русски; поправки ея усѣяны самыми дѣтскими ошибками... Дѣло между тѣмъ идетъ о римскихъ женщинахъ по Тациту! какъ видно изъ диктовки... Нѣтъ, гдѣ ей учить! Дѣло ея только путать и портить!..

Цѣлое утро, вплоть до завтрака, Петръ Сергѣевичъ не выходилъ изъ спальни матери.

Часамъ къ двѣнадцати семейство собралось внизъ къ завтраку. Тутъ поднялась ужасная сумятица между дѣтьми; каждый хотѣлъ занять мѣсто подлѣ брата, и никто не хотѣлъ уступить одинъ другому. Сергѣй Львовичъ предложилъ наконецъ бросить жребій; онъ выпалъ на долю Коко; три дѣвочки въ тотъ же мигъ обѣжали вокругъ стола, усѣлись рядомъ противъ старшаго брата и страстно впились въ него своими глазками, ловя на лету каждое его движеніе и безпрестанно ему улыбаясь.

Все это, казалось, очень пріятно дѣйствовало на Петра Сергѣевича. Онъ былъ очень веселъ и говорилъ со всѣми, не исключая, конечно, и Ольги Ивановны, которая, хотя и украдкою, но не переставала также бросать взгляды въ его сторону.

Въ туалетѣ ея, замѣтно на этотъ разъ, оказалось больше тщанія: шитая рубашка сомнительной свѣжести смѣнилась платьемъ съ лифомъ, который очень выгодно обрисовывалъ ея стройную талію; обстриженные волосы не развѣвались во всѣ стороны, какъ будто ихъ тормошилъ бурный вѣтеръ, но разсыпались правильными локонами по обѣимъ сторонамъ ея свѣжихъ щекъ; глаза щурились и примѣтно интересничали; шея граціозно изгибалась, не производя уже тѣхъ судорожныхъ, жесткихъ движеній, какъ бывало прежде.

Все это приводило только къ убѣжденію, что Петръ Сергѣевичъ могъ съ перваго взгляда производить очень выгодное впечатлѣніе, несмотря на то даже, что черты его не отличались особенною красотой. Онъ не былъ высокаго роста, не поражалъ бѣлизною и свѣжестію, столь свойственными блондинамъ, но не имѣлъ также той матовой блѣдности, которая дѣлаетъ молодыхъ людей такъ интересными въ глазахъ женщинъ. Сѣрые глаза его смотрѣли очень умно и вмѣстѣ съ тѣмъ какъ-то мягко и спокойно; открытый лобъ его былъ очень гладокъ и зубы сверкали бѣлизной.

Послѣ завтрака всѣ приглашены были въ кабинетъ Сергѣя Львовича; тамъ происходила раздача подарковъ, которые Петръ Сергѣевичъ привезъ для дѣтей. Восторгъ и уноеніе были неописанные. Никто изъ присутствующихъ не могъ перечесть поцѣлуевъ, которые пришлось получить щекамъ старшаго брата. Но всѣхъ довольнѣе былъ положительно маленькій Коко; ему достался большой ящикъ съ красками. Сначала, какъ только открыли ящикъ, онъ обмеръ и минуты полторы стоялъ, разинувъ ротъ и раскрывъ изумленные глаза; потомъ вдругъ схватилъ въ обѣ руки подарокъ, какъ бы боясь, чтобъ его снова у него не отняли,- и быстро отправился въ дальній уголъ; потомъ поцѣловалъ ящикъ и разсмѣялся какимъ-то вздрагивающимъ, судорожнымъ смѣхомъ; потомъ, также неожиданно, усѣлся къ столу съ самымъ серьезнымъ, озабоченнымъ видомъ, и началъ раскладывать краски одну подлѣ другой, соблюдая при этомъ, чтобъ одна краска не переступала другую.

- Ну, господа, сказалъ Сергѣй Львовичъ, весело оглядывая присутствующихъ,- мы не ошибемся, кажется, если, послѣ всего, что здѣсь сейчасъ происходило, заключимъ смѣло и рѣшительно,- да, смѣло и рѣшительно, что нашъ Коко будетъ со временемъ знаменитый художникъ!

Тутъ лицо Сергѣя Львовича приняло неожиданно заботливое выраженіе, какъ будто онъ вспомнилъ о чемъ-то; онъ взялъ подъ руку старшаго сына и отвелъ его въ дальній уголъ.

- Послушай, душа моя, проговорилъ онъ,- у меня къ тебѣ просьба: уговори пожалуйста какъ-нибудь нашихъ барынь, я разумѣю мамашу и Зиночку, уговори, чтобъ онѣ одолжили мнѣ на нѣсколько дней стекло и рамку съ Mater dolorosa... Подумавъ, я пришелъ къ заключенію: самому мнѣ просить объ этомъ совершенно безполезно; навѣрное ничего не выйдетъ... Сослужи мнѣ, голубчикъ, такую службу.

- Очень охотно, возразилъ сынъ, закусывая губу и стараясь показать отцу совершенно спокойный видъ.

- Ну, а теперь, добавилъ Сергѣй Львовичъ ужъ громко,- не хочешь ли взглянуть какъ лихо подновили карету и какую молодецкую четверню подобралъ я, чтобъ ѣхать сегодня на желѣзную дорогу...

- Нѣтъ, избавь отъ послѣдняго, сказалъ сынъ,- я рѣшительно никакого толку не знаю въ каретахъ; я въ нихъ, по всей вѣроятности, никогда ѣздить не буду... душно, неловко, не люблю, поспѣшилъ онъ прибавить, чтобы не навести отца на соображенiя экономическаго свойства, которыя всегда печально какъ-то на него дѣйствовали,- въ лошадяхъ я окончательно ничего не смыслю: везетъ, ну и хороша по-моему!..

- Да, вотъ еще что, господа, перебилъ Люлюковъ старшiй, хлопнувъ сына по плечу и потомъ обратясь ко всѣмъ вообще,- да будетъ вамъ извѣстно: мы сегодня обѣдаемъ раньше обыкновеннаго; поѣздъ прiѣзжаетъ ровно въ шесть; мнѣ, слѣдовательно, надо быть на станцiи въ половинѣ шестого.

- Не знаю, какъ теперь, но мы, кажется, всегда прежде обѣдали въ два; до шести еще много времени, замѣтилъ Петръ Сергѣевичъ.

- Мы и теперь держимся такой методы; но только такъ говорится - въ два. Смотришь: всегда садимся въ половинѣ третьяго; тамъ и пошло: тра-та-та, ра-та-та, смотришь, половина пятаго; тамъ опять съ кѣмъ-нибудь заболтаешься, вотъ тебѣ и всѣ шесть!.. и сегодня ни въ какомъ случаѣ не долженъ опоздать; это было бы крайне неловко, даже неприлично... Нѣтъ, ужъ вы, пожалуйста, въ этомъ отношенiи никогда мнѣ ничего не говорите; я человѣкъ нервный; меня постоянно волнуетъ мысль: ну, а какъ опоздаю?.. Съ этими желѣзными дорогами просто бѣда; чувствую даже, что мнѣ вредно; поэтому, даже безъ особенной надобности, я всегда прiѣзжаю прежде всѣхъ; пусть смѣются! Мнѣ какое дѣло! Я спокоенъ, а это не бездѣлица при моихъ нервахъ. Такъ ты, Пьеръ, уладишь то, о чемъ я просилъ тебя? Да? Хорошо, я буду, слѣдовательно, спокоенъ.

Послѣ обѣда, который въ самомъ дѣлѣ не замедлилъ послѣдовать за завтракомъ, Зинаида Львовна позвала молодого Люлюкова и Софью Алексѣевну въ свою собственную комнату; желая ознаменовать чѣмъ-нибудь прiѣздъ дорогого гостя, она собственными своими ручками сварила кофе. Она думала также пригласить и остальныхъ членовъ семейства, но пока хотѣла посидѣть съ Пьеромъ и Sophie наединѣ и наслаждаться тишиною, которая такъ отвѣчала кроткой любви сына къ матери, матери къ сыну и ея собственнымъ чувствамъ въ отношенiи къ нимъ обоимъ.

Къ сожалѣнiю, не долго суждено было продолжаться такому наслажденiю; не успѣла Зинаида Львовна усадить гостей своихъ, не успѣла взять ихъ за руки и взглянуть измъ нѣжно въ глаза, какъ вдругъ внизу послышался ужаснѣйшiй крикъ, сопровождаемый паденiемъ стула и голосомъ Сергѣя Львовича, который покатился какъ громъ во всему дому.

Петръ Сергѣевичъ, не сомнѣваясь ни минуты, что кто-нибудь изъ дѣтей ушибся, стремительно побѣжалъ внизъ.

Первыя лица, которыхъ онъ встрѣтилъ въ залѣ, были: Ольга Ивановна и сёстры; послѣднія окружали гувернантку, дѣлали отчаянные жесты и заливались горькими слезами.

Едва Петръ Сергѣвичъ показался въ залѣ, Ольга Ивановна смѣло подошла къ нему и даже схватила его за руку.

- Петръ Сергѣевичъ, произнесла она, сверкая глазами,- вы человѣкъ благородный и вполнѣ современный, мы не допустите такого возмутительнаго, антигуманнаго насилія! Это ужасно!..

- Что такое? спросилъ тотъ, думая не на шутку, что случилось какое-нибудь несчастіе.

- Что такое? Что случилось? заговорили въ свою очередь Зинаида Львовна и Софья Алексѣевна, показывая въ дверяхъ испуганныя лица.

- Мамаша, тетя Зина! закричали три дѣвочки, бросаясь съ воплемъ къ вошедшимъ,- папаша хочетъ сѣчь Кокошу!

- Нѣтъ, вы не допустите до такого униженія человѣческаго достоинства! Вы слишкомъ развиты и человѣчны для этого! снова подхватила Ольга Ивановна, энергически пожимая руку Люлюкову,- мы не дадимъ бѣднаго мальчика зъ жертву такого тиранства, не правда ли? Къ счастію, онъ скрылся, и его теперь вездѣ ищутъ...

Софья Алексѣевна закрыла лицо руками; Зинаида Львовна поспѣшила обхватить ея талію.

Въ самую эту секунду, дверь изъ гостиной въ кабинетъ такъ громко хлопнула, что всѣ вздрогнули.

- Гдѣ онъ? Гдѣ онъ!.. Гдѣ этотъ негодяй? Не нашли его?.. А, всѣ уже здѣсь?.. крикнулъ Сергѣй Львовичъ, но въ тотъ же мигъ остановился, увидѣвъ подходившаго къ нему Петра Сергѣевича.

Сергѣй Львовичъ тутъ же опустился на стулъ, одною рукою ухватилъ голову, другою стукнулъ себя по колѣну.

- Что съ тобою? Скажи пожалуйста? спросилъ сынъ.- Что случилось?..

- А то случилось, что я его высѣку!..

Дѣвочки снова залились слезами; Ольга Ивановна сдѣлала выразительный жестъ, какъ въ балетахъ, когда желаютъ показать крайнюю степень возмущенныхъ чувствъ; Софья Алексѣевна и Зинаида Львовна ближе только прижались другъ къ другу.

- Высѣку! высѣку! упрямился Сергѣй Львовичъ.

- Полно, папаша, какъ тебѣ не грѣхъ... проговорилъ почти шопотомъ Петръ Сергѣевичъ. - Изъ чего ты такъ горячишься... Помилуй: въ твои лѣта, въ твоемъ положеніи! Успокойся пожалуйста.

- Да ты знаешь ли, что надѣлалъ это негодяй? вымолвилъ Сергѣй Львовичъ, значительно укрощаясь, но все еще съ нѣкоторою запальчивостію.

- Все равно, что бы онъ ни сдѣлалъ, не стоитъ такъ горячиться...

- Въ наше время не сѣкутъ-съ! вмѣшалась неожиданно Ольга Ивановна и чуть-было не испортила дѣла.

Сергѣй Львовичъ вскочилъ какъ ужаленный и вскрикнулъ, мгновенно разгорячась:

- Не сѣкутъ?.. А я вамъ докажу, что сѣкутъ! Вы мнѣ, пожалуйста, этой фанаберіи своей современной не подпускайте!

- Полно, ради Бога, твердилъ сынъ,- вспомни: тебѣ за шестьдесятъ, ему всего шесть лѣтъ...

- Сергѣй Львовичъ, прости его!.. слезливо промолвила Софья Алексѣевна.

- Прости, папаша! Прости, онъ больше не будетъ!.. воскликнули въ одинъ голосъ дѣти и Зинаида Львовна.

- Нѣтъ-съ, извините; вы прежде извольте посмотрѣть, что онъ надѣлалъ, и потомъ уже просите за него прощенья, если только у васъ хватитъ на это духу! сказалъ Сергѣй Львовичъ тономъ сосредоточеннаго раздраженія.- Не угодно ли вамъ сюда пожаловать за мною, сюда въ кабинетъ,- заключилъ онъ, торопливо выходя изъ залы и направляясь въ свою комнату, куда всѣ за нимъ послѣдовали.

Въ кабинетѣ прежде всего бросился въ глаза столъ съ разбросанными на немъ бумажками, стаканомъ съ водою, тарелкой, кистями и красками, и взоры всѣхъ съ любопытствомъ устремились на эти предметы.

- Нѣтъ, не сюда надо смотрѣть, не сюда! произнесъ Сергѣй Львовичъ глубоко огорченнымъ голосомъ,- не сюда! Вотъ куда надо смотрѣть!

Сказавъ это, онъ схватилъ со стола большой листъ и торжественно развернулъ его.

Глазамъ присутствующихъ предсталъ тогда портретъ дяди Помпея Николаевича Пыщина, которому Коко уморительнѣйшимъ образомъ подрумянилъ щеки, лобъ и подбородокъ, подвелъ зеленыя брови, сдѣлалъ какой-то кокъ и провелъ густую тѣнь подъ носомъ, отчего носъ дяди Пыщина сталъ еще курносѣе; въ этомъ видѣ, портретъ какъ двѣ капли воды напоминалъ физіономію разсерженнаго орангутанга.

Какъ ни взбѣшенъ былъ Сергѣй Львовичъ, никто не могъ удержаться отъ смѣха; смѣхъ конецъ былъ въ ту же секунду, подавленъ кашлемъ, охами удивленія. Но Сергѣй Львовичъ, и безъ того, ничего бы не примѣтилъ.

Потрясая въ воздухѣ портретомъ и впиваясь въ него раздраженными, моргающими глазами, онъ повторялъ только:

- Да, вотъ что онъ сдѣлалъ! Вотъ что сдѣлалъ!..

- Оно можетъ-быть даже къ лучшему... нечаянно вырвалось у Петра Сергѣевича.

- Пожалуйста, Пьеръ, не говори мнѣ объ этомъ ни слова! Ты ничего не знаешь! Портретъ этотъ взялъ я у жены нашего бывшаго исправника; она дорожитъ имъ пуще зѣницы ока! Что я скажу ей теперь?..

Петръ Сергѣевичъ сдѣлалъ въ это время какое-то таинственное движеніе рукой; оно послужило для всѣхъ сигналомъ обступить Сергѣя Львовича и просить у него помилованія.

Зная Сергѣя Львовича, каждый охотно повѣритъ, что на это не потребовалось слишкомъ большихъ усилій.

- Хорошо, хорошо... Скажите только, какъ отыщете этого негоднаго мальчишку, скажите ему, чтобы не попадался мнѣ на глаза. Попадется, я за себя не отвѣчаю. Вы знаете, какъ я горячъ и вспыльчивъ!.. Боже мой, однакожъ, что жъ это я?.. Скоро четвертый часъ! спохватился онъ, взглядывая на часы.- Хорошо еще, я прежде распорядился, чтобы закладывали лошадей. Эй, дѣти, бѣгите кто-нибудь, скажите Петру, чтобъ онъ скорѣе шелъ и давалъ мнѣ одѣваться!

Но Петръ легокъ былъ, видно, на поминѣ; не успѣлъ Сергѣй Львовичъ проговорить послѣднихъ словъ, камердинеръ вошелъ въ двери.

- Сергѣй Львовичъ, сказалъ онъ,- къ намъ ѣдетъ какая-то коляска, четверней; сейчасъ на проспектъ поворотила.

- Вотъ некстати-то! проговорилъ Люлюковъ.- Однакожъ, кто бы это былъ?

Онъ вышелъ въ залу; всѣ за нимъ послѣдовали.

Цѣлый рядъ оконъ въ залѣ открывалъ видъ на дворъ и часть аллеи; въ глубинѣ ея клубилось облако пыли, изъ котораго выглядывали головы бѣжавшихъ лошадей.

Не удовлетворившись этимъ, Сергѣй Львовичъ поспѣшно выбѣжалъ въ прихожую.

- Боже мой, это, кажется, дядюшка! неожиданно воскликнула Софья Алексѣевна.

Дѣйствительно, секунду спустя, въ дверяхъ показался Сергѣй Львовичъ. Лицо его выражало столько замѣшательства, что можно было думать, онъ, до прихода сюда, случайно вломился головою въ улей и выскочилъ оттуда.

- Ѣдетъ!.. Онъ!.. Ѣдетъ!! задыхаясь, произнесъ онъ, тараща глаза; и вдругъ, неизвѣстно по какимъ причинамъ, подбѣжалъ къ этажеркѣ съ нотами и началъ приводить ихъ въ порядокъ.

- Полно, папа, какъ тебѣ, право, не стыдно! Чего ты такъ растерялся; что за важность! уговаривалъ Петръ Сергѣевичъ, между тѣмъ какъ дамы суетливо оправляли платья и приглаживали волосы.

Зинаида Львовна сдѣлала какой-то неопредѣленный жестъ и, вспыхнувъ какъ макъ, торопливо скрылась въ коридорѣ.

- Я ничего... говорилъ Сергѣй Львовичъ, обдергивая жилетъ и

блуждая во всѣ стороны глазами. - Главное, все это такъ неожиданно... я думалъ, онъ по желѣзной дорогѣ.

- Что жъ ты стоишь, однакожъ? Если пріѣхалъ, надо итти встрѣчать: пойдемъ! промолвилъ Петръ Сергѣевичъ, увлекая отца въ прихожую.

Помпей Николаевичъ Пыщинъ входилъ въ эту минуту, сопровождаемый молодымъ, высокимъ лакеемъ, который поспѣшилъ снять съ него пальто.

Генералъ Пыщинъ представлялъ изъ себя рослаго человѣка, лѣтъ шестидесяти пяти, но такого еще плотнаго, что можно было, кажется, раздавить на его тѣлѣ сухую горошину, не причинивъ ему малѣйшаго вреда. Шарообразная голова его, съ сѣдыми волосами, обстриженными подъ гребенку, постоянно закинутая назадъ, выходила почти изъ плечъ, отчего самыя плечи казались еще круче вздернутыми кверху; лицо его, раздутое какъ пузырь, красное и выбритое гладко, въ лоскъ, какъ говорится, украшалось посерединѣ коротенькимъ носомъ, вздернутый конецъ котораго раздваивался, словно его перерѣзали ниткой. Быть-можетъ, это предубѣжденіе, но вообще принято уже желать, чтобы носъ у людей былъ нѣсколько большаго масштаба. Подъ носомъ закручивались коротенькіе щетинистые усы, кончики которыхъ, круто нафабренные, смотрѣли въ широко раздутыя ноздри; подъ узенькимъ мясистымъ лбомъ, изъ-подъ бровей, похожихъ на два пучечка, выглядывали маленькіе, сѣрые, татарскіе глаза. Движенія его были величественны, но, вмѣстѣ съ тѣмъ, казались тугими, какъ его тѣло; онъ поворачивался не иначе, какъ всѣмъ корпусомъ; кости его словно не имѣли суставовъ и представляли одну сплошную массу. На немъ былъ военный сюртукъ безъ эполетъ, застегнутый на всѣ пуговицы. Въ профилѣ (такого важнаго человѣка слѣдуетъ разсмотрѣть со всѣхъ сторонъ) генералъ Пыщинъ обрисовывалъ линію, которая круто выпучивалась на груди, рѣзко перехватывалась у пояса, выступала снова круто у живота и, наконецъ, пропадала у конца его сапогъ; сзади, затылокъ, крѣпко упиравшійся въ воротникъ, изображалъ двѣ мясистыя складки, потомъ молодецки выгибалась спина, и линія, сдѣлавъ неопредѣленно-крутой выступъ, снова пропадала у пятокъ.

Увидѣвъ Сергѣя Львовича, генералъ не сдѣлалъ никакого восклицанія, сказалъ только: "здравствуй!" и протянулъ ему руку съ пучечками волосъ, не сгибая пальцевъ. Но такъ какъ Люлюковъ бросился къ нему, обвилъ руками его животъ и принялся цѣловать его въ грудь, Помпей Николаевичъ долженъ былъ, по необходимости, отвѣтить ему чѣмъ-нибудь въ свою очередь; онъ прижалъ спину Люлюкова ладонью и чмокнулъ губами по воздуху.

На Петра Сергѣевича, который стоялъ тутъ же, генералъ Пыщинъ не обратилъ никакого вниманія; машинально только повелъ глазами въ его сторону.

- Боже мой, какъ я счастливъ! заговорилъ Сергѣй Львовичъ.- Мы васъ ждали, ждали! Но какъ же случилось такъ странно: почему не пріѣхали вы по желѣзной дорогѣ?

- Я прямо изъ деревни; оттуда уже сюда, коротко, но внятно сказалъ генералъ.

- Позвольте, Помпей Николаевичъ, позвольте представить моего сына, сказалъ Люлюковъ, выставляя впередъ съ восхищеннымъ видомъ Петра Сергѣевича.

- Очень радъ! возразилъ генералъ.- Въ университетѣ?

- Былъ, но давно уже вышелъ. Получилъ даже магистра!

- Похвально! сказалъ генералъ, у котораго глаза такъ уже, видно, были устроены, что не могли никакъ смотрѣть на собесѣдника, но всегда устремлялись куда-то вдаль, черезъ голову собесѣдника.

Послѣ этого, генералъ тряхнулъ плечами и прямо направился въ залу, при чемъ полъ задрожалъ подъ его ногами.

Съ первыхъ шаговъ, его встрѣтила Софья Алексѣевна съ восклицаніемъ: "дядюшка!" и припала къ груди его; на этотъ разъ, спина Помпея Николаевича обрѣла на столько гибкости, что губы его пришлись какъ разъ ко лбу племянницы.

Въ отвѣтъ на реверансъ Ольги Ивановны, генералъ наклонилъ голову и даже погремѣлъ шпорами.

- А вотъ и дочери, Помпей Николаевичъ, суетливо заговорилъ Сергѣй Львовичъ,- одну, впрочемъ, вы уже знаете, Вѣрочку, маленькую путешественницу! А это другая... Дѣти, что жъ вы стоите? Здоровайтесь съ дяденькой, скажите: bonjour, mon oncle! Здравствуйте, дядюшка! Catherine!

Катя замѣтно колебалась; Сергѣй Львовичъ задвигалъ бровями.

- Bonjour, mon oncle! сказала она, дѣлая реверансъ. Вѣрочка и Соня послѣдовали ея примѣру.

- Здравствуйте... очень милы! сказалъ генералъ.

Во время этой сцены Петръ Сергѣевичъ досадливо взглянулъ на отца, покраснѣлъ и отвернулся.

Помпей Николаевичъ пожалъ еще разъ руку Софьѣ Алексѣевнѣ и пошелъ впередъ, при чемъ полъ снова заколебался.

Сергѣй Львовичъ въ это время подвернулся къ сыну.

- Портретъ, ради Бога, спрячь портретъ! шепнулъ онъ, давая ему знакъ, чтобъ онъ прошелъ для этого кругомъ, черезъ коридоръ.

Петръ Сергѣевичъ, не сказавъ слова, вышелъ.

- А кто эта дама? спросилъ генералъ, понижая голосъ и указывая племянницѣ глазами на Ольгу Ивановну!

- Гувернантка, шепнула та.

- Прекрасная особа! сказалъ генералъ, запуская руку въ задній карманъ, чтобы вынуть оттуда носовой платокъ.

Сергѣй Львовичъ воспользовался этою секундой; онъ мигнулъ женѣ и шепнулъ ей вскользь:

- Ради Бога, займи его и будь любезнѣе; я сію секунду явлюсь. Извините, Помпей Николаевичъ, добавилъ онъ громко,- я на секунду васъ оставлю.

- Прошу безъ церемоніи, возразилъ генералъ, направляясь въ гостиную съ племянницей.

Первымъ дѣломъ Сергѣя Львовича было отыскать камердинера дяди: заботливо разспросивъ его о привычкахъ генерала, онъ сказалъ ему, чтобы лично всегда обращался къ нему, какъ только въ чемъ-нибудь встрѣтится надобность. Проходя по коридору, онъ приказалъ скорѣе ставить самоваръ и велѣлъ сказать повару, чтобъ онъ, на всякій случай, былъ наготовѣ и держалъ ухо востро.

Успокоенный нѣсколько, онъ вернулся въ гостиную, гдѣ уже засталъ дядю, сидящаго на диванѣ. Софья Алексѣевна фланкировала его справа; Петръ Сергѣевичъ сидѣлъ насупротивъ, но нѣсколько дальше. Какъ ни досадно было ему на отца, онъ настолько любилъ его однакожъ, чтобы дѣлать все возможное, только бы удержать его отъ суетливости, въ припадкѣ которой отецъ дѣлалъ всегда глупости.

Софья Алексѣевна успѣла уже въ это время сообщить дядѣ о своей подругѣ, сказавъ, что къ великому несчастью у нея теперь жестокій мигрень, и она находится въ своей комнатѣ.

- Радъ буду познакомиться, былъ отвѣтъ дяди Пыщина.- Много учились?

Съ такимъ вопросомъ обратился онъ неожиданно къ Петру Сергѣевичу.

- Съ десяти лѣтъ учится! вмѣшался упоенный Сергѣй Львовичъ. - Я, признаться, въ первое время опасался даже за его здоровье. Особенно, сколько помню, много мучился онъ съ латинскимъ или, кажется, съ греческимъ языкомъ.

- Ты ошибаешься, папаша, возразилъ Петръ Сергѣевичъ, слегка покраснѣвъ,- ты принимаешь вѣрно одно за другое; я никогда даже не учился греческому языку.

- Нѣтъ, сказалъ генералъ, окончательно вдавливая шею въ илечи,- про греческій языкъ худо не говорите; на греческомъ языкѣ всѣ хорошіе сочинители писали!

По всему видно было, генералъ Пыщинъ находился сегодня въ отличномъ расположеніи духа. По крайней мѣрѣ ни Люлюковъ, ни жена его никогда не видали дядю такимъ разговорчивымъ и веселымъ.

Но я полагаю, не остановиться ли намъ на этой бесѣдѣ, такъ какъ она кстати и скоро кончилась. Лишнимъ будетъ также, я думаю, распространяться о томъ, какъ проведенъ былъ остатокъ вечера, какъ генералъ кушалъ чай, ужиналъ и какъ, наконецъ, Сергѣй Львовичъ повелъ его въ назначенные для него апартаменты и простился съ нимъ, пожелавъ ему отъ всей души сладкаго сна и пріятныхъ грёзъ.

Несравненно важнѣе то, что предстоитъ разсказать впереди, касательно важнаго лица, осчастливившаго "верзилу" своимъ высокимъ посѣщеніемъ.

ГЛАВА ТРИНАДЦАТАЯ

представляющая на разсмотрѣніе матеріалы для біографіи знаменитаго мужа.

Приступая къ изображенію замѣчательной личности Помпея Николаевича Пыщина, я долго собирался съ духомъ, долго углублялся въ самого себя. Внутренній голосъ постоянно твердилъ мнѣ одно и то же: онъ говорилъ, что для полнаго достиженія такой цѣли, для полнаго успѣха, необходимо было бы прежде всего: "прослѣдить путемъ собственныхъ выводовъ за организмомъ современной мысли и всѣми развѣтиленіями и видами, которые даются предметомъ, вступающимъ въ область самостоятельнаго"...

Такъ, по крайней мѣрѣ, въ важныхъ случаяхъ, совѣтуетъ дѣлать одинъ изъ представителей современной отечественной критики.

Не сомнѣваясь ни минуты, что каждое слово критики, каждое даже мимолетное ея замѣчаніе, которымъ-бы воспользовался литераторъ, неминуемо ведетъ послѣдняго къ уясненію собственныхъ мыслей, ведетъ его къ улучшенію и усовершенствованію,- я проникался также необходимостью "поставить свою личность въ разрѣзъ съ дѣйствительностью", какъ совѣтуетъ другой, не менѣе достойный вросвѣтитель человѣчества.

Но такъ ужъ видно судьбой устроено, что недостаточно одной готовности слѣдовать мудрымъ совѣтамъ. Меня по крайней мѣрѣ не привела она ни къ какому счастливому результату.

Сколько ни сидѣлъ я, крѣпко зажмуривая глаза, сколько ни усиливался проникнуть глубокій смыслъ приведенныхъ выше изреченій,- увы! я не понялъ въ нихъ ни одного слова!..

Предоставленный такимъ образомъ на собственный произволъ,

оставшись, такъ-сказать, безъ подпоры, оставшись при собственныхъ своихъ средствахъ, я, весьма натурально, тутъ же убѣдился, что едва ли совладаю съ трудною своею задачей. Но, какъ быть? Дѣло уже было начато, не оставлять же его! Что касается до того, чтобы сохранить своему герою отъ начала до конца "объективный" характеръ, или придать ему "силы духовно-конкретнаго созданія", я уже и не помышлялъ вовсе; насчетъ послѣдняго отложено даже было всякое попеченіе.

Сознаюсь чистосердечно - даже теперь беретъ страхъ, какъ подумаю обо всемъ этомъ! Боюсь, чтобы, послѣ всего сказаннаго, вся повѣсть не вышла "всецѣло" чѣмъ-то въ родѣ "потенціи безъ содержанія"...

Что жъ дѣлать! Вы знаете, добрѣйшій человѣкъ не можетъ дать болѣе того, сколько позволяютъ ему его средства!

Такое объясненіе необходимо было, чтобъ заранѣе оправдать передъ читателемъ тѣ ошибки и промахи, которыми, безъ сомнѣнія, будетъ усыпана наша біографія Помпея Николаевича Пыщина.

Все, что можемъ мы сказать относительно дѣтства и первыхъ годовъ юности этого замѣчательнаго человѣка, заключится въ весьма немногихъ словахъ. Дѣтство Пыщина въ одномъ отношеніи весьма даже схоже съ дѣтствомъ Россійскаго государства: какъ то, такъ и другое, въ равной степени, "покрыто мракомъ неизвѣстности". Изъ бумагъ, которыя прошли чрезъ наши руки, какъ-то: двухъ фамильныхъ документовъ и незначительнаго письма бабки Пыщина, видно, что Помпей Николаевичъ сынъ небогатаго штабъ-офицера, не получившаго ни одной раны подъ Очаковымъ. На шестомъ году Пыщинъ былъ записанъ въ П* кадетскій корпусъ, а на восьмомъ - поступилъ въ оный корпусъ.

Корпусный архивъ за 1804, 1805 и 1807 годы не обогатилъ насъ большими свѣдѣніями. Въ спискахъ кадетовъ, противъ имепи Помпея Пыщина, вездѣ выставлено рукою заботливаго начальства: "Поведенія благонадежнаго; рачителенъ къ службѣ, фрунтовикъ хорошій; въ наукахъ слабъ, хотя и старателенъ". Здѣсь же въ архивѣ, конечно, не безъ трудовъ и пожертвованій съ нашей стороны {Старшему писарю дано за то пять руб.; но когда дѣло пришло къ развязкѣ, онъ потребовалъ еще пять, грозя въ противномъ случаѣ не показать документа.}, отыскали мы бумагу, которая показываетъ, что Помпей Николаевичъ шестнадцати лѣтъ выпущенъ въ офицеры и записанъ въ N* пѣхотный полкъ.

Тутъ на пѣкоторое время наступаетъ для біографа эпоха густѣйшаго эірака; единственною путеводною точкой служитъ только формулярный списокъ; изъ него узнаемъ, что П. Н. Пыщинъ, четыре года спустя послѣ зачисленія въ N* пѣхотный полкъ, сдѣланъ баталіоннымъ адъютантомъ, потомъ полковымъ, а въ 1817 году взятъ въ адьютанты корпуснымъ командиромъ.

Мы ни секунду не сомнѣваемся, что столь быстрымъ и успѣшнымъ повышеніемъ обязанъ онъ единственно самому себѣ. Протекціи у него тогда не было; адъютантская служба, заключая его почти безвыходно въ канцеляріи и не давая ему возможности отличаться на полѣ брани (онъ не участвовалъ ни въ одномъ сраженіи), могла только, естественно, задерживать его карьеру, а не ускорить ее. По всей вѣроятности, уже тогда начали обнаруживаться въ немъ тѣ замѣчательныя способности, которыя, проявляясь потомъ съ такою силой, отмѣтили, можно сказать, каждый шагъ его послѣдующей карьеры.

Дѣйствительно, такъ оно и было. Краснорѣчивѣйшимъ подтвержденіемъ служатъ разсказы сослуживца и, вмѣстѣ съ тѣмъ, товарища молодыхъ лѣтъ Пыщина. Лицо это давно уже въ отставкѣ, и мы тутъ же спѣшимъ принести ему чувствительную благодарность за доставленные намъ матеріалы.

Повѣствуя о старыхъ годахъ своей службы, почтенный разсказчикъ всегда оживлялся; особенно было это замѣтно, когда вспоминалъ онъ бывшаго своего товарища. Онъ говорилъ, что видитъ его какъ теперь передъ глазами.

"Чортъ его знаетъ, какъ онъ это дѣлалъ!" говорилъ сослуживецъ (мы отстраняемъ здѣсь отъ себя всякую отвѣтственность въ способѣ выраженія: наше дѣло историческая вѣрность). "Чортъ его знаетъ, какъ изловчался Пыщинъ, чтобы являться всегда въ новомъ мундирѣ съ иголочки, между тѣмъ какъ былъ бѣднѣйшимъ офицеромъ! Сапоги его всегда отливали глянцемъ; волосы его, коротко остриженные и всегда гладко примазанные, выставляли на видъ прямой какъ стрѣла проборъ, такъ старательно иногда прохваченный, что проступала даже кровь".

Во время адъютантства Пыщина, господствовалъ такой порядокъ, какого, конечно, ни прежде, ни послѣ не было ни въ одной военной канцеляріи. Разсказчикъ повѣствуетъ: "Съ перваго же дня, писаря перестали напиваться; стоило имъ заслышать шаги Пыщина, чтобы мгновенно почувствовать холодъ въ мозгу костей своихъ".- "А былъ еще молодой человѣкъ!" прибавляетъ сослуживецъ.

Касательно физической силы, все заставляетъ предполагать, Помпей Николаевичъ совершенно уже тогда сложился.

Вотъ какъ свидѣтельствуетъ объ этомъ сослуживецъ: "Пыщину ничего не стоило проводить напролетъ безсонныя ночи и не спускать глазъ съ писаря, соблюдая, чтобы каждый приказъ написанъ былъ каллиграфическимъ образомъ. Оборони и помилуй Богъ, если слово такъ придется, что надо перенести слогъ на другую строчку; терпѣть не могъ этого! "Засѣку, кричитъ бывало, задеру до смерти!"

Помпей Николаевичъ никогда не являлся въ кругу товарищей, никогда не участвовалъ въ ихъ пирушкахъ и попойкахъ. Взамѣнъ этого, его всегда можно было встрѣтить, чуть свѣтъ, затянутаго въ мундиръ и стоящаго въ пріемной начальника, въ ожиданіи приказа. Не успѣетъ начальникъ послать за нимъ, онъ тутъ уже налицо. "Гдѣ особенно надо удивляться выдержкѣ и терпѣнію Пыщина, прибавляетъ сослуживецъ,- такъ это въ тѣхъ случаяхъ, когда начальникъ бывалъ не въ духѣ; бывало, какъ звѣрь какой подлетитъ съ пѣной у рта, только и слышишь: я васъ, сударь мой, я васъ! - Пыщинъ стоитъ, какъ вкопанный, не моргнетъ глазомъ, только, бывало, покраснѣетъ; онъ уже и тогда былъ полнокровенъ"...

Здѣсь снова все застилается на нѣкоторое время мракомъ; единственною путеводною точкой опять-таки служатъ отмѣтки формулярнаго и послужного списковъ. Изъ нихъ видимъ мы, какъ Помпей Николаевичъ постепенно возвышался въ чины, какія получалъ награды и какъ, наконецъ, произведенъ былъ въ полковники.

Мы имѣемъ поводъ думать, что къ повышенію его много въ свое время способствовалъ Аракчеевъ. Не утверждаемъ ничего положительно; но такъ, по крайней мѣрѣ, заставляютъ предполагать разныя соображенія времени и притомъ свойства характера и вкусовъ Аракчеева, который скорѣе всѣхъ могъ оцѣнить способности Пыщина. Въ эту эпоху, которую многіе историки справедливо называютъ декоративною и лакировальною, Пыщинъ скоро успѣлъ обратить на себя лестное вниманіе начальства.

Тамъ, гдѣ требовалось прикрыть, замазать, навести лоскъ, отвлечь глазъ отъ докучнаго зрѣлища дѣйствительности, и успокоить взоръ и чувство на декораціи, полковникъ Пыщинъ не зналъ себѣ соперниковъ. У него всегда все было гладко, чисто, подстрижено, причесано, натерто, подтянуто; вездѣ блисталъ внѣшній порядокъ, наружная тишина, приличное, благонравное спокойствіе. Все это, весьма натурально, не могло не обратить на себя вниманія Аракчеева. По всей вѣроятности, онъ и далъ Пыщину случай развить свои способности.

Вскорѣ Пыщинъ получилъ такую часть управленія, гдѣ прежде всего требовались чистота, порядокъ и аккуратность; гдѣ главную роль должна была играть систематическая окраска заборовъ и безукоризненная, точнѣйшая пригонка въ одну линію тротуарныхъ столбовъ.

Семь лѣтъ и ровно четыре мѣсяца послѣ смерти Аракчеева, мы застаемъ Помпе.я Николаевича уже въ чинѣ генералъ-майора. Онъ исправляетъ тогда должность не столько военную, сколько гражданскую, и притомъ скорѣе по ученой части, чѣмъ по административной.

Въ этомъ переходѣ нѣтъ ничего удивительнаго; надо взять въ соображеніе время. Не каждый ли день случалось тогда, что человѣкъ, занимавшійся спеціально тридцать лѣтъ какою-нибудь частію, положимъ хоть лѣсоводствомъ, но повышенный въ чинъ, не отвѣчавшій настоящей его должности, назначался вдругъ директоромъ, положимъ, хоть казеннаго стеариноваго завода?.. Безпрестанно случалось! Каждая эпоха имѣетъ свою собственную логику!

Ученая часть нашла, впрочемъ, въ Помпеѣ Николаевичѣ строгаго, но любознательнаго начальника. Бывъ уже въ тѣхъ лѣтахъ, когда для обыкновенныхъ людей кругъ образованія и познаній давно оконченъ и хлопоты по службѣ замѣняютъ усилія къ просвѣщенію, Пыщинъ, тѣмъ не менѣе, выказалъ замѣчательное расположеніе сблизиться съ наукой. Въ какіе-нибудь три-четыре мѣсяца, онъ настолько уже успѣлъ познакомиться съ классиками древности, что вездѣ стоялъ за нихъ горою и утверждалъ, при всякомъ удобномъ случаѣ, что всѣ хорошіе сочинители писали на греческомъ и латинскомъ языкѣ.

Строгъ онъ былъ собственно только противъ неряшества и неаккуратности. Послѣднія эти свойства составляютъ, какъ извѣстно, главную черту лицъ ученаго сословія и, надо думать, имѣлись прежде всего въ виду при назначеніи Помпея Николаевича на новую должность. Никто, конечно, не могъ успѣшнѣе истребить неряшество и неаккуратность и, вмѣсто нихъ, водворить блистательнѣйшій порядокъ и благочиніе; за это ручалась вся предшествовавшая его карьера.

Любя присутствовать на экзаменахъ, немилосердно преслѣдуя учениковъ за длинные волосы и незастегнутыя пуговицы, и, въ то же время, преслѣдуя инспекторовъ и директоровъ за нелакированные столы и ненатертые полы, онъ любилъ также посѣщать библіотеки; но и здѣсь точно такъ же непрестанною заботой его было подтягивать служащихъ и не допускать ихъ къ безпорядку. Такъ, напримѣръ, посѣтивъ разъ библіотеку какого-то заведенія и найдя, что книги на полкахъ стояли не подъ ранжиръ, онъ тотчасъ же обратилъ на это вниманіе и немедленно потребовалъ отчета. Когда ему объяснили происхожденіе пустыхъ мѣстъ на полкахъ тѣмъ, что нѣкоторыя книги разобраны воспитанниками, Помпей Николаевичъ пришелъ въ большое негодованіе и тутъ же изрекъ слѣдующія замѣчательныя слова: "Дурныхъ книгъ нѣтъ; всѣ надо читать по порядку! А то: эта не хороша, другая не годится; въ этомъ явно проглядываетъ своеволіе!.. Брать и читать всегда по порядку!.."

Взглядъ и система, которые вводилъ Помпей Николаевичъ въ управленіе по ученой части, само собою разумѣется, не могли встрѣтить тамъ большого сочувствія. Не такова ли, впрочемъ, участь всѣхъ преобразователей и реформаторовъ? Кромѣ того, давно уже сказано, что изо всѣхъ путей, какіе можетъ избрать человѣкъ, ученое поприще самое неблагодарное. Пыщинъ какъ бы нарочно призванъ былъ на это поприще, чтобы возвести такое изреченіе на степень непреложной аксіомы. Въ непродолжительномъ времени, каждое дѣйствіе Помпея Николаевича встрѣтило въ обществѣ цѣлый хоръ враждебныхъ истолкователей. Бесѣдуя съ людьми того времени, мы часто имѣли случай слышать о немъ мнѣнія, насквозь пропитанныя недоброжелательствомъ. Мнѣнія эти распространялись, разумѣется, никѣмъ другимъ, какъ подчиненными Помпея Николаевича; остается только удивляться близорукости и вмѣстѣ съ тѣмъ недобросовѣстности общества, которое, не разбирая, откуда шли слухи, спѣшило разносить ихъ по свѣту. Главнымъ источникомъ зла служила демократическая зависть нѣкоторыхъ философовъ и ученихъ, окружавшихъ Пыщина.

Чувство это, ненасытное въ своихъ требованіяхъ, возбудилось тѣмъ, вѣроятно, что Помпей Николаевичъ, шествуя неуклонно къ своей цѣли и ни передъ чѣмъ не останавливаясь въ благихъ своихъ начинаніяхъ, прогналъ вдругъ нѣсколькихъ учителей, замѣнивъ ихъ тотчасъ же другими, не столько, правда, учеными, сколько извѣстными всему свѣту, какъ лица въ высшей степени аккуратныя и благонамѣренныя. Общественное мнѣніе, возбужденное злонамѣренными людьми, не позаботилось опять-таки спросить: кто? какъ? и откуда? Оно наименовало Помпея Николаевича: "башибузукомъ". Стоило произнести гдѣ-нибудь: "Пыщинъ", въ тотъ же мигъ эхо подхватывало: "башибузукъ".

Самыя невинныя дѣйствія Помпея Николаевича ловились на-лету и, упитанныя ядомъ клеветы, облетали свѣтъ. Разъ, справедливо чѣмъ-то разгоряченный, назвалъ онъ въ классѣ какого-то учителя дуракомъ и погрозилъ выбросить его тутъ же изъ форточки; это подняло цѣлую бурю. Въ другой разъ какой-то чиновникъ пришелъ требовать у Помпея Николаевича объясненія, за что исключилъ онъ его изъ службы, и началъ приводить разныя доказательства своей невинности; Помпей Николаевичъ возразилъ ему: "Мнѣ не нужно фактовъ для вашего исключенія; достаточно мнѣ собственныхъ моихъ соображеній!" Фраза эта, сказанная очень спокойно и съ большимъ достоинствомъ, не замедлила сдѣлаться обладаніемъ цѣлаго общества; два мѣсяца, по крайней мѣрѣ, носились съ нею какъ съ какимъ-то курьезомъ.

Мы не станемъ здѣсь подвергать критическому обсужденію ни образа дѣйствій, ни характера Помпея Николаевича. Пусть займется этимъ тотъ, на чью долю выпадетъ болѣе обширная разработка этихъ матеріаловъ; наше дѣло доставить только возможно большее число достовѣрныхъ фактовъ для будущаго біографа. При всемъ томъ, было бы крайне несправедливо съ нашей стороны пройти молчаніемъ вышеприведенныя обвиненія. До сихъ поръ, они всею своею массой напали на Пыщина; онъ одинъ отвѣчалъ за всѣ свои дѣйствія; никто не позаботился взглянуть на дѣло съ другой точки зрѣнія, никто не подумалъ спросить: чѣмъ была возбуждаема строгость Помпея Николаевича, и не были ли отчасти виноваты въ этомъ сами обвинители?

Такой вопросъ тѣмъ болѣе требуетъ обсужденія, что Помпею Николаевичу приходилось дѣйствовать въ кругу лицъ, которыя, такъ сказать, въ исторіи человѣчества, заявили уже себя въ высшей степени людьми безпокойными. Самонадѣянность, обидчивость и раздражительность всегда отличали ученое сословіе. Помпей Николаевичъ вынужденъ былъ также входить иногда въ соприкосновеніе съ литераторами; тутъ ужъ и говорить нечего; лукавство, юркость, самолюбіе, нетерпимость послѣднихъ, вошли въ поговорку. Будемъ же справедливы! Если съ первыхъ дней поступленія своего на новое поприще, Пыщинъ взглянулъ снисходительно на науку, и наоборотъ, если съ перваго дня нашелъ необходимымъ принять рѣшительныя и крутыя мѣры противъ жрецовъ науки, надо думать, послѣдніе дали къ тому сильнѣйшій поводъ.

У насъ передъ глазами множество фактовъ; всѣ они ясно доказываютъ, что Помпею Николаевичу чуть ли не каждый день приходилось бороться противъ дерзости, неуваженія и ничѣмъ не удержимой строптивости. Такъ, напримѣръ, профессоръ, только что вытѣсненный Помпеемъ Николаевичемъ и замѣщенный другимъ вполнѣ по вкусу начальника, проходя какъ-то мимо гимназіи, встрѣтилъ у подъѣзда коляску начальника; онъ сдѣлалъ видъ, что не узналъ экипажа и спросилъ кучера: "чья коляска?" - "Его превосходительства, генерала Пыщина", сказалъ кучеръ.- "Смотри, братъ, вези хорошенько, возразилъ тотъ,- тебя за это профессоромъ сдѣлаютъ!" Разъ, одинъ магистръ университета, явившись къ Пыщину, началъ проситься въ инспекторы гимназіи; пораженный такою самонадѣянностію (молодому человѣку было всего тридцать семь лѣтъ), Помпей Николаевичъ сказалъ ему: "Вы бы ужъ лучше прямо просились въ американскіе короли..." - "Я не зналъ, что это отъ васъ зависитъ!" дерзко возразилъ молодой человѣкъ. Одинъ изъ вновь опредѣленныхъ Помпеемъ Николаевичемъ учителей, движимый чувствомъ высокой нравственности, сообщилъ ему тайно, что въ числѣ чиновниковъ находится одинъ, который неумѣренно употребляетъ крѣпкіе напитки. Помпей Николаевичъ, въ юности еще преслѣдовавшій писарей за пьягство, приказалъ на другой же день вызвать къ себѣ такого-то чиновника. Увидавъ его въ пріемной, онъ прямо пошелъ къ нему. "Вы пили водку?" спросилъ онъ, пристально поглядывая ему въ глаза. Дѣло, кажется, было просто; чиновнику оставалось повиниться и дать клятву объ исправленіи; вмѣсто того, онъ показалъ видъ, какъ будто не понялъ начальника, и, лукаво улыбнувшись, отвѣчалъ ему: "Не извольте безпокоиться, ваше превосходительство, покорно благодарю; я уже пилъ и даже закусилъ!.."

Такихъ исторій мы можемъ приводить до завтра; но, кажется, и этихъ достаточно, чтобы понять, противъ какого духа приходилось бороться Пыщину.

Довольно сказать, Помпей Николаевичъ былъ вполнѣ счастливъ,

когда неожиданно призвали его къ другой должности. Правда, она была значительнѣе, выше предшествующей и служила ему какъ бы наградой.

Мѣсяца не прошло послѣ вступленія Помпея Николаевича на новую должность, и уже каждый могъ узнать изъ офиуіальныхъ мѣстныхъ газетъ о благотворномъ вліяніи такого вазначенія. Вліяніе это, какъ видно, отразилось даже на дѣтяхъ. Вотъ, между прочимъ, въ какихъ выраженіяхъ говоритъ объ этомъ авторъ статьи, помѣщенной въ одной изъ такихъ газетъ: "Трудно увидѣть что-нибудь отраднѣе того зрѣлища, которое ежедневно почти совершается въ нашемъ городѣ! Каждый разъ, какъ его высокопревосходительство Помпей Николаевичъ Пыщинъ проѣзжаетъ въ коляскѣ, дѣлая свою утреннюю или вечернюю прогулку, дѣти толпами выбѣгаютъ на улицу, стараясь наперерывъ смотрѣть въ глаза своему начальнику съ удовольствіемъ, ярко изображающимся въ невинномъ ихъ взглядѣ. Извѣстно, однакожъ, что прежде тѣ же самыя дѣти отличались большою дикостію; при встрѣчѣ съ начальникомъ, они поспѣшно убѣгали, гонимыя паническимъ какимъ-то страхомъ, и, напрягая всѣ силы дѣтскихъ мышцъ своихъ, старались укрываться куда-нибудь подъ ворота и даже прятались въ бочки. Прекрасная перемѣна въ воззрѣніи невинныхъ малютокъ на своего начальника, конечно, можетъ быть приписана только нравственнымъ внушеніямъ инспекторовъ мѣстныхъ школъ, наставниковъ и родителей. Его высокопревосходительство поручилъ выразить имъ свою искреннюю благодарность. Вотъ собственныя слова его: "Мнѣ особенно было пріятно замѣтить почтительное, благонравное выраженіе дѣтскихъ лицъ!" Вмѣстѣ съ тѣмъ, его высокопревосходительство пожертвовалъ пятьдесятъ рублей на окраску тумбъ и фонарныхъ столбовъ, находящихся передъ школами города, а также на окраску наружныхъ дверей тѣхъ школъ, дабы этимъ показать дѣтямъ заботливое о нихъ попеченіе начальства и, вмѣстѣ съ тѣмъ, внушить имъ должное чувство опрятности и порядка".

Начавшись подъ такими счастливыми предзнаменованіями, новая дѣятельность Помпея Николаевича принесла ему, можно сказать, однѣ только радости. Любовь и уваженіе, овладѣвшія такъ внезапно дѣтскими сердцами, перешли постепенно въ сердца ихъ родителей и вскорѣ овладѣли сердцами всѣхъ гражданъ, ввѣренныхъ его заботливому попеченію. Мы заключаемъ это изъ того, что на новомъ мѣстѣ Помпей Николаевичъ оставилъ за собою больше дорогихъ воспоминаній, чѣмъ гдѣ бы то ни было; ни откуда не могли мы почерпнуть столько свѣдѣній о немъ; нигдѣ не сообщали ихъ такъ охотно. Едва узнали о нашемъ намѣреніи собирать матеріалы для его біографіи, всѣ наперерывъ начали доставлять свѣдѣнія, прося убѣдительно не оставить ихъ безъ вниманія. Множество писемъ свидѣтельствуютъ, что здѣсь помнятъ не только Помпея Николаевича, но даже его письмоводителя, нѣкоего Ѳомина; съ своей стороны онъ также часто показывалъ себя истиннымъ отцомъ. Встрѣчалось ли у кого-нибудь запутанное дѣло, стоило зайти къ Ѳомину, поговорить съ нимъ приватно, наединѣ,- дѣло мгновенно получало благопріятный ходъ и быстро вызывало резолюцію.

Мы имѣемъ документы, изъ которыхъ видно, что даже старый камердинеръ Помпея Николаевича,- и тотъ оставилъ послѣ себя самыя теплыя воспоминанія. Послѣдній точно такъ же неоднократно избавлялъ просителей отъ труда прибѣгать къ Помпею Николаевичу и вести дѣло форменнымъ порядкомъ, что, какъ извѣстно, всегда сопряжено съ большой тратой времени. Добрый этотъ человѣкъ, пользовавшійся большимъ довѣріемъ генерала, находилъ всегда способъ склонить его въ пользу просителей, и дѣло обдѣлывалось какъ бы само собою. Въ доказательство того, какъ цѣнили и любили Ѳедора Андреевича (такъ звали камердинера), приведемъ, что когда Богъ послалъ ему сына, многіе почтенные граждане и чиновники такъ долго спорили, кому быть крестнымъ отцомъ, такъ долго не уступали одинъ другому этой чести, что младенецъ могъ быть окрещенъ только на третьи сутки послѣ появленія своего на свѣтъ.

Что касается самого Помпея Николаевича, трогательно даже видѣть: каждое ничтожнѣйшее изъ его дѣйствій, каждая фраза, каждое слово, произнесенное мимоходомъ, до сихъ поръ живо сохранились въ памяти гражданъ. Стоитъ заговорить о немъ, лицо каждаго мгновенно просвѣтлѣетъ и озаряется веселостію.

Да, счастливъ начальникъ, умѣвшій вселить такія чувства въ сердца своихъ подчиненныхъ.

Отеческая заботливость Помпея Николаевича дѣйствительно превосходитъ все, что мы встрѣчали до сихъ поръ у лицъ, начальствующихъ надъ чѣмъ бы то ни было. Она простиралась не только на людей, ввѣренныхъ его надзору, но даже распространялась на постороннихъ, чужестранцевъ и даже иновѣрцевъ. Такъ, когда персидскій посолъ, проѣзжая въ Петербургъ, остановидся въ городѣ, гдѣ управлялъ Помпей Николаевичъ, и, знакомясь съ послѣднимъ, сказалъ ему чрезъ своего переводчика: сколь пріятно видѣть солнце, озаряющее природу, такъ пріятно видѣть вельможу русскаго, улыбающагося привѣтливо послу персидскому; какъ вѣтерокъ колеблетъ вѣтки деревъ и струитъ поверхность водъ, такъ дружба, соединяющая россіянъ и персовъ, выражается во взаимныхъ привѣтствіяхъ ихъ уполномоченныхъ..." Помпей Николаевичъ, выслушавъ все это до конца, ласково обратился къ чужестранцу и сказалъ переводчику: "спроси, не холодно ли ему было?.."

Чувства сердечной заботливости и отеческаго попеченія, само собою разумѣется, не дѣйствовали во вредъ энергіи и силѣ воли; тамъ, гдѣ встрѣчалась въ нихъ надобность, энергія и сила воли выказывали себя во всей своей свѣжести.

Узнавъ случайно, что рабочій народъ и вообще служащій классъ людей часто терпитъ крайнюю обиду при расчетахъ съ хозяевами, особенно купцами и мѣщанами, Помпей Николаевичъ приказалъ повѣстить, чтобы съ этого дня каждый человѣкъ, самаго простого званія, имѣющій какую-нибудь жалобу,- обращался прямо къ нему. Едва разнесся слухъ объ этомъ по городу, не стало утра, чтобы десятками не являлись просители. Помпей Николаевичъ, несмотря на многочисленность дѣлъ, имѣлъ, однакожъ, терпѣніе выслушивать ка;ждаго. Мало того, онъ простиралъ свою заботливость до того, что старался даже здѣсь воспользоваться случаемъ и незамѣтно внушать просителямъ, кто бы они ни были, чувство порядка; онъ начиналъ съ того обыкновенно, что разсортировывалъ просителей и ставилъ ихъ въ два ряда, соблюдая, чтобы они приходились подъ ранжиръ. Послѣ того, вызвавъ тяжущихся и ставъ между ними, наклонялъ онъ голову на одинъ бокъ и внимательно прислушивался; затѣмъ наклонялъ голову на другой бокъ и также внимательно прислушивался. Разсмотрѣвъ такимъ образомъ дѣло съ двухъ сторонъ, онъ выпрямлялъ голову и обращался къ письмоводителю:

- Ѳоминъ, удовлетворить! говорилъ обыкновенно Помпей Николаевичъ.

Послѣ этого ничто уже не могло поколебать его рѣшимости.

Удовлетворить! Особенно былъ онъ строгъ, когда жалоба поступала противъ лица купеческаго сословія; онъ не любилъ купцовъ по убѣжденію и всегда говорилъ:

- Надо держать ихъ въ ежовыхъ рукавицахъ!

Въ послѣднихъ случаяхъ Помпей Николаевичъ не выслушивалъ даже оправданій, не принималъ никакихъ возраженій. Подозвавъ Ѳомина, онъ говорилъ коротко и ясно:

- Удовлетворить!

Справедливый во всѣхъ случаяхъ своей жизни, онъ не пощадилъ разъ даже перваго купца города и милліонщика Лепехина, на котораго пришла жаловаться кухарка, говоря, что Лепехинъ обсчиталъ ее на цѣлковый, выдавая ей мѣсячное жалованье.

- Ѳоминъ, вызвать завтра Лепехина! сказалъ Пыщинъ.

Когда на другое утро Лепехинъ явился, Помпей Николаевичъ не позволилъ ему даже рта открыть; онъ сдѣлалъ шагъ впередъ и грозно ему замѣтилъ:

- Я вамъ дамъ грабить народъ! Я здѣсь для порядка! Вы всѣ мошенники, плуты! Удовлетворить! Безъ разговора! Ѳоминъ, удовлетворить!..

Увлеченный справедливостію и участіемъ къ беззащитнымъ

110

бѣднякамъ, Помпей Николаевичъ въ одномъ только ошибся; онъ не расчелъ, что эти бѣдняки, поощренные его заступничествомъ, злонамѣренно имъ воспользуются. Дѣйствительно, по прошествіи нѣсколькихъ дней, не стало отъ нихъ отбою; они полѣзли толпами и, если недоставало мѣста въ пріемной, крикливо осаждали подъѣздъ начальника. Дѣлать было нечего, требовалось принять энергическія мѣры; позванный полиціймейстеръ получилъ приказаніе, чтобы съ этой же минуты каждый, кто явится, забранъ былъ въ часть и крѣпко высѣченъ. Этимъ только можно было остановить безпорядокъ и своеволіе.

Во все время управленія своего въ городѣ, Помпей Николаевичъ разъ, можно сказать, взволнованъ былъ досадливымъ чувствомъ; мы приводимъ его здѣсь какъ исключеніе. Въ одинъ лѣтній день, на многихъ улицахъ, на канцелярскихъ столахъ и въ лавкахъ перехвачено было множество подкидныхъ листковъ, на которыхъ начертаны были стишки, очевидно направленные противъ Помпея Николаевича, или, вѣрнѣе, противъ его способа рѣшать дѣла.

Вотъ эти стишки:

"Наше судопроизводство.
"Встань направо!
И онъ подлецъ,- и ты не права!
Ѳоминъ! обоихъ посадить!
Ихъ допросить! Мнѣ доложить! Имъ объявить!.."

Досада Помпея Николаевича не столько возбуждалась, конечно, этими ничтожными стишонками, сколько тѣмъ, что никакъ не могли отыскать негодяя автора, несмотря на то даже, что весь городъ поставленъ былъ на ноги и полиція трое сутокъ какъ угорѣлая металась, высунувъ языкъ. За исключеніемъ этого случая, дни Помпея Николаевича текли невозмутимо-стройно. Такъ жилъ онъ пять лѣтъ, распространяя вокругъ себя миръ и порядокъ, водворяя чистоту и спокойствіе, когда вдругъ вызванъ былъ въ Петербургъ, гдѣ получилъ извѣстіе, что мѣсто его отдано другому.

Сколько ни старались мы проникнуть тайну неожиданнаго переворота въ служебной карьерѣ Помпея Николаевича, старанія наши оказались тщетными. Самъ Помпей Николаевичъ не могъ дать себѣ въ этомъ опредѣлительнаго отчета. Достовѣрно только то, что удаленіе это вовсе нельзя было считать немилостію.

Новое мѣсто было тѣмъ хорошо, говорили эксперты въ дѣлѣ пріобрѣтенія коронныхъ мѣстъ, пенсій, арендъ и казеннаго содержанія, тѣмъ хорошо новое мѣсто, что, оставляя Помпея Николаевича въ совершенномъ покоѣ, не требуя отъ него никакой дѣятельности, оно давало отличное жалованье, которое, вмѣстѣ съ его пенсіей, составляло круглую, увѣсистую цифру. Говорили, что Пыщинъ въ этой должности будетъ какъ нельзя больше на своемъ мѣстѣ: - головоломной работы рѣшительно никакой, только въ сроки получать жалованье,- обязанность, которую выполнитъ онъ со всею аккуратностію, такъ всегда его отличавшею.

Не такъ, однакожъ, смотрѣлъ, повидимому, на этотъ предметъ Помпей Николаевичъ. Новое мѣсто, несмотря на весь почетъ свой, равнялось въ глазахъ его не болѣе, не менѣе, какъ чистой отставкѣ. Онъ увидѣлъ, что, переводя его сюда, ему ясно сказали, что въ немъ больше не нуждаются. Человѣкъ, который чуть ли не съ шестнадцати лѣтъ привыкъ къ страшной дѣятельности, привыкъ управлять и повелѣвать, не могъ, конечно, ужиться съ пассивною ролью человѣка, для котораго вся дѣятельность ограничивалась полученіемъ жалованья, обѣдомъ въ клубѣ и прогулкою по Невскому проспекту. Для могучей натуры Пыщина дѣятельность была такою существенною потребностію, какъ масло для лампы, если хотятъ, чтобы она горѣла; отнимите это масло,- лампа потухнетъ. Такъ было и съ Помпеемъ Николаевичемъ. Въ первые шесть мѣсяцевъ онъ постарѣлъ цѣлыми десятью годами.

Къ этому, надо сказать, много также способствовалъ Петербургъ. Здѣсь каждый день доставлялъ ему двадцать случаевъ убѣдиться, что удаленіе его отъ прежней должности равнялось паденію, и что часъ его пробилъ. Иначе нельзя было истолковать себѣ обстоятельства, что въ клубѣ, на гуляньѣ, въ обществѣ,- словомъ, вездѣ, Помпей Николаевичъ встрѣчался съ молодыми людьми, часто прежними своими подчиненными, которые занимали виднѣйшія мѣста и дѣйствовали на службѣ, между тѣмъ, какъ онъ,- онъ, Пыщинъ, былъ отстраненъ отъ всякаго дѣла. Встрѣчая, кромѣ того, на каждомъ шагу противорѣчіе самымъ кореннымъ своимъ убѣжденіямъ, онъ въ первое время рѣшился было подать въ отставку и удалиться въ Москву. Разсудивъ, однакожъ, основательно, что мѣрою этою никому ничего не докажетъ: лишится только значительнаго оклада; разсудивъ, съ другой стороны, что какъ ни пассивна занимаемая имъ должность, она все-таки должность, служба, а безъ службы ему предстоитъ положительно нравственная смерть, онъ отложилъ такое намѣреніе.

Единственною отрадой почтеннаго старика было пріѣзжать иногда лѣтомъ въ деревню, не въ ту деревню, которая была по дорогѣ къ Сергѣю Львовичу, но въ другую, которую Помпей Николаевичъ купилъ подъ Петербургомъ, какъ только рѣшился не подавать въ отставку. Мирный пріютъ этотъ тѣшилъ старца.

Тамъ, отдыхая душевно, находилъ онъ удовольствіе вспоминать свою счастливую, но трудовую юность; движимый этими воспоминаніями, движимый также, можетъ-быть, чувствомъ признательности къ покойному благодѣтелю Аракчееву и желая почтить его память. Помпей Николаевичъ старался устроить въ имѣніи тотъ же порядокъ, который въ его время былъ въ Грузинѣ. Онъ разбивалъ вездѣ маленькія правильныя клумбы, сажалъ въ линію и въ равномъ разстояніи другъ отъ друга деревья, пробивалъ вездѣ по шнуру линіи, которыя украшалъ тумбочками,- словомъ, проводилъ время въ мирныхъ занятіяхъ, отвѣчавшихъ его врожденнымъ вкусамъ и наклонностямъ.

Съ крестьянами держалъ онъ себя совершеннымъ отцомъ. Онъ входилъ во всѣ мелочи ихъ семейнаго и хозяйственнаго быта, лично чинилъ судъ и расправу, заботился объ ихъ дѣтяхъ, заботился даже о ставняхъ ихъ жилищъ, требуя, чтобы всѣ ставни выкрашены были одинаковою краской. Короче сказать, онъ былъ не столько помѣщикомъ, сколько патріархомъ въ своей деревнѣ.

Вставъ всегда очень рано, обливалъ голову студеною водою и потомъ, обтеревъ всего себя губкой, отчего на полу оставался всегда большой лучеобразный мокрый кругъ съ сухимъ центромъ, Помпей Николаевичъ вооружался складнымъ пальмовымъ аршиномъ и предпринималъ крѣпительную утреннюю прогулку.

Выступая ровнымъ, размѣреннымъ шагомъ, онъ неизмѣнно направлялся сначала къ небольшому полю ржи, которое приказывалъ засѣвать, повидимому, съ тою лишь цѣлью, чтобы каждое утро доставлять себѣ удовольствіе, вымѣрять аршиномъ, насколько увеличился ростъ хлѣба. Послѣ того осматривалъ онъ клумбы, дорожки, столбы; если замѣчалъ, что гдѣ-нибудь краска отлупилась, или валялась какая-нибудь нечистота,- онъ тотчасъ же отмѣчалъ это въ особую книжку и, возвратясь домой, отдавалъ приказаніе немедленно исправить безпорядокъ.

Прогулку свою кончалъ онъ обыкновенно тѣмъ, что проходилъ по улицѣ и каждый разъ, остановившись,- сегодня передъ одной избою, завтра передъ другой,- требовалъ къ себѣ хозяйку.

- Здравствуй, матушка, говорилъ онъ, привѣтливо кивая.
- Здравствуйте, ваше превосходительство.
- Ты хозяйка?
- Я, ваше превосходительство.
- А корова у тебя есть?
- Есть, ваше превосходительство.
- А телята есть?
- Есть, ваше превосходительство.
- И куры есть?
- Есть, ваше превосходительство.
- Сколько куръ?
- Три, ваше превосходительство.

113

- Мало куръ! А цыплята есть?

- Нѣтъ, ваше превосходительство.

- Отчего нѣтъ?

- Собаки поѣли, ваше превосходительство.

- Не должно быть! Недосмотръ значитъ! говорилъ Помпей Николаевичъ, отечески нахмуривая брови. - А дѣти есть у тебя?

- Есть, ваше превосходительство.

- Гдѣ они?

- Въ работѣ, ваше превосходительство.

- Сколько получаютъ жалованья?

- Двадцать рублевъ, ваше превосходительство.

- Береги деньги! внушительно говорилъ Помпей Николаевичъ, послѣ чего шелъ далѣе, съ тѣмъ, чтобы на другое утро распространить свою заботливость, точно такъ же, по порядку, на сосѣднюю избу.

Устроивъ здѣсь образцовое хозяйство, онъ задумалъ, ради скуки и развлеченія, сдѣлать то же самое въ наслѣдственной деревнѣ. Съ этою цѣлью взялъ онъ двадцативосьмидневный отпускъ, сѣлъ въ вагонъ желѣзной дороги и посѣтилъ мѣста, которыя, по справедливости, всегда будутъ гордиться, что служили ему родиной и первою колыбелью.

Такъ вотъ какую жизнь велъ въ послѣднее время человѣкъ, который болѣе сорока лѣтъ удивлялъ своими способностями не только подчиненныхъ, но даже постороннихъ,- который и теперь,- былъ бы только просторъ для его дѣятельности,- могъ бы оставить еще болѣе рѣзкій слѣдъ своего существованія и прибавить нѣсколько лишнихъ вѣнковъ къ числу тѣхъ, которые и безъ того такъ уже пышно обвивали его голову.

ГЛАВА ЧЕТЫРНАДЦАТАЯ

Сергѣй Львовичъ снова въ критическихъ обстоятельствахъ и снова теряетъ голову. Петръ Сергѣевичъ практикуется въ хозяйствѣ.

Утромъ, на другой день послѣ того, какъ прибылъ въ Дудиловку знаменитый родственникъ, Петръ Сергѣевичъ проснулся позже обыкновеннаго. Это произошло вотъ отчего: наканунѣ, какъ только увели дядю Пыщина въ приготовленные для него покои, Петръ Сергѣевичъ приступилъ къ устройству помѣщенія для себя собственно: онъ занялъ прежнюю свою комнату во второмъ этажѣ, на концѣ коридора, и провозился далеко за полночь, раскладывая книги и разбирая бумаги.

Онъ, вѣроятно, проспалъ бы еще долѣе; но его разбудилъ ускоренный шумъ на лѣстницѣ; секунду спустя, дверь его комнаты скрипнула и пропустила голову Сергѣя Львовича.

Съ перваго взгляда пришла ему мысль, что съ отцомъ вѣрно произошла какая нибудь непріятность. Онъ не ошибся; первымъ словомъ Сергѣя Львовича было:

- Ты видишь меня въ совершенномъ отчаяніи!..

- Что случилось?

- Я просто не знаю, что дѣлать! произнесъ Сергѣй Львовичъ голосомъ глубочайшей скорби и унынія.

- Что-жъ такое?

- Вотъ! братецъ,- вотъ!.. ороговорилъ Сергѣй Львовичъ, неожиданно прикладывая ладонь къ губамъ и вдругъ отводя ее на цѣлую четверть.

- Я все-таки ничего не понимаю...

- Его укусила муха!

- Кого?

- Помпея Николаевича! Узнаю, что онъ проснулся, прихожу къ нему здороваться,- взглянулъ:- вотъ губа!- вотъ!.. подхватилъ Сергѣй Львовичъ, снова отводя ладонь на четверть отъ губы.

Лицо Сергѣя Львовича было проникнуто выраженіемъ такого искренняго, душевнаго разстройства, что скорѣе возбуждало состраданіе и жалость; но какъ быть! Петромъ Сергѣевичемъ овладѣло въ эту минуту то невольное чувство, которое заставляетъ смѣяться, при видѣ, когда съ человѣка сорветъ шляпу и унесетъ ее въ воду, или когда кто-нибудь неожиданно шлепнется въ лужу. Сергѣй Львовичъ не шутя обидѣлся.

- Не понимаю, чему тутъ смѣяться! сказалъ онъ, краснѣя. - Ты видишь, какъ меня это безпокоитъ, и смѣешься!..

- Прости меня, Бога ради! Это совершенно противъ воли... поспѣшно заговорилъ сынъ, дѣлая надъ собою усиліе,- но ты сказалъ мнѣ объ этомъ такъ неожиданно, я не успѣлъ очнуться; главное, ты произнесъ это такимъ страннымъ голосомъ...

- Да, тебѣ легко говорить! горячо перебилъ Сергѣй Львовичъ.- Ты стань на мое мѣсто; Помпей Николаевичъ пріѣхалъ всего на какихъ-нибудь два дня - и вдругъ такое несчастіе!..

- Это вездѣ могло случиться...

- Да, но отчего же случилось именно у меня? крикнулъ Сергѣй Львовичъ, судорожно сжимая кулаки.

- Во всякомъ случаѣ, ты напрасно себя такъ тревожишь; ты нисколько не виноватъ.

- Нѣтъ, виноватъ! виноватъ!.. Надо было предвидѣть такой случай,

115

надо даже все предвидѣть! Я долженъ былъ устроить ему пологъ, или повѣсить темныя занавѣси... Я даже думалъ объ этомъ; но, чортъ возьми,- всего не успѣешь!..

- Все равно, сердись не сердись,- теперь не исправишь, перебилъ Петръ Сергѣевичъ,- надо подумать, нельзя ли пособить горю...

- Да что-жъ тутъ сдѣлаешь?! Я тебѣ говорю:- вотъ! вотъ! - подхватилъ Сергѣй Львовичъ, повторяя снова свой выразительный жестъ ладонью.- Я такъ обрадовался его пріѣзду, такъ давно ждалъ его: надо же, чтобъ это случилось! Завтра, какъ нарочно, съѣдутся гости; главное, разумѣется, съ тѣмъ и пріѣдутъ, чтобы взглянуть на него... это очень понятно; что-жъ я скажу имъ? Помпей Николаевичъ очевидно не можетъ показаться въ такомъ видѣ; онъ наконецъ самъ сказалъ, что не выйдетъ изъ своей комнаты... Проклятая муха! чортъ ее дралъ туда затесаться! укуси она няньку Ульяну или Петра Кондратьевича... нѣтъ: - туда именно занесла ее нелегкая!..

- Повторяю тебѣ: ты напрасно себя такъ тревожишь; быть-можетъ завтра все пройдетъ; я слышалъ, въ этихъ случаяхъ удивительно помогаетъ примочка изъ холодной воды съ солью...

- Какъ это дѣлается?

- Очень просто: развести соль въ водѣ, напитать тряпку и прикладывать къ больному мѣсту...

Сергѣй Львовичъ крѣпко притиснулъ раскраснѣвшійся лобъ ладонью и выбѣжалъ изъ комнаты. Все это произошло такъ скоро, что Петръ Сергѣевичъ едва успѣлъ очнуться, какъ уже каблуки отца застучали по ступенькамъ лѣстницы.

Минутъ черезъ десять Петръ Сергѣевичъ былъ одѣтъ. Въ нижнемъ коридорѣ встрѣтилъ его отецъ.

- Я послѣдовалъ твоему совѣту, сказалъ онъ,- приложили! онъ теперь пьетъ чай...

- Ну и прекрасно; увидишь,- вройдетъ! возразилъ сынъ.

Оба вошли въ залу.

Семейство было въ полномъ сборѣ и окружало чайный столъ. Происшествіе съ дядей Ныщинымъ, но еще болѣе, вѣроятно, состояніе духа Сергѣя Львовича, замѣтно дѣйствовали во вредъ веселости. Всѣ молчали, переглядывались и казались не въ своей тарелкѣ; дѣти улыбались тогда только, когда отецъ, расхаживавшій какъ маятникъ взадъ и впередъ съ закинутыми за спину руками, отходилъ въ дальній конецъ залы. Зинаида Львовна казалась болѣе другихъ разстроенною. Взглянувъ на ея голову, на которой каждый волосокъ былъ тщательно подобранъ, гофрированъ и напомаженъ, можно было думать, что она въ это утро готовилась къ чему-то особенному; но вдругъ пришли и обманули ея надежды; ситцевый пеньюаръ, наброшенный на ея плечи и такъ рѣзко противорѣчившій тщательному убору головы, краснорѣчиво подтверждалъ такое предположеніе. Легко также могло статься, что такъ дѣйствовало на нее скорбное происшествіе съ дядей Пыщинымъ; оно, весьма натурально, должно было вызывать въ ея душѣ тяжелыя воспоминанія о другомъ гостѣ, который точно такъ же пріѣхалъ въ Дудиловку и точно такъ же занемогъ.

Софья Алексѣевна, повидимому, инстинктивно проникала въ тайныя чувства своей подруги и внутренно ей сочувствовала.

Одна Ольга Ивановна, какъ говорится, въ усъ себѣ не дула. Она была даже веселѣе обыкновеннаго: это сдѣлалось замѣтнымъ послѣ того особенно, какъ поздоровался съ ней Петръ Сергѣевичъ. Въ черныхъ глазахъ ея, въ выраженіи лица и даже во всей ея фигурѣ было что-то заигрывающее; туалетъ ея отличался на этотъ разъ безукоризненною свѣжестію. Горничная Аннушка рѣшительно не понимала, чему слѣдовало приписать перемѣну въ обращеніи гувернантки; капризная и "пронзительная" по обыкновенію, Ольга Ивановна сдѣлалась вдругъ ласкова; учтиво начала упрашивать горничную выгладить платье, юбки и даже,- чего никогда не было - подарила ей рублевую бумажку!

Петръ Сергѣевичъ не могъ, конечно, знать такихъ подробностей; онъ не былъ однакожъ ни слѣпъ, ни близорукъ; въ качествѣ зрячаго, ему никакъ нельзя было не примѣтить, что улыбки Ольги Ивановны, ея взгляды и,- кто знаетъ? - быть-можетъ самый туалетъ,- предназначались собственно для него одного.

Не довольствуясь общимъ разговоромъ, Ольга Ивановна поминутно обращалась къ Петру Сергѣевичу съ вопросами, имѣвшими явную цѣль вызвать его на отвлеченную бесѣду самаго запутаннаго свойства. Послѣ чаю она нѣсколько разъ подходила къ нему, разспрашивала, не привезъ ли онъ съ собою новыхъ книгъ, новыхъ журналовъ, и какіе именно. Даже послѣ, когда Петръ Сергѣевичъ пошелъ гулять въ садъ, Ольга Ивановна, увлекаемая любознательностію къ наукѣ и литературѣ, поспѣшила надѣть шляпку и пустилась за нимъ вдогонку.

Надо думать, молодой Люлюковъ не чувствовалъ въ это утро особенной потребности къ ученымъ разговорамъ; едва мелькнула вдалекѣ шляпка Ольги Ивановны,- онъ быстро юркнулъ въ густую аллею изъ акацій и, ускоряя шагъ, поспѣшилъ выбраться изъ сада.

Дорогой пришла ему мысль сдѣлать большую прогулку въ поляхъ, которыхъ онъ такъ давно не видалъ; они были теперь въ полномъ блескѣ; рожь совсѣмъ уже дозрѣла; много если черезъ недѣлю должно было начаться жнитво. Прежде, однакожъ, чѣмъ пуститься въ дальній путь, Петръ Сергѣевичъ нашелъ нелишнимъ зайти домой, запастись сигарами и спичками. Чтобы не терять времени, онъ вышелъ изъ саду боковою калиткой и направился мимо задняго фаса флигеля, гдѣ помѣщалась прислуга.

- Здравствуйте, батюшка, Петръ Сергѣевичъ, сказала баба.

Люлюковъ тотчасъ же узналъ въ ней жену кучера Власа; она исполняла въ домѣ должность прачки и занималась теперь развѣшиваніемъ бѣлья на веревкахъ, подпертыхъ кольями.

Петръ Сергѣевичъ поздоровался съ ней и подошелъ къ старухѣ въ ту минуту, какъ она вынимала изъ корзины пару женскихъ чулокъ съ протертыми пятками и продранными кончиками.

- Постой, Дарья, постой, промолвилъ Люлюковъ, останавливая руку, которая готовилась повѣсить чулки на веревку.- Послушай, неужто чулки эти наши?

- Барскіе, батюшка...

- Быть не можетъ! Помилуй, они всѣ прорваны, всѣ въ лохмотьяхъ!.. кто жъ станетъ носить ихъ?

- У мамзели, батюшка, всѣ такіе-то...

- Такъ, стало-быть, это Ольги Ивановны чулки?..

- Ея, батюшка! У нея три пары, и всѣ такія-то; а юбки, батюшка, и того хуже, пояснила старуха,- какъ есть однѣ дырья!..

Воображеніе мигомъ нарисовало Люлюкову Ольгу Ивановну, разодѣтую съ такимъ изяществомъ въ розовое кисейное платье, съ обшивочками à la vieille, съ широкою лентой вокругъ пояса, съ воздушною "модести" на груди, съ ножками, обутыми въ узенькія прюнелевыя ботинки, которыми,- такъ ему показалось,- она особенно хотѣла пощеголять сегодня.

"А ну, какъ у ней и тамъ чулки-то такіе же протертые, какъ эти?.." невольно подумалъ Люлюковъ, приближаясь къ дому. Петръ Сергѣевичъ самъ потомъ сознавался, что въ эти минуту Ольга Ивановна сдѣлалась для него не только смѣшна, но даже жалка и какъ-то противна.

- Въ этомъ случаѣ никакъ нельзя оправдывать ее бѣдностью, говорилъ онъ тогда Зинаидѣ Львовнѣ, которая со свойственнымъ ей сердолюбіемъ принялась защищать гувернантку,- достало же у нея денегъ накупить нѣсколько платьевъ, платочковъ, лентъ, колечекъ; достаетъ у нея, наконецъ, времени набивать голову всякою дребеденью подъ предлогомъ развитія; не лучше ли было бы сначала выучиться штопать чулки и потомъ уже пускаться въ отвлеченные предметы и заботиться объ исправленіи человѣчества!..

Изъ дому Петръ Сергѣевичъ принялъ прежнее направленіе; но пошелъ уже не черезъ садъ, и полевою дорогой, которая огибала съ этой стороны садъ и вела въ деревню.

Передъ нимъ разстилались на солнцѣ неоглядныя золотистыя поля ржи, мѣстами перемежеванныя обширными пустырями, отдыхавшими

118

подъ паромъ. Тамъ въ одномъ мѣстѣ пестрѣло стадо, лежавшее на отдыхѣ; дальше, горизонтъ подергивался словно какою-то дымкой и слегка переливался волною въ знойномъ раскаленномъ воздухѣ; слѣва, панорама заслонялась зеленою стѣною яблонь, покрытыхъ плодами.

Поглядывая время отъ времени въ эту сторону, чтобъ отвести глаза отъ солнца, Петръ Сергѣевичъ невольно спросилъ себя, какая могла быть причина,- помимо крѣпостного права, разумѣется,- что прежніе помѣщики занимались своимъ хозяйствомъ, любили свои деревни, вездѣ воздвигали такія прочныя постройки, разводили огромные сады, рыли канавы, насаживали деревья,- между тѣмъ, какъ теперь постройки только продаются, а если и дѣлаются, то какія-то жиденькія, словно на одинъ годъ, деревья рубятся, плетни валятся, канавы зарастаютъ?

Мысль эта возбуждена была въ немъ двумя обстоятельствами: онъ съ удивленіемъ замѣтилъ, что не было уже высокихъ старыхъ березъ, которыми когда-то обсаженъ былъ весь садовый валъ; съ другой стороны, его поразила ветхость загородки: плетень валился вправо и влѣво; рѣдко гдѣ подпиралъ его колъ; мѣстами плетень даже лежалъ на землѣ, опутанный бурьяномъ и крапивой.

На этомъ мѣстѣ своихъ хозяйственныхъ размышленій, онъ былъ внезапно прерванъ такимъ страшнымъ хрюканьемъ, что даже вздрогнулъ. Обративъ глаза въ ту сторону, онъ увидѣлъ трехъ свиней, которыя, расхаживая съ большимъ комфортомъ въ тѣни яблонь, обшаривали ихъ корни.

- Славный у отца порядокъ, нечего сказать! произнесъ онъ, нотряхивая головою. - Что жъ удивительнаго, что прежде садъ давалъ, говорили, дѣду двѣ тысячи;- теперь самъ отецъ разсказываетъ, что радъ радехонекъ, когда получитъ съ него сто рублей!..

Петръ Сергѣевичъ перешелъ черезъ плетень, вооружился длинною хворостиной и погналъ свиней изъ саду, соблюдая, чтобъ онѣ не разбѣгались, а держались въ кучкѣ.

Выбѣжавъ на дорогу, свиньи, подгоняемыя Петромъ Сергѣевичемъ, направились по прямой линіи къ стаду.

Люлюковъ увидѣлъ пастуха, который лежалъ на синнѣ, раскинувъ руки и задравъ кверху лицо, облѣпленное мухами. Онъ спалъ мертвецки и храпѣлъ во всю ивановскую.

Собака разбудила его прежде, чѣмъ подошелъ къ нему Люлюковъ.

- Вотъ, братецъ, сказалъ Петръ Сергѣевичъ ровнымъ, веселымъ голосомъ, между тѣмъ какъ пастухъ, вскочившій на ноги, пялилъ глаза и кланялся,- я сейчасъ выгналъ трехъ свиней изъ барскаго сада: скажи, пожалуста, ты какъ нанимался: стережешь ты одно только крестьянское стадо, или вмѣстѣ съ нимъ также и нашихъ коровъ?

- Десять коровъ барскихъ тутъ ходятъ... отозвался пастухъ.

- Ты получаешь за нихъ особое жалованье?

- Получаю...

- Сколько?

- По рублю въ лѣто съ коровы.

- Ну, такъ слушай же, любезный; только слушай хорошенько, чтобы сразу понять въ чемъ дѣло: если когда-нибудь увижу я свиней въ саду, или вообще тамъ, гдѣ имъ быть не слѣдуетъ, я всякій разъ буду вычитать изъ твоего жалованья! Это какъ Богъ святъ! Ты ночью что дѣлаешь, примолвилъ онъ,- спишь?

- Сплю, проговорилъ озадаченный пастухъ.

- Стало-быть, днемъ ты должемъ караулить стадо и дѣлать свое дѣло, а не спать! За то тебѣ и жалованье платятъ; ты думалъ, такъ, здорово живешь, станутъ давать деньги! Если тебѣ трудно угоняться за ними, принайми мальчика, помощника. Такъ помни же, что я сказалъ: чѣмъ намъ ссориться, мнѣ вычитать у тебя жалованье, тебѣ на меня пенять,- дѣлай-ка лучше свое дѣло какъ слѣдуетъ; если не ладно, такъ какъ я сказалъ тебѣ, такъ и сдѣлаю; хочешь свое добро поберечь,- береги чужое!...

Заключивъ такимъ образомъ, Петръ Сергѣевичъ повернулся спиною къ пастуху и снова направился къ саду, но взялъ на этотъ разъ значительно правѣе, чтобы попасть на тотъ конецъ его, изъ-за котораго выглядывала деревня. До послѣдней было добрыхъ полверсты; чтобы попасть туда, необходимо было перейти узкій, но длинный лугъ, который съ этой стороны отдѣлялъ садъ отъ полей; знакомая намъ тинистая рѣчонка проходила въ нижней части сада, послѣ того уже, какъ дугою окаймляла лугъ, который весною, при разливѣ, покрывался водою. Трава тутъ была всегда превосходная; Сергѣй Львовичъ хвасталъ даже, что тутъ больше цвѣтовъ и клеверу, чѣмъ травы.

Петра Сергѣевича удивило, что лугъ этотъ до сихъ поръ не былъ еще скошенъ.

Но такъ уже видно суждено было, что въ это утро долженъ онъ былъ наскакивать на безпорядки отцовскаго управленія. Обративъ глаза къ деревнѣ, онъ увидѣлъ съ той стороны на лугу чуть ли не цѣлый табунъ крестьянскихъ лошадей.

- Безподобное здѣсь житье, какъ я вижу, только не для отца, конечно! проговорилъ онъ.- Но нѣтъ, однакожъ; довольно, что я былъ сегодня свинопасомъ; за всѣмъ не угоняешься; добро, конечно, наше,- но и ноги у меня не чужія!..

Онъ остановился, сдѣлалъ нѣсколько шаговъ къ саду, но вдругъ перемѣнилъ намѣреніе и направился прямо въ деревню. Въ ту минуту, какъ онъ входилъ въ околицу, съ противоположнаго конца,- подальше деревни,- послышались пѣсни, сопровождаемыя мѣрнымъ звяканьемъ въ косу, извѣстный аккомпаниментъ сельскаго хорового пѣнія.

- Что это, бабушка, за пѣсни такія? спросилъ Люлюковъ у первой встрѣчной старухи.

- Мужики, батюшка, да бабы съ покоса идутъ... Знать время обѣдать.

Петръ Сергѣевичъ пошелъ впередъ. Онъ задерживалъ шаги очевидно съ тѣмъ намѣреніемъ, чтобы встрѣтиться съ толпой, когда она вступитъ въ деревню.

Пѣсни и говоръ замѣтно приближались; вмѣстѣ съ тѣмъ, изъ-за лощины все выше и выше цриподнимались грабли и косы, сверкавшія на солнцѣ; запестрѣли наконецъ платки на головахъ бабъ и дѣвокъ. Немного погодя, можно было уже различать лица и цвѣтъ бородъ. Надо думать, народъ тоже замѣтилъ идущаго къ нимъ навстрѣчу молодого барина. Толпа заволновалась и расширилась; пѣсня смолкла. Петръ Сергѣевичъ пошелъ ходчѣе. Минуты двѣ спустя, онъ буквально былъ окруженъ чуть ли не всѣмъ населеніемъ Дудиловки; всѣ лѣзли другъ на дружку, стараясь ближе къ нему протискаться, ближе заглянуть ему въ глаза; большая часть лидъ выражали любопытство. Петръ Сергѣевичъ замѣтилъ нѣсколько бабёнокъ и парней, которые, глядя на него, скалили зубы, толкали другъ друга локтемъ и шептались.

- Здравствуйте, братцы, здравствуйте, бабы! произнесъ Петръ Сергѣевичъ, приподнимая фуражку.

Со всѣхъ сторонъ посыпались привѣтствія.

Больше, впрочемъ, было шума, возни и давки: всѣ лѣзли впередъ, тискались и толкали другъ друга.

Нѣкоторые изъ присутствующихъ, въ томъ числѣ лысый мужикъ съ соколиными глазами, бывшій староста, выступили впередъ.

- Пожалуйте, батюшка, ручку... сказалъ онъ, оскаблясь и кланяясь.

- Пожалуйте ручку... тутъ же подхватили другіе два мужика и какая-то старая баба.

- Совсѣмъ, братцы, не надо этого, сказалъ Петръ Сергѣевичъ, запрятывая руки въ карманы,- руки цѣлуютъ только на образахъ! Я вотъ что хотѣлъ сказать вамъ: сейчасъ, проходя через нашъ лугъ, я встрѣтилъ тамъ вашихъ лошадей; я хочу знать, чьи это лошади?..

- Ѳедосѣевы!

- Анъ врешь!

- Анъ твои!

- Степановы!

- Врешь!

- Твои! посыпалось вокругъ перекрестнымъ огнемъ.

- Все равно, братцы, чьи бы онѣ ни были, сейчасъ надо послать кого-нибудь выгнать ихъ оттуда!

Въ толпѣ пробѣжалъ шопотъ; но въ ту же секунду онъ возвысился и вдругъ со всѣхъ концовъ раздалось:

- Ступай, твои!

- Врешь,- твои!

- Самъ ступай!

Никто однакожъ не трогался съ мѣста.

- Что-же вы, братцы, долго ли будете спорить? Я говорю вамъ, чтобы
сейчасъ же выгнать лошадей съ моего луга! вымолвилъ Петръ Сергѣевичъ,
возвышая голосъ. - Куда же вы всѣ теперь бросились? присовокупилъ онъ
въ ту же секунду, видя, что человѣкъ двадцать разомъ бросились къ
околицѣ,- стойте! довольно для этого одного, двухъ ребятъ; ступайте
сюда; мнѣ надо переговорить съ вами...

Тутъ онъ остановился и оглянулъ толпу, которая обступила еще
плотнѣе и съ большимъ любопытствомъ впилась въ него глазами.

- Вотъ что братцты, началъ онъ твердымъ, спокойнымъ голосомъ,- вы,
пожалуйста, зарубите слова мои въ памяти, чтобы потомъ, какъ случай
такой выйдетъ, никто не могъ сказать: не знаю, да не слыхалъ! Если вы
впередъ станете травить мои луга, мало того: если я увижу хоть одну
лошадь или корову у себя на лугу или въ хлѣбѣ, прошу не гнѣваться,- я
тотчасъ же велю загнать скотину къ себѣ на дворъ; тогда сами на себя
пеняйте: не выпущу ее безъ штрафа!..

- Помилуйте, батюшка Петръ Сергѣевичъ, заговорили разомъ
нѣсколько человѣкъ,- усмотрѣть никакъ нельзя... Это что-жъ такое?.. Мы
вами никогда не обижались... Это что-жъ?.. Такихъ законовъ никогда
прежде не было...

- Ну, а теперь, братцы,- такъ будетъ!

- Воля милости вашей, только этакъ будетъ оченно ужъ обидпо; это
что-жъ будетъ такое? заговорили опять вокругъ,- дѣло наше сосѣдское...
Другой разъ ваша скотина къ намъ зайдетъ; мы никогда этимъ не
обижаемся...

- Въ чужомъ добрѣ никто не указчикъ; какъ знаете, такъ и дѣлайте,
перебилъ Петръ Сергѣевичъ,- любо вамъ пускать къ себѣ скотину,-
пускайте; только, мой совѣтъ, коли хотите послушать, мой совѣтъ вотъ
какой: хватайте и мою скотину, коли къ вамъ зайдетъ; какой штрафъ я съ
васъ возьму, такой и съ меня берите...

- Какъ это можно! Смѣемъ ли мы такъ супротивъ васъ дѣлать! сказалъ
бывшій староста.

- Ну, это, братецъ, вздоръ! тутъ же отрѣзалъ Петръ Сергѣевичъ,- не
смѣешь то, что по закону слѣдуетъ, а смѣешь то, что противъ закона:
смѣешь рубить чужой лѣсъ, смѣешь травить чужіе луга! Знаемъ мы все
это! Батюшка былъ добръ съ вами, вотъ вы и вздумали, что вамъ все
позволено, все можно... все ваше; бери, тащи чужое, какъ свое
собственное!..

- Эхъ, батюшка Петръ Сергѣевичъ! воскликнулъ бывшій староста,-

кто-жъ и миловать-тонасъ станетъ, какъ не ваша милость? Вы надъ нами Богомъ утверждены: вы наши отцы, мы ваши дѣти!..

- Ну, это опять, братецъ, вздоръ! Вы не дѣти наши; мы не отцы вамъ; никогда такими и не были! Это все бабы выдумали.

Въ толпѣ кое-гдѣ засмѣялись.

- Какъ же такъ, батюшка... Нѣтъ, такъ ужъ Богомъ уставлено: вы наши отцы, мы ваши дѣтки! лукаво упорствовалъ староста.- Вотъ все единственно, вы къ намъ теперь пожаловали, въ вотчину вашу,- такъ-то мы вамъ всѣ, батюшка, возрадовались! Потому... оченно вами довольны... право слово; продли Богъ вѣка ваши... потому, оченно мы васъ любимъ...

- Это ужъ какъ есть...

- Батюшка, пожалуйте ручку! проговорила опять та же старуха.

- Оченно вами довольны, батюшка,- всѣ довольны; оченно мы васъ любимъ... умасливали также другіе изъ близъ стоявшихъ.

Нѣкоторые, настоятельнѣе прежняго, начали просить поцѣловать ручку.

Но Петръ Сергѣевичъ снова засунулъ руки въ карманы и ограничился тѣмъ только, что объявилъ, что самъ радъ ихъ видѣть, и явись только случай,- докажетъ имъ на дѣлѣ, что любитъ ихъ не притворно, но истинно.

- Такъ помните же, братцы, что я вамъ сказалъ. Законъ опредѣлилъ по уставной грамотѣ,- которое ваше, которое мое,- пусть каждый свое добро знаетъ, пусть каждый свое и оберегаетъ! Какъ я не смѣю по закону, по правдѣ, тронуть колоса въ вашемъ полѣ, такъ и вамъ не дамъ прикоснуться къ моему добру... Передъ тѣмъ какъ я лошадей вашихъ нашелъ на моемъ лугу, я выгналъ изъ моего сада вашихъ свиней, которыя портили яблони...

- Звѣрь такой, Петръ Сергѣевичъ, никакъ не устережешь его... самая что ни есть безпокойная тварь... У насъ у самихъ всѣ огороды перекопали...

- Ну, это ваше дѣло! Я у себя этого не позволю; очень понятно, что пастухъ одинъ за всѣмъ не угоняется... Но что, напримѣръ, дѣлаютъ у насъ вотъ эти! эти! эти! подхватилъ Петръ Сергѣевичъ, указывая на ребятишекъ, которые тотчасъ же попрятались,- только баклуши бьютъ! заставьте ихъ стеречь по очереди! Такъ, такъ-то, братцы, уговоръ лучше денегъ! добавилъ онъ, снова возвышая голосъ,- слово мое крѣпко: какъ сказалъ такъ и сдѣлаю! А пока прощайте; и вамъ время обѣдать, и мнѣ также! заключилъ онъ, выходя изъ толпы, которая торопливо дала ему дорогу.

ГЛАВА ПЯТНАДЦАТАЯ

въ которой Сергѣй Львовичъ получаетъ значительное облегченіе и неожиданную радость. Гости начинаютъ съѣзжаться.

Въ то время какъ Петръ Сергѣевичъ приближался къ дому, отеуъ его расхаживалъ въ залѣ; увидѣвъ сына изъ оконъ, Сергѣй Львовичъ торопливо выбѣжалъ къ нему навстрѣчу.

Лицо Сергѣя Львовича выражало обычную свою суету и озабоченность; на этотъ разъ, однакоже, въ чертахъ его замѣтно меньше проглядывало унынія и тревоги.

- Я вездѣ искалъ тебя, душа моя! Ну, спасибо, спасибо! заговорилъ онъ, пожимая руку сыну.- Твой совѣтъ оказался въ самомъ дѣлѣ очень дѣйствительнымъ: стало припадать; замѣтно припадаетъ!.. заключилъ онъ, выразительно нажимая верхнюю губу ладонью.

- Увидишь, завтра ничего не будетъ... Все пройдетъ!

- Дай-то Богъ, дай Богъ!.. Онъ очень не въ духѣ; и это понятно... Ты гдѣ былъ?

- Такъ, прогуливался...

- Знаешь: у насъ гости... неожиданно перебилъ Сергѣй Львовичъ.

- Какъ, уже?..

- Да, понятно, братецъ, всѣмъ любопытно его видѣть... ты одинъ не принимаешь этого...

- Кто же пріѣхалъ?

- Берендѣева, Лизавета Ивановна...

- Наша судейша?

- Да, только одна, безъ мужа; дѣла его задержали; онъ завтра будетъ.

Въ залѣ Петръ Сергѣевичъ встрѣтилъ Ольгу Ивановну; она расхаживала по залѣ съ закинутыми назадъ руками.

- Вы гуляли? спросила она, покрываясь румянцемъ безо всякой видимой причины.

- Да, прошолся для моціону; у меня голова болитъ...

- Ахъ, не хотите ли одеколону?.. Это отлично помогаетъ; я сейчасъ принесу вамъ, заботливо вымолвила Ольга Ивановна, дѣлая шагъ впередъ; при чемъ выставилась впередъ узенькая ножка, обтянутая щегольскою ботинкой.

- Нѣтъ, нѣтъ, покорно благодарю; такъ пройдетъ! поспѣшилъ отвѣтить Петръ Сергѣевичъ, подумавъ въ то же время: "А ну, какъ подъ этою хорошенькой ботинкой дырявые чулки? Навѣрно такъ; прачка сказала: всего три пары и всѣ одинаково въ лохмотяхъ!.."

- У васъ гостья, Петръ Сергѣевичъ, вы это знаете? подхватила Ольга Ивановна.

- Да, отецъ сказывалъ...

- Жалѣю васъ, искренно жалѣю... произнесла Ольга Ивановна, устремляя на него интересные глаза.

- Почему?

- Вамъ сейчасъ придется занимать эту повседневную посредственность! Это одинъ изъ тѣхъ жалкихъ образчиковъ человѣчества, о которыхъ, помните, я вамъ говорила...

- Это давнишняя моя знакомая! возразилъ Люлюковъ, направляясь въ гостиную.

Тамъ сидѣли его мать, Зинаида Львовна и госпожа Берендѣева.

Послѣдняя полулежала на диванѣ, въ разслабленной какой-то позѣ, и обмахивала себя вѣеромъ. Въ гостиной вовсе не было жарко; кромѣ того, Лизавета Ивановна была замѣчательно прохладно одѣта относительно плечъ и спины; онѣ сквозили изъ-подъ кисеи; но такъ уже принято у ней было, на основаніи свѣтскихъ правилъ, ею изобрѣтенныхъ, что свѣтская дама, гдѣ бы она ни сидѣла: въ гостиной, у себя дома или у чужихъ, непремѣнно должна "для контенансу" держать въ правой рукѣ лорнетку, вѣеръ или шитый платокъ; мелкія уѣздныя дамы недаромъ называли ее гордячкой и аристократкой.

Лизавета Ивановна представляла изъ себя довольно субтильную даму, которую по одеждѣ и особенно издали,- всегда можно было принять за шестнадцатилѣтнюю дѣвочку,- но у которой, тѣмъ не менѣе, сынъ брилъ уже бороду и говорилъ такимъ басомъ, что всѣ вздрагивали. Она была такого нѣжнаго сложенія, что всегда представлялась какимъ-то вздохомъ, вылетающимъ изъ кисеи; она вся какъ бы испарялась и улетучивалась. Мужъ и домашніе ходили вокругъ нея на цыпочкахъ, кашляли и чихали не иначе, какъ въ ладонь. Она очень любила новости; но разспрашивая о нихъ или сообщая ихъ (она то и другое дѣлала съ одинаковымъ удовольствіемъ),- употребляла самыя деликатныя выраженія, согласовавшіяся съ нѣжностію и деликатностію ея натуры; она, напримѣръ, никогда не рѣшилась бы сказать: такая-то дама завела интригу; но всегда смягчала выраженіе, говоря: такая-то дама завела "предметъ" или чаще: "objet"... Казалось, она жила для того только, чтобы полулежать на кушеткѣ и принимать разслабленныя позы, выставляя впередъ свою ножку: она убѣждена была и даже громко высказывала убѣжденіе, что имѣетъ самую маленькую ножку въ губерніи. Стоило заговорить въ ея присутствіи о женскихъ ногахъ, Лизавета Ивановна приходила тотчасъ въ безпокойство, или, вѣрнѣе, приходила въ безпокойство ея нога и нечаянно выставлялась впередъ до самой щиколки;- точно на перекличкѣ: "Сидоръ" - "Здѣсь!.."

Дѣтскій туалетъ ея служилъ какъ бы эмблемой ея дѣтскихъ чувствъ и желаній. Такъ, въ городѣ любители устроили однажды спектакль въ пользу бѣдныхъ. Лизавета Ивановна ни за что не хотѣла помѣститься въ первый рядъ; она нашла, что тамъ душно, жарко, тѣсно, и потребовала, чтобъ ей поставили между первымъ рядомъ и оркестромъ особое кресло, на которомъ она расположилась, держа въ правой рукѣ платокъ и вѣеръ, а въ лѣвой - лорнетку. Само собою разумѣется, многіе этимъ даже обидѣлись и тотчасъ же пустили слухъ, что судейша помѣстилась такимъ образомъ, желая отличить себя отъ остальныхъ, въ качествѣ первой дамы послѣ предводительши; но чего не сочинятъ! Спектакль этотъ не обошелся, однако, безъ приключенія,- какъ все, что затѣвается въ уѣздахъ.

Сынъ Лизаветы Иваповны исполнялъ роль Бурдюкова (играли сцену Гоголя, "Тяжба"); онъ, надо замѣтить, какъ двѣ капли воды похожъ былъ на мать, которая, сказать по совѣсти, была очень дурна собою. Случилось такъ, что едва только Лизавета Ивановна заняла свое мѣсто (пьеса уже началась; но судейша, руководимая свѣтскими своими правилами, нарочно пріѣхала къ этому времени),- случилось такъ, что въ самую эту минуту, сынъ ея, то-есть, Бурдюковъ, выступилъ на авансцену и произнесъ слѣдующую фразу: "Когда покойница рожала, подойди къ окну баранъ, и нелегкая подстрекни его заблеять..."

При этомъ всѣ прыснули; многіе не могли даже удержаться и громко засмѣялись.

Съ Лизаветой Ивановной сдѣлался нервный припадокъ; ее долго не могли оттереть никакимъ спиртомъ.

- Мсье Пьеръ,- здравствуйте,- bonjour!.,.произнесла Лизавета Ивановна, какъ только молодой Люлюковъ показался въ дверяхъ.

Она протянула ему руку,- такую же сухую, какъ птичья лапка - и, томно прищуривъ глаза, осмотрѣла его съ головы до ногъ; послѣднее сдѣлано было съ тою цѣлью, чтобъ осмотрѣть покрой его платья и потомъ заказать точно такое же мужу,- человѣку, о которомъ Лизавета Ивановна непрестанно заботилась, стараясь, наружно по крайней мѣрѣ, придать ему видъ свѣтскаго человѣка; нельзя было иначе; не надо было забывать, что за отсутствіемъ предводителя, Берендѣевъ исполнялъ его должность.

Съ первыхъ же словъ, Лизавета Ивановна забросала Люлюкова разспросами о Петербургѣ и столичной жизни, но такъ тонко, однакожъ, что можно было думать, ей все это очень хорошо извѣстно и она говоритъ объ этомъ развѣ для того только, чтобъ освѣжить свои воспоминанія. Жалобы на деревенскую скуку и сѣтованія противъ общества уѣзднаго города полились каскадомъ, въ который, время отъ времени, то Зинаида Львовна, то Софья Алексѣевна прибавляли свою струйку.

Такъ продолжалось во время обѣда и даже послѣ обѣда. Петръ Сергѣевичъ дѣйствительно заслуживалъ сожалѣнія, какъ выразилась

Ольга Ивановна. Но какъ быть: встать и утечь отъ Лизаветы Ивановны, которая тараторила безъ умолку,- значило натолкнуться на Ольгу Ивановну, которая караулила его въ залѣ; какъ вы бейся - приходилось выбирать изъ двухъ золъ меньшее: или свѣтскую уѣздную болтовню судейши, или отвлеченныя умозрительныя бесѣды Ольги Ивановны; онъ выбралъ меньшее, разумѣется, и остался въ гостиной съ Берендѣевой.

Къ счастію, довольно еще часто заглядывалъ туда Сергѣй Львовичъ. Появленіе его всякій разъ дѣйствовало какъ-то освѣжительно, давало новый вспрыскъ разговору и вносило въ него веселость.

- Ну, что, какъ больной? спрашивали обыкновенно присутствующіе, какъ только онъ показывался въ дверяхъ.

- Да; какъ онъ?.. подхватывала всегда Зинаида Львовна, выказывая при этомъ особенное участіе.

- Слава Богу, лучше; гораздо лучше! возражалъ Сергѣй Львовичъ всякій разъ болѣе и болѣе радостно.

Послѣ того онъ дѣлалъ таинственный знакъ сыну, отводилъ его къ окну или въ уголъ и, выразительно прикладывая палецъ къ верхней губѣ, шепталъ торопливо: - "припадаетъ! замѣтно припадаетъ!"

Онъ впередъ объявилъ, что ни за что не рѣшится сообщить постороннимъ настоящую причину, заставляющую дядю Пыщина скрываться отъ взоровъ публики; дѣло понятное: Помпей Николаевичъ рисковалъ быть поставленъ въ комическое положеніе, чего никакъ не слѣдовало допускать, взявъ въ соображеніе, что этимъ могло нарушиться должное къ нему уваженіе.

- Ты не знаешь еще провинціи, сказалъ онъ какъ-то сыну,- здѣсь изъ мухи слона сдѣлаютъ!..

- Неужто скажутъ, что его слонъ укусилъ?..

- Скажутъ, увѣряю тебя, скажутъ! отъ нихъ все станется!..

Во время чая, послѣ того, какъ подали уже свѣчи, явились новые гости. Они подъѣхали такъ тихо, что присутствіе ихъ было замѣчено тогда только, какъ они вошли въ залу, гдѣ сидѣли дѣти и Ольга Ивановна.

То были два помѣщика, среднихъ лѣтъ, два пріятеля,- Францъ Ивановичъ Мерзенгеймеръ и Карлъ Ивановичъ Гаденбургъ.

Въ общемъ они были даже нѣсколько похожи другъ на друга: оба были бѣлокуры, оба съ пунцовыми щеками и глазами мутно-голубоватаго цвѣта: разница состояла въ томъ, что фигура Мерзенгеймера тякулась въ вышину, и лобъ его, приплюснутый съ боковъ, обличалъ постоянно тревожное состояніе мыслей; тогда какъ фигура Гаденбурга сплющивалась, и лобъ его, очень выпуклый, носилъ всѣ знаки невозмутимаго мыслительнаго спокойствія.

Несравненно большую разницу представляли ихъ судьба и характеры. Мерзенгеймеръ, служившій когда-то поручикомъ въ армейскомъ полку и имѣвшій тогда всего-на-все одинъ чемоданъ, который едва вмѣщалъ его мундиръ, двѣ рубашки и головную щетку (сапожныя колодки привязывались обыкновенно веревкой къ верху чемодана),- неожиданно женился на единственной дочери довольно зажиточной вдовы-помѣщицы. Деревенская скука, говорятъ, была главною побудительною причиной, заставившею дѣвушку отдать руку поручику Мерзенгеймеру. Мудренаго нѣтъ; въ деревнѣ любовь вообще очень не взыскательна. Неизвѣстно, способствуютъ ли тому особенныя свойства воздуха, или просто скука,- но только въ деревнѣ сердце пріобрѣтаетъ всегда значительную долю мягкости и всегда охотно превращается въ какой-то тоскующій паразитъ, готовый прилѣпиться къ любой коркѣ, чтобы пустить въ нее свой ростокъ.

Достойно замѣчанія, что послѣ женитьбы своей Францъ Ивановичъ сдѣлалъ надъ собою словно нравственную какую-то разсортировку, имѣвшую тотъ конецъ, что всѣ дрянныя свойства свои, которыхъ было очень много, отдалъ женѣ, а хорошими, въ которыхъ оказывался значительный недочетъ, предоставилъ пользоваться обществу. Не было сосѣда услужливѣе, любезнѣе и обходительнѣе Мерзенгеймера. Заболѣвалъ ли у кого зубъ или голова,- онъ стремительно летѣлъ на помощь: въ карманахъ его сосѣди всегда могли найти мятныя лепешки, рецепты отъ разныхъ болѣзней и даже коробку съ гомеопатическою аптечкой. Для людей онъ былъ весь медъ и патока и готовъ былъ, кажется, каждую минуту принести себя въ жертву изъ угожденія каждому. Жену, между тѣмъ, держалъ онъ въ ежовыхъ рукавицахъ и обходился съ нею такъ круто, что всѣ дивились только, какъ она не хлопочетъ о разводной. Приводили даже фактъ, что, уѣзжая изъ дому (что случалось безпрерывно), Мерзенгеймеръ запиралъ ящикъ отъ чая и сахара и бралъ всегда ключъ съ собою.

Карлъ Ивановичъ Гаденбургъ представлялъ въ этомъ отношеніи самый разительный контрастъ. Единственный наслѣдникъ хозяйственнаго помѣстья (отецъ его былъ акушеръ),- онъ женился на бѣдной дѣвушкѣ, которая страшно взяла его въ руки. Вотъ какъ было дѣло.

Жила-была очень обѣднѣвшая помѣщица и съ нею множество дочерей уже въ нѣкоторой степени заматерѣлыхъ. Когда Карлъ Ивановичъ влюбился въ младшую изъ нихъ и сдѣлалъ предложеніе, княгиня и княжны Киргитуйскія (такимъ титломъ и фамиліей пользовалось обѣднѣвшее семейство) не вдругъ изъявили согласіе: одной стороны ихъ страшилъ mésalliance - сынъ акушера! съ другой, и это главное, останавливала ужасная неразвитость Гаденбурга. Ему не сказали, однакожъ, ни да, ни нѣтъ, и предложили выждать два года, подъ тѣмъ предлогомъ, что требовалось короче ознакомиться съ его душевными качествами. Надо полагать, однакожъ, въ семействѣ кнлгини дѣло съ бракомъ было уже втайвѣ рѣшено, потому что съ того же дня всѣ сестры наперерывъ принялись развивать Гаденбурга, заставляя его перечитывать, почти вытверживать наизусть критическія статьи нашихъ журналовъ за послѣднее десятилѣтіе. Но такъ какъ, съ одной стороны, развитіе подвигалось очень туго, съ другой стороны, уходили лѣта невѣстъ,- рѣшено было сдѣлать свадьбу раньше положеннаго срока, съ тѣмъ, однакожъ, чтобы, послѣ торжества, тотчасъ же всѣмъ приняться доразвивать молодого. Семейство Киргитуйскихъ, не медля ни минуты, перѣхало въ домъ Гаденбурга; благодаря денежнымъ средствамъ, позволившимъ теперь дѣйствовать просторнѣе, приступлено было немедленно къ выпискѣ всѣхъ журналовъ безъ исключенія. Все это ни къ чему не повело, однакожъ; вскорѣ Киргитуйскія ясно увидѣли, что, съ одной стороны, обманулись въ своихъ ожиданіяхъ. Гаденбургъ, понукаемый женою, тещей и свояченицами, не только не обнаруживалъ успѣховъ въ развитіи, но даже день-ото-дня тупѣлъ и замѣтнѣе сбивался съ толку. Дружбу Мерзенгеймера и Гаденбурга объясняли тѣмъ только, что оба сходились, чтобы наговориться всласть на родномъ языкѣ.

Когда Францъ Ивановичъ и за нимъ Карлъ Ивановичъ вошли въ гостиную, Сергѣя Львовича тамъ не было.

- Софьѣ Алекеѣевнѣ свидѣтельствую свое нижайшее почтеніе! любезно произнесъ Францъ Ивановичъ, отвѣшивая пружинный поклонъ, то-есть низменный, но какъ-то вдругъ расправлявшійся.

- М-м-м... свое почтеніе... отозвался, какъ эхо, Гаденбургъ, застѣнчиво выступая впередъ.

Затѣмъ Мерзенгеймеръ поздоровался съ Зинаидой Львовной и Лизаветой Ивановной.

Карлъ Ивановичъ повторилъ всѣ движенія своего пріятеля.

Берендѣева протянула имъ обоимъ руку, какъ лицамъ, которыхъ близко знаешь, но которымъ не даешь большой цѣны. Она изумительно постигала всѣ эти оттѣнки.

- Вы, господа, уже, кажется, знакомы... проговорила хозяйка дома, переводя лужоные глаза свои отъ гостей къ сыну.

- Помилуйте, какъ же! подхватилъ съ подслащенною радостію Мерзенгеймеръ,- рѣдко только имѣемъ удовольствіе встрѣчаться... Давно ли въ нашихъ краяхъ?.. Но вотъ, кажется, съ кѣмъ Петръ Сергѣевичъ не знакомъ еще! подхватилъ онъ, рекомендуя Карла Ивановича.

Петръ Сергѣевичъ пожалъ обоимъ руки и придвинулъ имъ стулья.

- Какъ здоровье вашей супруги? спросили въ одинъ голосъ Софья Алексѣевна и Зинаида Львовна, обращаясь къ недоразвившемуся Гаденбургу.

- Покорно благодарю... очень хорошо...

129

- Мадамъ Гаденбургъ, вмѣшалась Берендѣева,- имѣетъ, кажется, намѣреніе подарить насъ скоро маленькимъ сосѣдомъ...

- Четвертымъ по счету! пояснилъ Мерзенгеймеръ.

Гаденбургъ ничего не сказалъ, только покраснѣлъ.

- Ну, а ваша жена что подѣлываетъ? спросила судейша, отнесясь къ Францу Ивановичу.

- Ничего особеннаго, возразилъ тотъ разсѣянно,- по обыкновенію сидитъ дома, никуда не выѣзжаетъ... Такой ужъ, знаете, уединенный характеръ... Но гдѣ же Сергѣй Львовичъ? спросилъ онъ очевидно желая замять рѣчь.

- Онъ сейчасъ здѣсь былъ... сказалъ Петръ Сергѣевичъ.

- Вотъ онъ! подхватила Зинаида Львовна.

- Здравствуйте, господа! закричалъ еще изъ залы Сергѣй Львовичъ,- вотъ это можно назвать любезностью съ вашей стороны! добавилъ онъ, появляясь уже въ гостиной съ протянутыми руками,- впрочемъ, Францъ Ивановичъ всегда любезенъ и аккуратенъ! Бьюсь объ закладъ, что онъ подбилъ Карла Ивановича пріѣхать сегодня; вы подъѣхали, однакожъ, такъ тихо, господа, что я даже и не слыхалъ... Что это? произнесъ онъ неожиданно, видя, что Францъ Ивановичъ суетливо рылся въ боковомъ карманѣ сюртука.

- Вотъ что-съ! отвѣчалъ тотъ, подавая ему письмо съ какою-то вычурною любезностію.

- Откуда?

- Со станціи; проѣзжая мимо съ Карломъ Инановичемъ, я велѣлъ остановиться и зашелъ спросить, не было ли тутъ писемъ: на мою долю ничего не оказалось; было только одно на ваше имя; я и захватилъ его.

- И отлично сдѣлали! Искреннее вамъ за то спасибо!.. Отъ кого бы это было?.. проговорилъ Сергѣй Львовичъ, разламывая печать и врибближаясь къ свѣчкѣ.- Ба! Липецкой! воскликнулъ онъ, взглянувъ на подпись.- Извините, mesdames, извините, господа... я сейчасъ... заключилъ онъ, суетливо приступая къ чтенію.

Съ каждою секундою лицо его свѣтлѣло и въ моргавшихъ глазахъ проступало больше радости. Наконецъ, онъ напалъ уже, видно, на такой пунктъ, который переполнилъ восторгомъ его сердце и не позволилъ дольше скрывать чувства.

- Господа, онъ будетъ къ намъ завтра!.. Вы знаете, конечно, что Липецкой назначенъ къ намъ губернаторомъ?.. Объ этомъ такъ давно носились уже слухи; да, онъ назначенъ, и завтра будетъ къ намъ обѣдать!.. Но я вамъ лучше прочту, подхватилъ Сергѣй Львовичъ, обводя всѣхъ сіяющими глазами,- вотъ что онъ пишетъ:

"Сердечно уважаемый... м-м-м... завтра (такого-то числа) ѣду я принимать въ свое управленіе вашу губернію; дорога почти касается вашего имѣнія; станція отъ васъ всего въ шести верстахъ. Не хочу проѣхать мимо, не пожавъ руки Софьи Алексѣевны и вашей. Мнѣ слишкомъ хорошо памятны дружескія отношенія, которыя связывали васъ съ покойнымъ отцомъ моимъ... Поѣздъ останавливается на вашей станціи всего на пять минутъ и въ два часа; я отправлю дальше багажъ, а самъ пріѣду навѣстить васъ. Будьте такъ добры, пришлите къ тому времени экипажъ. Цѣлую ручки Софьѣ Алексѣевнѣ, а васъ сердечно обнимаю... Преданный вамъ душевно..." гм... и такъ далѣе... - О, я никогда въ немъ не сомнѣвался! съ увлеченіемъ заговорилъ Сергѣй Львовичъ, моргая глазами, въ которыхъ блеснула влага,- я всегда истинно, душевно любилъ его! подхватилъ онъ, забывая, вѣрно, что въ послѣдній разъ видѣлъ его десять лѣтъ назадъ, когда тотъ пріѣзжалъ къ отцу въ отпускъ,- это истинно прекраснѣйшій и благороднѣйшій человѣкъ; я убѣжденъ, вся губернія раздѣлитъ мое мнѣніе! Да, я очень этимъ доволенъ... очень обрадованъ... Спасибо еще разъ, добрѣйшій Францъ Ивановичъ! Помнишь ли ты его, Sophie? Помнишь этого молоденькаго офицера, сына добрѣйшаго Ильи Петровича? Я же, помнишь, такъ еще хлопоталъ, лѣтъ двадцать назадъ, когда дѣло шло объ опредѣленіи его въ корпусъ. И вотъ онъ теперь губернаторъ! (Тутъ Сергѣй Львовичъ выставилъ нѣсколько грудь и повелъ плечами). Да, губернаторъ! Впрочемъ, онъ такъ блистательно служилъ, такъ блистательно отличался во всѣхъ отношеніяхъ, что ничего тутъ нѣтъ удивительнаго!... Да, я буду очень радъ его видѣть!.. Думаю, ему особенно также пріятно будетъ встрѣтить у насъ Помпея Николаевича... Потому что, вы знаете, конечно, господа, замѣтилъ какъ бы мимоходомъ Сергѣй Львовичъ, обращаясь къ сосѣдямъ,- Помпей Николаевичъ Пыщинъ, дядя жены, у насъ теперь...

- Я слышалъ, что онъ у васъ будетъ, но не зналъ, что онъ уже здѣсь... проговорилъ удивленный Мерзенгеймеръ.

- Помилуйте, онъ здѣсь уже со вчерашняго дня! сказалъ Сергѣй Львовичъ такимъ тономъ, какъ будто дѣло шло о прошломъ мѣсяцѣ,- да, я увѣренъ, Липецкой встрѣтитъ его здѣсь съ особеннымъ удовольствіемъ... Заслуги Помпея Николаевича, высокое положеніе... Но кто жъ этого, впрочемъ, не знаетъ? Кому не лестно пожать руку такому замѣчательному человѣку!..

При этомъ Францъ Ивановичъ невольно покрутилъ головою и обтянулъ жилетъ. Несмотря на свою независимость, несмотря на свою врожденную гордость, приправленную еще гордостью голаго эстляндскаго поручика, который вдругъ сдѣлался достаточнымъ русскимъ помѣщикомъ, Францъ Ивановичъ питалъ въ душѣ слабость умиляться, обомлѣвать, даже, какъ говорили, "ползать въ ногахъ" передъ всякимъ величіемъ.

- Гдѣ же его высокопревосходительство?.. спросилъ онъ, чувствуя въ эту минуту какое-то особенное уваженіе къ дому Люлюковыхъ.

- Онъ не такъ-то здоровъ сегодня и потому остался въ своей комнатѣ, возразилъ Сергѣй Львовичъ.

На этомъ мѣстѣ онъ остановился, взглянулъ на сына, таинственно указалъ на верхнюю губу и мигнулъ ему, давая знать, что все идетъ благополучно.

- Что съ нимъ?.. Если нужно что-нибудь его высокопревосходительству,- вы знаете, Сергѣй Львовичъ, я готовъ съ величайшимъ удовольствіемъ... Вамъ извѣстно, я всегда имѣю даже при себѣ гомеопатическую аптечку...

- Нѣтъ, благодарю васъ, авось безъ этого обойдется... У него нѣсколько болитъ голова; теперь ему гораздо лучше; онъ уже легъ въ постель и кажется даже заснулъ... возразилъ Сергѣй Львовичъ, приступая тутъ же къ исчисленію заслугъ Помпея Николаевича и въ то же время пересыпая ихъ, для разнообразія, подробностями объ успѣхахъ его на поприщѣ общественной дѣятельности.

Петръ Сергѣевичъ, конечно, ни въ чемъ не противорѣчилъ отцу. Время отъ времени только, когда Сергѣй Львовичъ заходилъ уже черезчуръ далеко, онъ старался уравновѣсить похвалы, возносимыя Пыщину, вставляя нѣсколько словъ въ пользу заслугъ Липецкаго. Францъ Ивановичъ, но обыкновенію своему, совершенно соглашался съ Сергѣемъ Львовичемъ, когда тотъ говорилъ о Пыщинѣ, и совершенно опять соглашался съ Петромъ Сергѣевичемъ, когда тотъ заводилъ рѣчь объ Липецкомъ. Софья Алексѣевна и Зинаида Львовна горячо стояли за перваго; Берендѣева замѣтно склонялась на сторону послѣдняго.

Одинъ Гаденбургъ не высказалъ своего мнѣнія. Онъ молчалъ во все время, краснѣлъ, пыжился, потуплялъ глаза, приподнималъ ихъ неожиданно, какъ бы собираясь что-то спросить, часто съ этою цѣлью дѣлалъ напряженныя усилія, потиралъ лобъ, но все-таки не произносилъ слова.

Часъ спустя послѣ ужина, гости и хозяева лежали въ своихъ постеляхъ, огни вездѣ были погашены, и "верзила", окутанный съ одной стороны непроницаемымъ мракомъ, съ другой, освѣщенный полнымъ мѣсяцемъ, величественно рисовался посреди полей, окружавшихъ Дудиловку.

ГЛАВА ШЕСТНАДЦАТАЯ

Надежды Зинаиды Львовны неожиданно разрушаются. Новыя лица.

На другое утро солнце освѣтило чистое безоблачное небо. Сергѣй Львовичъ, укладываясь спать наканунѣ, не даромъ, видно, лишній разъ перекрестился и сказалъ себѣ: "Дай только Богъ, чтобы погода не сыграла завтра какой-нибудь скверной штуки!"

День обѣщалъ быть прекраснымъ.

Поля весело улыбались; ярко освѣщалась зелень стараго сада, и еще ярче сверкала роса, убиравшая листья своими алмазными каплями. Птицы, какъ бы предчувствуя, что въ этотъ день произойдетъ что-то особенное, словно сговорились наканунѣ и наполнили окрестность звонкимъ пѣніемъ.

Все это, само собою разумѣется, значительно пріободрило Сергѣл Львовича и пріятнѣйшимъ образомъ подѣйствовало на расположеніе его духа. Онъ велѣлъ разбудить себя какъ можно раньше. За одинъ разъ выбрившись и одѣвшись, чтобы потомъ не терять на это времени, онъ бережно, на цыпочкахъ, прокрался къ комнатѣ, занимаемой камердинеромъ блистательнаго дяди.

Камердинеръ, котораго, скажемъ мимоходомъ, откармливали на убой, какъ борова, былъ уже на ногахъ; въ настоящую минуту онъ занимался тѣмъ, что ваксилъ сапоги его превосходительства.

- Еще не просыпался! сказалъ онъ, какъ только Сергѣй Львовичъ высунулъ голову въ дверь.

- Ну, что, какъ?.. Не замѣтилъ ли, братецъ? спросилъ Сергѣй Львовичъ, врикасаясь пальцемъ къ верхней губѣ.

- Не замѣтилъ; спятъ повернувшись къ стѣнѣ, отвѣчалъ камердинеръ.

После этого, первымъ дѣломъ Сергѣя Львовича было позвать повара. Часъ по крайней мѣрѣ црошелъ въ совѣщаніяхъ касательно разныхъ перемѣнъ блюдъ и пока не былъ окончательно утвержденъ и улаженъ весь порядокъ обѣда. Затѣмъ потребовалось полчаса, чтобы бѣгло осмотрѣть садъ и переговорить съ Петромъ Кондратьевичемъ относительно угощенія кучеровъ и лакеевъ пріѣзжихъ гостей, снабженія лошадей овсомъ и сѣномъ,- словомъ, относительно такого рода распоряженій, чтобы въ этотъ день все ликовало и радовалось.

- Вотъ еще что, заключилъ Сергѣй Львовичъ, передъ тѣмъ, чтобы отпустить Петра Кондратьевича,- какъ пойдешь по деревнѣ, скажи, пожалуй, мужикамъ и бабамъ, что если хотятъ посмотрѣть на генерала, пусть идутъ, могутъ даже пѣть пѣсни!.. Можешь даже передать, что будетъ имъ три ведра вина...

Все это сказано было очень внушительно, хотя въ пріемахъ Сергѣя Львовича явно проглядывало желаніе показать, что мысль эта пришла ему такъ только, мимоходомъ.

На часахъ было уже семь, когда онъ вернулся домой. Тамъ пока еще вездѣ царствовала тишина; только въ дальнемъ концѣ нижняго коридора, гдѣ располагались комнаты дяди, время отъ времени скрипѣли сапоги камердинера. Зная, что дядя имѣетъ обыкновеніе вставать очень рано, и не сомнѣваясь, что онъ уже на ногахъ, Люлюковъ прямо прошелъ къ его двери. Въ это самое время изъ нея выходилъ камердинеръ.

- Всталъ Помпей Николаевичъ?

- Встали; чай кушаютъ, отвѣчалъ лакей. Сергѣй Львовичъ пріотворилъ дверь.

- Можно войти? спросилъ онъ умягченнымъ донельзя голосомъ.

- Войди! возразилъ коротко и сухо генералъ. Помпей Николаевичъ сидѣлъ въ широкихъ креслахъ подлѣ окна и пилъ чай; онъ совсѣмъ уже былъ одѣтъ, выбритъ, вытертъ губкой, спрыснутъ водою и приглаженъ. Все было въ порядкѣ, кромѣ только верхней губы, на которую обратился, конечно, первый взглядъ Сергѣя Львовича; опухоль значительно уменьшилась, но все не настолько еще, чтобы нельзя было ее не замѣтить,- обстоятельство, придавшее лицу генерала особенную какую-то надутость и угрюмое, крайне несообщительное выраженіе.

Люлюковъ почувствовалъ болѣе чѣмъ когда-нибудь неловкость въ присутствіи дяди Пыщина; онъ поспѣшилъ однакожъ подавить въ себѣ такое чувство и произнесъ съ самымъ привѣтливымъ, веселымъ видомъ:

- Добраго утра, Помпей Николаевичъ; какъ почивали?

- Изрядно; поздравляю! присовокупилъ генералъ, приставляя къ рукѣ собесѣдника два пухлые, коротенькіе пальца.

- Благодарю васъ! проговорилъ Люлюковъ, пожимая съ чувствомъ эти два пальца. - Да, да, прибавилъ онъ меланхолически,- да, какъ подумаешь, Сонечкѣ моей еще стукнулъ годъ; еще лишній годъ!

- А сколько лѣтъ? спросилъ генералъ, косясь въ окно.

- Сегодня сорокъ четыре года!

- Изрядно!.. сказалъ генералъ.- Помню вотъ какую... примолвилъ онъ, опуская ладонь къ полу.

Не сомнѣваясь ни секунду, что воспоминанія прожитаго времени могутъ только усилить и безъ того уже мрачное настроеніе для Пыщина, Сергѣй Львовичъ поспѣшилъ перемѣнить разговоръ. Онъ счелъ даже не лишнимъ прибѣгнуть къ другимъ, болѣе дѣйствительнымъ мѣрамъ. Онъ началъ съ того, что предложилъ легкую прогулку по саду. Такъ какъ это не взяло, Сергѣй Львовичъ убѣдительно сталъ упрашивать пройтись хоть до его кабинета; какъ ни ничтоженъ былъ такой переходъ, онъ все-таки давалъ возможность сдѣлать нѣсколько шаговъ, обстоятельство, которымъ никакъ не слѣдовало пренебрегать Помпею Николаевичу, человѣку, привыкшему каждое утро дѣлать моціонъ. Генералъ согласился не прежде, какъ Сергѣй Львовичъ убѣдилъ его, что въ домѣ всѣ еще спятъ и никто ихъ не встрѣтитъ. Какъ только они отправились, Люлюковъ приказалъ перенести чай въ кабинетъ, на томъ основаніи, сказалъ онъ, что Помпею Николаевичу покойнѣе будетъ посидѣть здѣсь, пока будутъ убирать его комнаты. Чтобы не было опасеній со стороны встрѣчъ, Сергѣй Львовичъ поспѣшилъ даже запереть на ключъ дверь изъ кабинета въ гостиную. Имѣя въ виду одно только: во что бы ни стало развлечь и разсѣять мрачное настроеніе дяди Пыщина, Сергѣй Львовичъ приступилъ тотчасъ же къ исполненію своего намѣренія.

- Я еще не сообщалъ вамъ, Помпей Николаевичъ, заговорилъ онъ, стараясь придать своему лицу самое веселое выраженіе,- не сообщалъ еще вамъ: вчера получилъ я неожиданно новость; вчера, какъ только вы уснули, мнѣ привезли письмо отъ Липецкого.

- Какого Липецкого?

- Вы его знаете, Помпей Николаевичъ; того самаго Липецкого, который шесть лѣтъ назадъ, послѣ крымской кампаніи, сдѣланъ былъ генераломъ... и такъ хорошо пошелъ...

- Знаю! круто перебилъ Пыщинъ. - Мать, говорятъ, содержала пансіонъ въ Москвѣ; брала по сту рублей съ дѣвочекъ....

- Подробности эти мнѣ неизвѣстны; я зналъ ее, когда она жила еще здѣсь; дѣйствительно, она очень тогда нуждалась... Онъ назначенъ къ намъ губернаторомъ и будетъ сегодня у насъ...

Сергѣй Львовичъ тутъ только спохватился; тутъ только увидѣлъ, какого далъ маху мимо своей цѣли.

Брови генерала насупились; подбородокъ и нижняя губа выставились впередъ. Онъ сдѣлался угрюмъ, какъ Эльбрусъ передъ грозой.

- Шаркунъ! Голышъ!.. разразился наконецъ Помпей Николаевичъ, задѣтый, какъ видно, за самое живое мѣсто.- Такое нынче время, любезнѣйшій. Безъ роду, безъ племени, будь только молодъ да боекъ,- вотъ и дорога!.. Мы ужъ не годимся, любезнѣйшій!.. Студенты да шаркуны нами нынче командуютъ, любезнѣйшій!..

- Какъ это можно?.. энергически отвергъ Люлюковъ, внутренно ужасаясь тому, что самъ надѣлалъ.- Какъ это можно?.. Нѣтъ, Помпей Николаевичъ, позвольте вамъ сказать, вы въ этомъ случаѣ ошиб... напрасно, то-есть, такъ думаете! Никто изъ насъ не забылъ, да и не забудетъ заслугъ тѣхъ лицъ, которыя... какъ вы, напримѣръ, сорокъ лѣтъ служили отечеству... Мы всѣ, да, всѣ мы, всѣ смотримъ на васъ съ

135

уваженіемъ и высоко васъ почитаемъ... Карьера этихъ современныхъ дѣятелей, какъ ихъ называютъ, пока еще впереди; не извѣстно еще, что-то они намъ покажутъ, чѣмъ отличатся... Вы, Помпей Николаевичъ, вы уже сдѣлали блистательно свое дѣло!.. Нѣтъ, вы напрасно такъ думаете, Помпей Николаевичъ, подхватилъ Сергѣй Львовичъ, чувствуя, что теперь или никогда настала минута исправить промахъ,- нѣтъ, напрасно; скажу болѣе, извините меня, несправедливо... Да, вотъ какъ-съ, я вамъ доложу: стоило только сказать мнѣ, что вы будете, всѣ сосѣди, всѣ лица - старыя и молодыя, даже дамы, все это встрепенулось и выразило живѣйшее желаніе васъ видѣть! Я бы желалъ, чтобы вы при этомъ присутствовали. Это былъ совершеннѣйшій восторгъ! Вотъ даже, на что ужъ простой народъ - мужики, и тѣ, какъ узнали о вашемъ пріѣздѣ, отбою не даютъ... всѣ, всѣ рѣшительно хотятъ васъ видѣть и отдать вамъ дань высокаго уваженія... Вы, впрочемъ, сами убѣдитесь въ этомъ сегодня, когда съѣдутся гости...

- Неловко! сказалъ Пыщинъ, издали указывая пальцемъ на губу.

Мысль, что дядя не покажется гостямъ, повергла Сергѣя Львовича въ крайнюю степень смущенія и тревоги. Онъ началъ краснорѣчиво убѣждать и доказывать, что опухоль совсѣмъ уже не замѣтна и даже при этомъ нѣсколько разъ нагнулся, какъ бы желая сказать: "да гдѣ же она въ самомъ дѣлѣ? Гдѣ-жъ эта опухоль, которую, при всемъ желаніи, нельзя даже увидѣть..."

- Неловко! упорствовалъ генералъ.

- Ей-Богу же ничего! Право ничего! твердилъ Сергѣй Львовичъ, даже краснѣя отъ напора убѣдительной силы.

Бесѣда эта не прерывалась никакимъ шумомъ извнѣ и внутри дома. Никто еще не просыпался. Единственнымъ исключеніемъ въ настоящемъ случаѣ опять-таки была Зинаида Львовна. Она открыла вѣжды немного погодя послѣ того, какъ возсталъ отъ сна Сергѣй Львовичъ.

Пробужденіе ея точно также сопровождалось самими пріятными впечатлѣніями. Небо былъ такъ чисто и лучезарно; зелень, обрызганная росой, дышала такою свѣжестью; птички такъ весело пѣли...

Подъ такими впечатлѣніями сама она встрепенулась. какъ птичка, и рѣзво оставила свое дѣвическое ложе; взглядъ, брошенный въ зеркало, стоявшее подъ извѣстными тремя портретами, задрапированными чернымъ крепомъ, пришелся какъ нельзя больше кстати: онъ замѣтно подѣйствовалъ въ пользу ея счастливаго настроенія духа. Не медля секунды, Зинаида Львовна приступила къ туалету.

Если Сергѣю Львовичу понадобился часъ времени, чтобъ установить порядокъ обѣда, Зинаидѣ Львовнѣ, весьма натурально, потребовалось никакъ уже не меньше на то, чтобы привести въ порядокъ и установить сложныя комбинаціи касательно прически головы и еще больше времени на то, чтобы привести эти комбинаціи въ исполненіе.

Оставалось теперь привести въ исполненіе другую, быть-можетъ, еще сложнѣйшую операцію: оставалось пустить въ ходъ новый кольлъ-кремъ, пудру и губную помаду, купленные на-дняхъ у Вуиса на Кузнецкомъ мосту; если принять въ соображеніе, что римскій носъ Зинаиды Львовны, ея щеки и шея потребовали сорока лѣтъ, чтобы придти въ настоящее положеніе, всякій согласится, я думаю, не легко было, въ какіе-нибудь полчаса, заставить все это помолодѣть на двадцать лѣтъ по крайней мѣрѣ.

Взявъ во вниманіе ранній часъ утра, она разсудила, однакожъ, что успѣетъ этимъ заняться; она вспомнила, что, прощаясь вчера съ Сергѣемъ Львовичемъ, совершенно забыла спросить у него новое платье, которое выписалъ онъ изъ Москвы для Софьи Алексѣевны. Самъ Сергѣй Львовичъ говорилъ, что платье это необходимо должно было лежать на стулѣ передъ постелью жены и остановить на себѣ ея вниманіе, какъ только она откроетъ глаза. Зинаида Львовна тѣмъ больше сочувствовала этой мысли, что къ илатью этому приготовила новый воротничокъ и рукавчики.

Движимая нѣжнымъ, дружескимъ чувствомъ, она торопливо встала со стула, наскоро набросила старый капотъ, прошла тихонько по коридору и начала спускаться съ лѣстницы, поминутно останавливаясь и поглядывая черезъ перила, изъ предосторожности, чтобы, Боже сохрани, кто-нибудь не увидалъ ее въ такомъ костюмѣ,- съ причесанною головой, но лицомъ не приведеннымъ еще въ порядокъ.

Къ Сергѣю Львовичу она настолько уже привыкла, что не пугалась его.

Но вездѣ было покойно; никого не было видно. Зинаида Львовна смѣлѣе спустилась внизъ. Подойдя къ боковой двери кабинета, она вдругъ услышала за собою шаги: встрепенувшись, какъ испуганная газель, Зинаида Львовна смѣлымъ движеніемъ руки распахнула дверь и влетѣла въ кабинетъ въ ту самую секунду, какъ Сергѣй Львовичъ убѣдительно доказывалъ именитому родственнику, что опухоль на губѣ его вовсе не замѣтна.

Зинаида Львовна испустила пронзительный крикъ и бросилась къ двери, которая въ тотъ же мигъ захлопнулась; мысль, что замокъ двери всегда такъ крѣпко защелкивался, что съ нимъ приходилось биться цѣлыхъ полчаса,- молніей пронеслась въ ея головѣ; она стремительно кинулась къ другой двери; но та оказалась запертою. Зинаида Львовна снова взвизгнула и закрыла лицо руками; распахнувшійся неожиданно капотъ заставилъ ее опять взвизгнуть и быстро прикрыть грудь руками.

При появленіи Зинаиды Львовны, генералъ поднялся на ноги и приложилъ ладонь къ губѣ. Сергѣй Львовичъ раскрылъ удивленные глаза и въ первую секунду совершенно растерялся; онъ тутъ же однакожъ оправился, подбѣжалъ къ Зинаидѣ Львовнѣ, шепгулъ ей ободрительно:- "ничего!"- кашлянулъ, и, обратясь къ дядѣ, сказалъ:

137

- Это наша дальняя родственница... институтская подруга жены моей... вамъ жена о ней говорила...

- Очень пріятно... глухо пробормоталъ генералъ, насупивъ брови и все еще держа ладонь на губѣ.

- Вы вѣроятно вомните добрѣйшаго Льва Захаровича Зюзюкина... продолжалъ пояснять смущенный Сергѣй Львовичъ.- Это ея отецъ... Она его дочь... Но, Зиночка, успокойся ради Бога.

- Оставьте меня....выпустите отсюда... со слезами на глазахъ, задыхаясь отъ волненія, простонала Зинаида Львовна, оставивъ одну руку на груди и быстро закрывая другою лицо,- выпустите... мнѣ дѣлается дурно...

- Ей дѣлается дурно!.. произнесъ Сергѣй Львовичъ, пугливо бросаясь къ двери.

На этотъ разъ ему какъ-то посчастливилось; скобка уступила при первой нажимкѣ,- и Зинаида Львовна выскользнула какъ вихрь въ коридоръ.

- Странно!.. замѣтилъ генералъ, отнимая ладонь.отъ губы.

- Непостижимо! Непонятно, зачѣмъ она ворвалась сюда! промолвилъ Люлюковъ. - А! видно, насчетъ женинаго платья! спохватился онъ въ ту же секунду,- я приготовилъ женѣ сюрпризъ, новое платье, и забылъ вчера отдать его... Она вѣрно за нимъ...

- Начинаютъ однакожъ вставать... я пойду къ себѣ... сказалъ генералъ.

- Но вы выйдете къ намъ, Помпей Николаевичъ!.. убѣдительно подхватилъ Сергѣй Львовичъ,- столько лицъ желаютъ васъ видѣть... Столько лицъ нарочно съѣдутся...

- Посмотримъ! сказалъ генералъ, направляясь въ свои комнаты.

Въ домѣ, въ самомъ дѣлѣ, начинало обнаруживаться движеніе. Пока двигалась еще только прислуга. Ходили лакей и горничная Берендѣевой (она никогда не выѣзжала безъ такой свиты), ходилъ лакей Мерзенгеймера (послѣдній былъ выпрошенъ Люлюковымъ для прислуги во время обѣда), затѣмъ - нянька Ульяна; Петръ, горничная Аннушка и проч.

Часъ всеобщаго пробужденія въ помѣщичьихъ домахъ, когда заночевываютъ гости, вообще сопровождается всегда большой суетой прислуги. Начать съ того: никому не хочется итти за водой; это служитъ обыкновенно первымъ предлогомъ недоразумѣній и ссоръ между домашними лакеями и наѣзжими. Вы сами, я думаю, не разъ замѣчали, съ какою осторожностію лакеи утромъ подавали вамъ умываться; это дѣлалось съ тою цѣлію, чтобъ осталось больше воды для другого гостя, а если нѣтъ такого, то все равно, чтобы сберечь ее на завтра. Но кромѣ воды, мало ли еще другихъ поводовъ къ вознѣ и суматохѣ.- "Скорѣе, скорѣе давайте полотенце..." - "Барыня спрашиваетъ полотенце." - "Да, много у насъ полотенецъ-то! Зачѣмъ своихъ не берете!" - "Гдѣ у васъ умывальникъ? Баринъ спрашиваетъ мыться... давай скорѣй

138

умывальникъ!.." - "Какъ же, найдешь, сейчасъ! Здѣсь и лоханки не добудешь..." - "Ахъ, батюшки, да какъ же быть? Ахъ!" - "Ступайте въ сѣни: я, кажись, вечоръ видѣлъ умывальникъ за дверью; ступай, пока другой не взялъ!.." - "Ну, что ты ее морочишь: бѣпе на верхъ; я его на окнѣ видѣлъ подъ канареечною клѣткой..." - "Ахъ ты Господи!" - "Гдѣ у васъ вакса?" - "Спроси у Ивана!" - "Иванъ, гдѣ вакса?" - "Семенъ взялъ!" - "Воды, скорѣй горячей воды; баринъ хочетъ бриться..." - "Горячъ больно: подождетъ! плиту еще не нагрѣвали..." - "А какъ же утюгъ-то? Ахъ, барыня спрашиваетъ воротнички... ахъ!!.." - и проч., и проч. Короче сказать, извѣстный порядокъ барскихъ старыхъ домовъ, отличающихся гостепріимствомъ: были бы гости упитаны стерлядками и упоены тончайшими голафитами; а тамъ, какъ гости будутъ спать, какъ будутъ умываться, какъ... и прочее, объ этомъ гости должны уже сами заботиться!

Пока слуги возились такимъ образомъ въ нижнемъ этажѣ "верзилы", вверху происходила также возня, по только совсѣмъ другого рода.

Новорожденная Софья Алексѣевна пробудилась, но вмѣсто того, чтобъ увидѣть сюрпризное платье и услышать поздравительныя рѣчи,- она увидѣла заплаканное лицо своей подруги и услышала ея раздирающіе вопли.

Дѣти, совсѣмъ уже одѣтыя и готовыя идти съ поздравленіями, услышавъ плачъ въ комнатѣ матери, стремительно туда побѣжали; къ нимъ вскорѣ присоединился Петръ Сергѣевичъ; за нимъ тотчасъ же явилась Ольга Ивановна; въ ту же секунду прибѣжалъ впопыхахъ Сергѣй Львовичъ. Всѣ общими силами принялись успокоивать Зинаиду Львовну, не забывая въ то же время поздравлять Софью Алексѣевну, такъ что, въ первую минуту, положительно нельзя было составить себѣ отчета въ томъ, что тутъ происходило. Увѣщанія взяли наконецъ верхъ; всѣ обратились къ Зинаидѣ Львовнѣ, прося ее остановить слезы и рыданія и убѣждая ее, какъ онѣ неумѣстны въ такой день, когда все должно было ликовать и радоваться!

По обыкновенію своему, Зинаида Львоина выказала ангельскую кротость; она не хотѣла только слушать Сергѣя Львовича; она говорила, что послѣ его поступка... короче сказать, онъ самъ долженъ былъ понять, чего могъ онъ ожидать послѣ такого поступка со стороны дружескаго чувства той, которая... но довольно; она не хотѣла даже досказывать мысли. Напрасно Сергѣй Львовичъ старался убѣдить ее, что ни въ чемъ не виноватъ, что самъ тогда очень оторопѣлъ и смутился; она ничего не хотѣла слушать. Не довольствуясь громкими изъявленіями своего негодованія, она даже мысленно повторяла себѣ, что между ею и Люлюковымъ произошелъ разрывъ, котораго не исправить теперь сама могила.

Время между тѣмъ проходило: съ минуты на минуту надо было ждать, что гости, започивавшіе въ домѣ, выйдутъ въ гостиную; пронесся даже слухъ, что туалетъ Берендѣевой приближается къ конду. Надо было также спѣшить итти внизъ по другой причинѣ: въ это утро, по принятому обычаю, долженъ былъ совершиться молебенъ; Сергѣй Львовичъ заказалъ его къ десяти часамъ нарочно съ тѣмъ, чтобы выгадать больше времени.

- Вотъ что, душа моя, озабоченно сказалъ Сергѣй Львовичъ, явившійся полчаса спустя къ женѣ, съ тѣмъ, чтобы вести ее внизъ,- дядя заупрямился и рѣшительно не хочетъ показаться гостямъ раньше обѣда, уговори его, убѣди, иначе весь день будетъ манкированъ!.. Главное, убѣди его, что ничего не замѣтно! добавилъ онъ, выразительно дернувъ себя за правый усъ.

Проводивъ жену въ комнату дяди, Люлюковъ поспѣшно вернулся въ гостиную, гдѣ засталъ уже Берендѣеву, Мерзенгеймера и Гаденбурга; ихъ занималъ Петръ Сергѣевичъ.

Сергѣй Львовичъ обнаружилъ удивительное соображеніе и распорядительность, заказавъ молебенъ къ десяти часамъ. Не успѣла кончиться служба, какъ уже начали, одинъ за другимъ, съѣзжаться гости.

Первыми явились судья и исправникъ. Они пріѣхали вмѣстѣ.

Ѳедоръ Андреевичъ Шлыковъ (такъ звали исправника) былъ человѣкъ громаднаго роста, толщины соотвѣтственной, съ лицомъ багроваго и даже синеватаго цвѣта, черными курчавыми волосами, опухшими заспанными глазами и широкимъ придавленнымъ носомъ, издававшимъ постоянно какое-то сопѣнье. При малѣйшемъ движеніи, краска бросалась ему въ голову, онъ пыхтѣлъ и отдувался, дѣлаясь тогда весьма похожимъ на большой горшокъ, изъ котораго крутымъ бугромъ выступаетъ перекипѣвшая каша. Касательно избранія его въ настоящую должность, господами дворянами, говоря безъ лести, руководила самая благородная, филантропическая цѣль; имъ хотѣлось опредѣлить къ мѣсту и дать средства къ существованію собрату, обремененному четырнадцатью человѣками дѣтей. Самъ Ѳедоръ Андреевичъ смотрѣлъ на свою должность съ такой точки зрѣнія, что прежде всего требовалъ оставить его въ покоѣ. Со стороны этого кроткаго человѣка вопросъ: какъ исполнить дѣло? былъ заклятымъ врагомъ вопроса: какъ не исполнить дѣла? Ѳедоръ Андреевичъ, впрочемъ, очень хорошо себя чувствовалъ. Въ три года, вставъ три раза со стула,- разъ, чтобы встрѣтить архіерея, два раза, чтобы встрѣтить губернатора, онъ получилъ двѣ награды и взялъ маленькаго Станислава.

Павелъ Павловичъ Берендѣевъ имѣлъ видъ тщедушнаго, тощаго, плохо выкормленнаго чиновника. Несмѣлая и прилизанная наружность его справедливо всегда возмущала аристократическія чувства Лизаветы Ивановны. Что онъ робѣлъ передъ женою, тутъ нѣтъ ничего удивительнаго; несравненно достойнѣе замѣчанія, что Павелъ Павловичъ, человѣкъ совершенно независимый по состоянію и правившій столько лѣтъ почетную должность, робѣлъ, нѣмѣлъ и обливался потомъ въ присутствіи каждаго, сколько-нибудь значительнаго лица. Такъ, разъ онъ прибѣжалъ впопыхахъ къ предводителю, прося его разрѣшить вопросъ: слѣдуетъ ли ему ждать губернатора у заставы и быть при шпагѣ? И когда предводитель сказалъ, что нѣтъ въ этомъ никакой надобности, что дѣло встрѣчи касается скорѣе исправника и городничаго, Павелъ Павловичъ все-таки не послушалъ; онъ простоялъ въ одномъ мундирѣ шесть часовъ сряду, отчего схватилъ такой жестокій флюсъ (онъ же былъ подверженъ флюсамъ), что три недѣли пролежалъ въ постели. Первымъ словомъ его, какъ только пожалъ руку Люлюкову, было спросить:

- Пріѣхалъ ли его высокопревосходительство?

- Еще третьяго дня! Я васъ съ нимъ познакомлю! Вы его увидите! восторженно сказалъ Сергѣй Львовичъ.

Увѣренность въ его голосѣ объяснялась тѣмъ, что, заглянувъ, минуту назадъ, въ комнату дяди, онъ увидѣлъ его мундиръ, разложенный на диванѣ.

Сергѣй Львовичъ, сіявшій отъ радости, поспѣшилъ тутъ же сообщить извѣстіе о Липецкомъ, который назначенъ къ нимъ губернаторомъ; теперь это вѣрно, потому что самъ Липецкой писалъ ему вчера объ этомъ, и сегодня будетъ сюда обѣдать.

- Насъ уже извѣстили объ этомъ; вы потому видите насъ въ мундирѣ, сказалъ судья, пожимая губами,- мы съ тѣмъ и пріѣхали, чтобы въ два часа ѣхать на станцію встрѣчать его превосходительство.

- Прекрасно, и оттуда вмѣстѣ ко мнѣ обѣдать!

При словѣ: "обѣдать", исправникъ встрепенулся.

- Мы такъ и разсчитывали, глухо произнесъ онъ.

Вслѣдъ за Берендѣевымъ и Шлыковымъ подъѣхало семейство Дроздовыхъ. Оно было очень многочисленно и состояло, во-первыхъ, изъ самого господина Дроздова, сѣдого, нахмуреннаго помѣщика, похожаго на стараго римскаго трибуна (какъ ихъ изображаютъ обыкновенно наши художники на своихъ академическихъ программахъ), но на самомъ дѣлѣ, такого же скучнаго, какъ петербургскій осенній день; во-вторыхъ, состояло оно изъ супруги его, Анны Ефимовны, больше, впрочемъ, извѣстной подъ именемъ "матери Гамлета". Названіе основывалось на томъ, что всѣ актрисы, исполнявшія эту роль, отличались большею частію почтенными лѣтами и такою же почтенною тучностью; въ ея взглядѣ и походкѣ, кромѣ того, было даже что-то трагическое. Взглянувъ на ея талію и затѣмъ переведя глаза на ея дочь, никто не удивлялся, что она могла произвести на свѣтъ такое дюжее дѣтище. Мамзель Титишь (такъ звали въ семействѣ старшую дочь) уже нѣсколько лѣтъ металась какъ угорѣлая и кусала свои подушки отъ желанія выйти замужъ; она принадлежала къ числу тѣхъ барышень неопредѣленнаго возраста, которыя говорятъ:

"тогда", упоминая о чемъ-нибудь бывшемъ за десять лѣтъ, и "перестаньте", когда вы вовсе не думали начинать; бутюндамуры были самымъ замѣчательнымъ украшеніемъ ея лица. За нею слѣдовалъ братъ, гимназистъ, лѣтъ пятнадцати, смотрѣвшій какъ-то косо исподлобья и весьма похожій на маленькаго озлобленнаго хорька.

Но самою замѣчательною личностью, прибывшей съ Дроздовыми, безспорно былъ гувернеръ ихъ дѣтей - Порфирій Павловичъ Мурзахановъ.

Это былъ человѣкъ лѣтъ двадцати пяти, съ волосами блѣдно-грязнаго цвѣта, лицомъ геморроидальнаго свойства и красными пальцами грязнаго вида; узенькія, блѣдныя губы его непріятно какъ-то подергивались въ углахъ: знакъ ненасытнаго, но подавленнаго самолюбія; мутные сѣрые глаза какъ-то презрительно прищуривались, поглядывая свысока, нехотя обращались даже къ тѣмъ, кто говорилъ съ нимъ; выраженіе лица его было въ высшей степени надутое, самонадѣянное; оно обличало чувство величайшей увѣренности въ самомъ себѣ и сознаніе неизмѣримаго превосходства надъ остальными смертными.

Петръ Сергѣевичъ зналъ Мурзаханова нѣсколько лѣтъ тому назадъ въ университетѣ. Но они не сошлись съ первой встрѣчи.

Мурзахановъ принадлежалъ тогда къ кружку людей, которые напивались по принципу, желая доказать тѣмъ свое сочувствіе къ вопросу о народности. Если кто-нибудь въ ихъ кругу начиналъ пить не шутя и превращался въ стельку, объ немъ говорили, что виною всему русская натура, съ которою, ради неизмѣримой широты ея, никакой нѣтъ возможности совладать.

Просторъ этихъ широкихъ натуръ уживался, однакожъ, очень хорошо въ крошечныхъ, затхлыхъ, грязныхъ и душныхъ компатахъ, гдѣ крѣпко пахло тулупомъ, гдѣ нерѣдко случалось находить въ углу блинъ, завалявшійся съ прошлой масленицы. Широта натуры отлично также уживалась, съ другой стороны, со взаимнымъ обожаніемъ десятка людей и безусловнымъ поклоненіемъ одного другому: "Ты, Вася, великъ!" - "Нѣтъ, ты, Петя, великъ!" и т. д.

Иногда, впрочемъ, кромѣ водки, освѣжали они себя еще другимъ способомъ: это называлось собственно уже духовнымъ, нравственнымъ освѣженіемъ; сведя знакомство съ ямщикомъ или дворникомъ, они зазывали его къ себѣ, и, пропустивъ съ нимъ третью, четвертую, услаждали себя созерцаніемъ могучей, цѣлой, непорочной натуры, стараясь, въ то же время, наговориться съ нею "по душѣ".

Потомъ Мурзахановъ принялъ неожиданно другое направленіе, принялся уничтожать авторитеты и откровенно говорилъ, что считать себя выше другихъ, уважать свое мнѣніе, какое бы оно ни было, выше мнѣнія другого, есть первый долгъ каждаго человѣка, которому сколько-нибудь доступно самоуглубленіе. Онъ тогда уже рѣдко сталъ посѣщать лекціи, говоря, что тамъ нечего слушать.

Въ настоящее время, Петръ Сергѣевичъ менѣе чѣмъ когда-нибудь могъ имѣть надежду обратить на себя вниманіе Мурзаханова. Начать съ того, что Мурзахановъ снова перемѣнилъ направленіе. Коренное убѣжденіе его заключалось теперь въ томъ, что Россія неминуемо погибнетъ, если въ самомъ скоромъ времени не принять мѣръ для ея спасенія. Мѣры, проповѣдуемыя Мурзахановымъ, не совсѣмъ отвѣчали основной мысли: основная мысль дышала новизною и свѣжестью, тогда какъ мѣры,- если не измѣняетъ намъ память,- были уже пущены въ ходъ тысяча восемьсотъ шестьдесятъ три года назадъ, имеипо при царѣ Иродѣ; разница состояла въ томь, что тогда дѣло шло объ истребленіи младенцевъ, тогда какъ здѣсь предлагалось истребленіе людей, начиная отъ старчества до зрѣлыхъ лѣтъ исключительно.

Приведеніе въ дѣйствіе старой этой системы истребленія допущено было въ настоящемъ случаѣ, вѣроятно, потому только, что время не позволяло изобрѣсти ничего новѣе, такъ какъ Россія улсе стояла на краю погибели.

Одна добродушная провинціальная дама, которой Мурзахановъ передалъ когда-то свои убѣжденія, не шутя перепугалась.

- Ахъ, Боже мой! произнесла она,- какъ же это? Значитъ, всѣ наши помѣщики и чиновники, всѣ лица, которыя занимаютъ какія-нибудь должности, даже въ Москвѣ и Петербургѣ... всѣ они будутъ истреблены и погибнутъ...

- Всѣ, рѣшительно! Потому что все это гнило и требуетъ обновленія.

- Но, Боже мой, какъ же такъ... останется государство... говорила дама, все болѣе и болѣе пугаясь.

- А мы-то на что? сказалъ Мурзахановъ,- мы управимъ!

- Да какъ же такъ... я все не понимаю... Вотъ въ чужихъ краяхъ государствомъ управляютъ все больше пожилые и опытные люди... Какъ же у насъ тогда будетъ? Молодые люди по большей части еще неопытны...

- Какъ только гнилье вонъ, и мы заступимъ его мѣсто, вы увидите, какъ пойдетъ дѣло!

Кромѣ новаго этого направленія, Мурзахановъ былъ недоступенъ Петру Сергѣевичу еще по другой причинѣ.

Разговаривая утромъ съ Берендѣевой, Петръ Сергѣевичъ узналъ, что Мурзахановъ, давно отвергшій все существующее, занимается теперь очень серьезно сочиненіемъ покой религіи. Очевидно, послѣ этого, нечего уже было и подступать къ нему.

Петръ Сергѣевичъ, движимый больше любопытствомъ, не утерпѣлъ, однакожъ; онъ приступилъ уже къ первымъ вопросамъ, но въ эту самую минуту все вокругъ заволновалось и пришло въ движеніе. Разнесся слухъ, что идетъ его высокопревосходительство.

ГЛАВА СЕМНАДЦАТАЯ

Двѣ звѣзды, изъ которыхъ одна значительно теряетъ свой блескъ и склоняется къ горизонту.

Дѣйствительно, въ дальнемъ концѣ залы послышались тяжелые, размѣренные шаги; казалось, выступала статуя командора въ послѣднемъ дѣйствіи "Донъ-Жуана".

Въ самую минуту, какъ Помпей Николаевичъ Пыщинъ, сопровождаемый Сергѣемъ Львовичемъ, выходилъ изъ коридора въ залу,- дворъ огласился пѣсней и въ растворенныхъ окнахъ ярко запестрѣла толпа двигавшагося народа.

- Видите ли, Помпей Николаевичъ, даже они,- они вамъ радуются!.. воскликнулъ Люлюковъ.

Но онъ ошибался; дудиловцамъ было совершенно все равно; они побѣжали бы на барскій дворъ съ тѣмъ рвеніемъ, если бы сказали имъ, что тамъ будутъ показывать барана съ золотыми рогами, курицу, которая пропоетъ пѣтухомъ и т. д. Дѣло было не въ этомъ, однакожъ: эффектъ произведенъ, и встрѣча удалась какъ нельзя болѣе.

Замедливъ на секунду шагъ, чтобы показаться народу и кивнуть головою, Помпей Николаевичъ Пыщинъ направился далѣе; подобравъ плечи, выгнувъ спину и выставивъ впередъ грудь, онъ тѣмъ же ровнымъ, размѣреннымъ шагомъ вступилъ въ гостиную и, остановясь по серединѣ, отвѣтилъ общимъ поклономъ на реверансы и поклоны присутствующихъ.

Послѣ того онъ еще круче приподнялъ плечи и еще выпуклѣе выставилъ грудь.

Заглянувъ въ эту секунду въ гостиную, можно было подумать,- павлинъ вошелъ нечаянно въ курятникъ.

Представленіе началось, какъ только дамы, окончивъ свой реверансъ, заняли прежнія мѣста свои, а мужчины, разогнувъ спины, собрались всѣ въ одну кучу,- за исключеніемъ, впрочемъ, Мурзаханова и его питомца, гимназиста Дроздова; послѣдніе незамѣтно выюркнули въ залу.

Софья Алексѣевна представила дядѣ дамъ; Сергѣй Львовичъ приступилъ къ мужчинамъ; онъ началъ по старшинству, съ судьи, разумѣется.

Пыщинъ положилъ въ ладонь оторопѣвшаго судьи два неразогнутыхъ пальца и слегка наклонилъ на бокъ голову, какъ бы готовясь что-то выслушать.

- Нашъ исправникъ! продолжалъ Сергѣй Львовичъ, простирая руку съ особеннымъ какимъ-то вывертомъ по направленію къ Шлыкову.

На этотъ разъ Пыщинъ ограничился только снисходительнымъ взглядомъ и спросилъ:

- Гдѣ вы прежде служили? въ драгунахъ?

- Никакъ нѣтъ, ваше высокопревосходительство...

- Въ кирасирахъ?

- Никакъ нѣтъ, ваше высокопревосходительство; до настоящей моей должности нигдѣ не служилъ, произнесъ Шлыковъ, дѣлаясь синимъ отъ одышки.

- Странно! сказалъ генералъ.

Онъ представить себѣ не могъ, чтобы человѣкъ такого роста и сложенія нигдѣ не служилъ; и прежде всего, конечно, ему пришла мысль о драгунахъ и кираспрахъ. Вообще говоря, Помпей Николаевичъ представить себѣ не могъ человѣка не служащаго и тѣмъ менѣе могъ себѣ представить человѣка никогда не служившаго.

Представленія продолжались и, наконедъ, дошла очередь до Мерзенгеймера, который попалъ какъ-то подъ конецъ, хотя и совался постоянно впередъ. Отвѣшивая низкій поклонъ, такъ что руки его повисли по бокамъ, какъ вѣтви плакучей березы, Францъ Ивановичъ въ то же время слѣдилъ украдкой за каждымъ движеніемъ генерала, приготовляясь почтительно схватить его руку, какъ только тотъ ее протянетъ; но такъ какъ этого не случилось, Мерзенгеймеръ, разгибаясь постепенно, просѣменилъ нѣсколько шажковъ назадъ,- какъ это дѣлаютъ актеры, когда ихъ вызываютъ.

По окончаніи церемоніи, Помпей Николаевичъ повернулся всѣмъ корпусомъ и занялъ приготовленное ему мѣсто не далеко отъ окна.

Въ тотъ же мигъ начали разносить шоколадъ.

Это было очень кстати, потому что разговоръ рѣшительно не завязывался. Напрасно Сергѣй Львовичъ усиливался, какъ говорятъ, соединить, слить общество, напрасно перебѣгалъ онъ отъ одной группы къ другой, напрасно поощрялъ своихъ сосѣдей, мигая на стулья, умышленно разставленные невдалекѣ отъ именитаго дяди: ничего не помогало.

Величавая сановитость Помпея Николаевича такъ съ перваго раза всѣхъ озадачила, повергла всѣхъ въ такой благоговѣйный трепетъ,- что никто не рѣшался тронуться съ мѣста. Даже аристократическая Берендѣева и трагическая Анна Ефимовна Дроздова, ни передъ кѣмъ до сихъ поръ не снускавшія флага,- и тѣ потеряли свою увѣренность. Разъ только Дроздовъ, понукаемый хозяиномъ дома, возвысилъ голосъ; но и то лучше было бы, если бъ онъ этого не сдѣлалъ, какъ выразился потомъ самъ Сергѣй Львовичъ. Выразительно кашлянувъ, Дроздовъ неожиданно повелъ рѣчь о томъ, что нѣтъ ничего глупѣе привычки заводить въ домѣ канареекъ и маленькихъ собачекъ; къ животному привыкнешь, сказалъ онъ, и всегда кончается тѣмъ, что его кто-нибудь раздавитъ или задушитъ; онъ довершилъ рѣчь свою тѣмъ, что послѣ того, какъ былъ у него "чинкарлъ съ острова Мадеры", и его разорвали собаки,- онъ далъ себѣ слово отдѣлаться разъ навсегда отъ такой привычки.

Но и этотъ голосъ пронесся точно въ пустынѣ; никто не поддержалъ его. Дамы вопросительно переглядывались; мужчины стояли на прежнихъ мѣстахъ своихъ, поглощенные видомъ Пыщина.

Петръ Сергѣевичъ, изъ угожденія отцу, принимался нѣсколько разъ разговаривать съ дядей; но и это ни къ чему не повело. Пыщинъ ограничивался нѣсколькими лаконическими отвѣтами - и только. Онъ продолжалъ плотно сидѣть, какъ свая, окованная морозомъ, или, вѣрнѣе, какъ мистическое индійское раззолоченное божество, окруженное трепещущими идолопоклонниками. Послѣднее сравненіе было ближе къ истинѣ; для полноты сходства, оставалось только присутствовавшимъ повалиться на полъ и лежать ницъ передъ Пыщинымъ. Въ настоящую минуту, по крайней мѣрѣ, Помпей Николаевичъ ни въ какомъ случаѣ не могъ жаловаться на недостатокъ уваженія. Тѣмъ не менѣе, онъ казался не въ духѣ и ни на кого не обращалъ снисходительнаго вниманія. Всѣ ждали, вотъ-вотъ заговоритъ онъ; но онъ молчалъ,- и всѣ молчали, кромѣ мужиковъ и бабъ, которые горланили на дворѣ пѣсни.

Раздраженный подъ конецъ этими пѣснями, Сергѣй Львовичъ отдалъ приказаніе, чтобъ они замолкли; въ сердце его начинало уже проникать безпокойство; но, къ счастію, пріѣхалъ предводитель.

Николай Астафьевичъ Ананасовъ (такъ звали предводителя) представлялъ изъ себя сѣдого старика, шибко разбитаго на ноги, но очень еще бодраго духомъ, веселаго и предпріимчиваго; носъ еще украшался большими очками, которыя онъ часто переводилъ на лобъ, когда хотѣлъ придать особенное значеніе своему взгляду.

Онъ былъ въ черномъ фракѣ, бѣлыхъ канифасовыхъ панталонахъ и въ такомъ же жилетѣ.

- Нашъ предводитель дворянства! провозгласилъ напряженно Сергѣй Львовичъ, представляя Ананасова.

Пыщинъ привсталъ и подалъ ему всю ладонь.

Онъ вообще выказалъ ему лестное вниманіе и обошелся привѣтливо, что было тотчасъ же принято къ свѣдѣнію присутствующими.

- Замѣтили, господа, шепнулъ Мерзенгеймеръ, поймавъ въ залѣ судью и исправника, которые собирались ѣхать на станцію встрѣчать губернатора,- замѣтили, онъ Ананасову два раза пожалъ руку?..

- Да, и въ третій хотѣлъ пожать; но, вѣроятно, былъ чѣмъ-то развлеченъ... отозвался Берендѣевъ.

- Какъ вообще вы нашли его?

- Орелъ! сказалъ исправникъ.

- Левъ! подтвердилъ судья.

- Замѣчательная особа, это видно, вымолвилъ Мерзенгеймеръ,- только, кажется, очень ужъ надмененъ...

- Каковъ-то будетъ новый нашъ губернаторъ? подхватилъ судья, безпокойно прищуриваясь.

- А вотъ посмотримъ! сказалъ исправникъ, поглядывая на часы и навравляясь къ прихожей.

Въ гостиной, между тѣмъ, произошла точно перемѣна декораціи. Какихъ-нибудь пяти минутъ достаточно было Ананасову, чтобы сдѣлать то, чего, при всѣхъ усиліяхъ, не могъ достигнуть Сергѣй Львовичъ

Мало того, что Николай Астафьевичъ отъ природы былъ очень краснорѣчивъ и находчивъ,- долгая предводительская карьера въ значительной еще степени выработала и усовершенствовала въ немъ эти способности. Большой прожектеръ, составитель проектовъ объ эманципаціи, объ улучшеніи финансовъ, онъ самъ на дѣлѣ былъ плохой помѣщикъ, крѣпостникъ отъявленный и, къ довершенію, самъ такъ управилъ своими финансами, что совсѣмъ промотался. Но это ничего не значило; онъ зналъ очень хорошо, что пока онъ начальникъ опеки, ему нечего ея бояться. Основываясь на этомъ, онъ не падалъ духомъ и продолжалъ веселостью поддерживать свое достоинство, хотя многіе и находили, что веселость его ничего больше, какъ улыбка умирающаго гладіатора. Ораторство составляло, впрочемъ, самую видную черту его даровитой натуры; потому собственно такъ долго и держался онъ на предводительскомъ мѣстѣ, что въ разговорахъ съ кѣмъ угодно и о чемъ угодно, не находилъ себѣ въ губерніи соперника.

Въ одинъ мигъ успѣлъ онъ всѣхъ связать и завести оживленную бесѣду. Онъ умѣлъ какъ-то разомъ касаться всѣхъ предметовъ и всѣхъ занимать въ одно время.

Почтительно обращаясь къ Помпею Николаевичу,- и даже зажмуривая при этомъ глаза,- онъ разспрашивалъ его о тѣхъ заслуженныхъ генералахъ, которые могли быть его товарищами; съ дамами говорилъ онъ о текущихъ новостяхъ, съ мужчинами - о хозяйствѣ и псовой охотѣ.

Сергѣй Львовичъ былъ въ восторгѣ; въ изъявленіе своей признательности, онъ нѣсколько разъ подходилъ къ Ананасову и выразительно пожималъ ему руку. Онъ тутъ же подвелъ къ нему сына и просилъ полюбить молодого человѣка.

Въ такомъ благопріятномъ положеніи было дѣло, какъ вдругъ пронесся слухъ, что ѣдетъ губернаторъ.

При этомъ извѣстіи, ораторъ остановился. Всѣ снова заволновались. Сергѣй Львовичъ улыбнулся и медленно вышелъ изъ гостиной; ступивъ въ залу, онъ быстро, однакожъ, побѣжалъ впередъ на своихъ коротенькихъ ножкахъ.

Въ глубинѣ прихожей увидѣлъ онъ молодого, довольно красиваго генерала, который торопливо снималъ съ себя пальто; исправникъ и судья, стоявшіе за нимъ, ухватили было каждый за рукавъ, но генералъ ловко вывернулся, сказавъ:

— Помилуйте, господа, что вы?

Замѣтивъ Сергѣя Львовича, молодой генералъ быстро пошелъ ему навстрѣчу.

Сергѣй Львовичъ простеръ было руку, но генералъ обнялъ его и началъ цѣловать въ обѣ щеки.

— Я вдвойнѣ счастливъ, что вижу васъ сегодня, заговорилъ онъ,— господа судья и исправникъ были такъ добры, сказали мнѣ, что нынче день рожденія Софьи Алексѣевны; какъ это кстати! Ну что вы, какъ, почтеннѣйшій Сергѣй Львовичъ? здоровы ли всѣ ваши? И Петръ Сергѣевичъ здѣсь, я слышалъ...

— Здѣсь! здѣсь!.. подтвердилъ совершенно растроганный Люлюковъ,— здѣсь также дядя жены, Помпей Николаевичъ Пыщинъ!..

Но послѣднее извѣстіе не произвело особеннаго впечатлѣнія на молодого генерала; онъ сказалъ только: "да, мнѣ говорили господа исправникъ и судья; — очень буду радъ познакомиться"; и взявъ подъ руку Сергѣя Львовича, направился въ залу.

Въ дверяхъ гостиной его встрѣтила Софья Алексѣевна; за него толпилось все общество, кромѣ только Пыщина. Послѣдній остался на своемъ мѣстѣ и мрачно покосился на дверь.

— Боже мой, какъ давно мы не видались! весело заговорилъ Липецкой послѣ первыхъ привѣтствій и снова принимаясь цѣловать руку Люлюковой,— здравствуйте, Софья Алексѣевна! здравствуйте, Зинаида Львовна! узнали ли вы меня?.. Неужто это Петръ Сергѣевичъ? подхватилъ онъ, протягивая руку молодому Люлюкову и крѣпко ее пожимая.— Господи, какая перемѣна! Встрѣться я съ вами случайно, я бы не узналъ васъ...

Но Сергѣй Львовичъ не далъ договорить. Подхвативъ Липецкого подъ руку, онъ суетливо повелъ его къ Пыщину, который въ это время привсталъ.

— Очень радъ... коротко и сухо сказалъ Пыщинъ въ отвѣтъ на привѣтствіе Липецкого.

Послѣ того онъ тяжело опустился въ свое кресло и сдѣлался вдругъ еще угрюмѣе. Губернаторъ тотчасъ же обратился къ хозяину дома.

- Сергѣй Львовичъ, познакомьте насъ пожалуйста... проговорилъ онъ, обводя глазами присутствующихъ и кланяясь дамамъ,- съ двумя моими сослуживцами я уже имѣлъ удовольствіе познакомиться...

- Позвольте, ваше превосходительство, третьему сослуживцу самому себя представить: здѣшній уѣздный предводитель дворянства! сказалъ Ананасовъ, выступая впередъ, улыбаясь и расшаркиваясь.

- Очень радъ, что случай устроилъ раньше наше знакомство, сказалъ Липецкой, пожимая ему руку.

Сергѣй Львовичъ представилъ ему поочередно всѣхъ гостей своихъ. Липецкой съ каждымъ обмѣнялся нѣсколькими привѣтливыми словами; онъ пожалъ руку даже Мурзаханову, несмотря на то, что тотъ смотрѣлъ на него какъ-то свысока и какъ бы изъ милости. Съ дамами онъ былъ особенно любезенъ; онъ не пропустилъ безъ вниманія даже мать Гамлета и Ольгу Ивановну. Поелѣ того, онъ потребовалъ, чтобы Софья Алексѣевна представила ему дѣтей своихъ, и когда ихъ привели, онъ всѣхъ перецѣловалъ, а Коко взялъ на руки, высоко поднялъ на воздухъ и сказалъ:

- У, какой молодецъ!..

Всѣ были въ восторгѣ. Чувство это въ значительной степени поддерживали судья и исправникъ; переходя отъ одного къ другому, они разсыпали восторженныя похвалы новому начальнику.

Сергѣй Львовичъ заботливо между тѣмъ разставлялъ полукругомъ стулья передъ Пыщинымъ, который продолжалъ коситься въ бокъ. Но случилось такъ, что Софья Алексѣевна находилась въ это время на другомъ концѣ гостиной. Липецкой прямо подошелъ къ ней и, подозвавъ Петра Сергѣевича, расположился на диванѣ между хозяйкой дома и ея сыномъ. Дамы поспѣшили къ нимъ присоединиться; кавалеры послѣдовали ихъ примѣру.

- Помните ли, говорилъ между прочимъ Липецкой,- я послѣдній разъ былъ у васъ съ покойнымъ отцомъ... Какъ теперь помню: Софья Алексѣевна подарила мнѣ тогда какую-то книжку съ картинками, Сергѣй Львовичъ вызвался хломотать объ опредѣленіи моемъ въ корпусъ; на немъ, какъ теперь вижу, былъ тогда фракъ; онъ куда-то собирался ѣхать. Петръ Сергѣевичъ, конечно, ничего этого не помнитъ! Онъ былъ вотъ какой каплюшка... Сергѣй Львовичъ, сколько могло быть тогда лѣтъ Петру Сергѣевичу?

Люлюковъ, суетливо перебѣгавшій въ эту минуту отъ дяди Пыщина на противоположный конецъ гостиной, гдѣ столпилось все общество, какъ разъ былъ тогда подлѣ Липецкого.

- Лѣтъ пять, я думаю! отвѣчалъ онъ наобумъ.

Тутъ принялся онъ выдѣлывать телеграфическіе знаки глазами и головою, по направленію къ дядѣ Пыщину.

Положеніе послѣдняго было, дѣйствительно, не завидно и требовало немедленнаго подкрѣпленія; онъ остался совершенно одинъ; ему измѣнилъ даже Ананасовъ, присоединившійся къ общему кружку.

Липецкой поспѣшилъ вывести Сергѣя Львовича изъ затрудненія. Онъ всталъ и, сдѣлавъ видъ, какъ будто въ этомъ дѣйствіи его не было ничего преднамѣреннаго, подошелъ къ Помпею Николаевичу. Сергѣй Львовичъ торопливо за нимъ послѣдовалъ, продолжая производить телеграфическіе жесты, имѣвшіе цѣлью направить туда же остальныхъ гостей своихъ.

- Вы, ваше высокопревосходительство, кажется, также нашъ помѣщикъ? спросилъ губернаторъ, призывая на помощь всю свою любезность.

- У меня здѣсь небольшое имѣніе, возразилъ Пыщинъ голосомъ, который рѣзко противорѣчилъ смиренію словъ его.

- И часто здѣсь бываете, ваше высокопревосходительство? почтительно освѣдомился губернаторъ.

- Нѣтъ, сказалъ Пыщинъ, тономъ, отстранявшимъ на этотъ разъ всякое поощреніе къ дальнѣйшей бесѣдѣ.

Сергѣй Львовичъ вмѣшался въ разговоръ и началъ объяснять, что у Помпея Николаевича другая деревня въ Петербургской губерніи. Но Липецкой уже мало, повидимому, этимъ интересовался. Казалось, его гораздо больше занималъ садъ Сергѣя Львовича.

- Какой славный у васъ садъ! сказалъ онъ, обращаясь къ окнамъ,- я имѣю большую слабость къ этимъ стариннымъ садамъ.

- Отсюда садъ не такъ еще хорошъ, промолвила Софья Алексѣевна, не замѣчавшая телеграфическихъ знаковъ своего мужа,- онъ особенно выигрываетъ изъ залы.

- Ахъ, это правда! неожиданно подхватила дѣвица Дроздова, поощренная матерью.

- Оттуда особенно хорошо видна аллея, замѣтилъ Мерзенгеймеръ, у котораго давно чесался языкъ вставить свое словцо.

Липецкой подалъ руку Софьѣ Алексѣевнѣ и прошелъ въ залу, гдѣ давно уже накрывали столъ.

Общество цѣликомъ двинулось за ними, къ великому замѣшательству Сергѣя Львовича, который снова увидѣлъ себя одного съ Пыщинымъ. Сергѣй Львовичъ, не зная самъ почему, начиналъ уже какъ-то робѣть въ присутствіи дяди. Онъ снова забѣгалъ отъ Пыщина къ Липецкому, отъ Липецкого къ Пыщину, который продолжалъ сидѣть угрюмо, поглядывая въ бокъ.

Но положеніе дяди Пыщина было уже, повидимому, неисправимо; оно ухудшалось съ каждой минутой. Куда ни направлялся Липецкой, всё за нимъ слѣдовали; онъ говорилъ - всѣ его слушали; взгляды, улыбки, вниманіе присутствующихъ - обращались исключительно къ нему одному. Ободренные его простотою обращенія, обласканные его привѣтливостью, даже робкій судья и заспанный исправиикъ вмѣшались теперь въ разговоръ. Дамы, очарованныя его любезностію, выгружали на перебой весь свой репертуаръ изысканныхъ фразъ и выраженій. Зинаида Львовна, до сихъ поръ стыдливо какъ-то прятавшаяся, не стыдилась выказывать всѣмъ свое восхищеніе. Всѣ чувствовали себя какъ-то легко, развязно. Словомъ, восторгъ былъ общій. Съ каждою секундой, Липецкой торжествовалъ болѣе и болѣе, и, въ свою очередь, съ каждою секундой, Сергѣй Львовичъ все болѣе и болѣе смущался и терялъ голову.

Успѣхъ молодого губернатора былъ такъ великъ, что Петръ Сергѣевичъ, заглянувъ на минуту въ залу и встрѣтивъ Ольгу Ивановну, Гаденбурга, гимназиста и Мурзаханова, не безъ удивленія услышалъ, что даже между ними рѣчь шла о Липецкомъ.

- Ахъ, вотъ и Петръ Сергѣевичъ! воскликнула Ольга Ивановна,- скажите: какое сдѣлалъ онъ на васъ впечатлѣніе?

- Отличный человѣкъ! сказалъ Люлюковъ.

- Да, отрадное явленіе, не правда ли? подхватила Ольга Ивановна.

Въ эту минуту Сергѣй Львовичъ торопливо вошелъ въ залу.

- Пьеръ, сказалъ онъ, отводя сына и понижая голосъ до шопота,- я, право, не знаю, что мнѣ дѣлать: дядя опять одинъ! Хоть бы ты какъ-нибудь помогъ мнѣ.

- Что-жъ мнѣ дѣлать? Видишь: онъ самъ всѣхъ отдалилъ отъ себя своею важностью.

- Я совершенно теряю голову; вся надежда на Ананасова!

Сергѣй Львовичъ много также разсчитывалъ на обѣдъ, который, по его мнѣнію, невольно долженъ былъ сомкнуть общество и присоединить его къ дядѣ Пыщину.

Основываясь на этомъ, онъ приказалъ скорѣе подавать супъ, и какъ только это было исполнено, онъ вошелъ въ гостиную, вычурно подалъ руку Берендѣевой и подвелъ ее къ Помпею Николаевичу, прося его вести даму въ залу.

Липецкой поспѣшилъ дать руку хозяйкѣ дома, предводитель взялъ мать Гамлета, и все общество потянулось гуськомъ въ залу.

Сергѣй Львовичъ распорядился такъ, чтобы вомѣстить Пыщина на свое почетное мѣсто, между Берендѣевой и хозяйкой дома; насупротивъ посадилъ онъ губернатора и предводителя. Петръ Сергѣевичъ, хлопотавшій на другомъ концѣ стола, усадилъ Гаденбурга рядомъ съ Ольгой Ивановной, а насупротивъ помѣстилъ Мурзаханова. Самому ему пришлось сѣсть невдалекѣ между Зинаидой Львовной и гимназистомъ Дроздовымъ.

ГЛАВА ВОСЕМНАДЦАТАЯ

изображающая яркими красками всю несостоятельноеть плановъ и расчетовъ Сергѣя Львовича.

Шампанское было уже налито и предводитель выказывалъ явные знаки, что хочетъ сказать привѣтствіе новорожденной.

Легкій, едва примѣтный звукъ ножа по стакану заставилъ всѣхъ обратить глаза на Ананасова.

Онъ всталъ съ бокаломъ въ рукѣ и, обратясь къ Софьѣ Алексѣевнѣ, выразительно кашлянулъ.

- Милостивая государыня, Софья Алексѣевна! провозгласилъ ораторъ,- въ сей день, для всѣхъ насъ пріятный, день, ознаменованный столь радостными встрѣчами (тутъ онъ на секунду пріостановился и, слегка наклонивъ голову, взглянулъ на Пыщина и потомъ на губернатора), мы всѣ... всѣ мы... (тутъ обвелъ онъ глазами весь кругъ стола), мы всѣ собрались сюда въ это памятное для насъ число роскошнаго іюля мѣсяца, чтобъ отпраздновать съ радостнымъ чувствомъ день вашего рожденія... Позвольте же, отъ имеіи всѣхъ, поздравить васъ отъ чистаго сердца, и пожелать, чтобы день этотъ сопровождался всякій годъ такими же радостями... Софья Алексѣевна, мы пьемъ за ваше здоровье!..

- Ура! Ура! разнеслось по залѣ.

Тутъ Зинаида Львовна, державшая себя вообще такъ тихо, что никто почти не замѣчалъ ея присутствія, рѣшилась наконецъ выступить на сцену. Она поднялась съ мѣста и, граціозно обойдя вокругъ стола, бросилась цѣловать свою подругу. Дѣти и Сергѣй Львовичъ послѣдовали ея примѣру; но Сергѣй Львовичъ исполнилъ это съ какою-то лихорадочною торопливостью. Не давъ даже всѣмъ гостямъ подойти къ женѣ и чокнуться съ ней бокаломъ, Сергѣй Львовичъ быстро возвратился къ своему мѣсту, налилъ новый бокалъ и, поднявъ его высоко на воздухъ, неожиданно прокричалъ какимъ-то отчаяннымъ, потрясающимъ голосомъ:

- Господа!.. Милостивые государи!!.. Позвольте... Я предлагаю здоровье Помпея Николаевича... Ур-р-ра!..

- Ура! крикнулъ Ананасовъ и за нимъ, нѣсколько слабѣе, губернаторъ.

- Господа, здоровье Помпея Николаевича! еще энергичнѣе прокричалъ Сергѣй Львовичъ,- ур-р-ра... а! а!..

- Ура! крикнули на этотъ разъ только предводитель и домашніе, въ числѣ которыхъ особенно рѣзко прозвучалъ голосъ Коко.

- Ура! крикнулъ въ третій разъ Сергѣй Львовичъ. На этотъ разъ отозвался почти одинъ Коко,- обстоятельство, заставившее Сергѣя Львовича покраснѣть до ушей и пробѣжать вокругъ стола безъ всякой видимой надобности.

Въ то время, какъ Пыщинъ наклонялъ голову и благодарилъ, что, сказать мимоходомъ, дѣлалъ онъ не расправляя нахмуренныхъ бровей, Петръ Сергѣевичъ почувствовалъ, что сосѣдъ гимназистъ тронулъ его за рукавъ. Онъ нагнулся очень неохотно, потому что сосѣдъ этотъ успѣлъ уже надоѣсть ему до смерти; онъ поминутно просилъ Петра Сергѣевича придвинуть ему конфеты и фрукты, которыми столько же объѣдался, сколько украдкою набивалъ карманы.

- Что вамъ угодно? спросилъ Люлюковъ.

- Отлично! шепнулъ гимназистъ,- чортъ съ нимъ!..

- Съ кѣмъ? нетерпѣливо спросилъ Петръ Сергѣевичъ.

- Съ этимъ генераломъ, которому такъ слабо кричали... Ихъ надо истреблять...

- За что?

- Поганое старичье...

Петръ Сергѣевичъ не успѣлъ возразить, какъ почувствовалъ на другомъ рукавѣ прикосновеніе Зинаиды Львовны.

- Замѣчаешь, Пьеръ, какъ онъ грустенъ!..

- Кто?

- Помпей Николаевичъ...

Люлюковъ невольно взглянулъ въ ту сторону, гдѣ сидѣлъ Пыщинъ, но въ ту же секунду отвелъ глаза къ Ананасову, который снова застучалъ въ стаканъ.

Ананасовъ стоялъ теперь съ бокаломъ передъ губернаторомъ.

- Ваше превосходительство! началъ онъ звучнымъ горловымъ голосомъ,- позвольте мнѣ выразить вамъ отъ имени всѣхъ присутствующихъ... я увѣренъ, всѣ радостно примутъ мое предложеніе

- Конечно! Да!.. Да! О, разумѣется!.. Да!.. раздалось вокругъ.

У Сергѣя Львовича тоскливо при этомъ заныло сердце; онъ украдкой взглянулъ на Пыщина, но тотчасъ же опустилъ глаза въ тарелку.

Ораторъ между тѣмъ продолжалъ:

- Позвольте выразить вамъ при этомъ благопріятномъ случаѣ, что, присутствуя здѣсь, между нами, вы даете намъ возможность ощущать, такъ сказать, двойную радость: мы радуемся, во-первыхъ, видя передъ собою заслуженнаго героя Севастополя, героя, успѣхи котораго заставляли не разъ биться сердца наши... Во-вторыхъ, мы радуемся вамъ, какъ новому начальнику этого края, начальнику, на котораго возлагаемъ наши лучшія надежды...

- Ура! ур-р-ра!.. дружно загремѣло вокругъ.

Но тутъ же всѣ опять смолкли, увидя, что Липецкой поднялся съ мѣста.

- Позвольте также и мнѣ съ своей стороны отблагодарить васъ, сказалъ онъ, весело поглядывая на всѣ стороны,- надежды, о которыхъ вы упоминаете, я всѣми силами постараюсь оправдать, а пока радуюсь искренно, что вижу васъ и сердечно благодарю за привѣтствіе!..

Но тутъ уже поднялся такой гамъ, что въ первую минуту можно было думать, что столъ рухнулся на полъ со всѣми приборами.

Положеніе Сергѣя Львовича стало окончательно невыносимо. Онъ вертѣлся на стулѣ, какъ на острыхъ шпилькахъ. Каждую минуту вскакивая и вскрикивая: ура! чтобы вторить общему гаму, онъ въ промежуткахъ пугливо взглядывалъ на дядю Пыщина и принимался дѣлать ему разныя угожденія, какъ то: подливалъ вина, потчивалъ конфетами, подносилъ грушу, ломтикъ ананаса и проч.

На такія изъявленія вниманія дядя Пыщинъ не обращалъ, повидимому, никакого вниманія. Онъ продолжалъ неподвижно сидѣть и только время отъ времени угрюмо переводилъ глаза изъ стороны въ сторону.

Но когда положеніе Сергѣя Львовича окончательно пришло къ полной своей безотрадности, такъ это послѣ обѣда, когда всѣ встали изъ-за стола, и дядя Пыщинъ, подавъ руку Берендѣевой, повелъ ее прямо въ гостиную, между тѣмъ, какъ губернаторъ, заговорившись въ это время съ хозяйкой дома, повелъ ее изъ залы на балконъ, и такимъ образомъ, совершенно противъ воли, увлекъ туда же за собою все общество.

Все это произошло такъ неожиданно, что общество было уже на балконѣ, прежде чѣмъ Сергѣй Львовичъ могъ привести въ порядокъ свои чувства и успѣлъ принять какія-нибудь предупредительныя мѣры.

Увидя Пыщина въ гостиной одного съ Берендѣевой, онъ быстро задвигалъ коротенькими своими ножками и побѣжалъ туда же, выражая на добромъ лицѣ своемъ всѣ признаки глубочайшаго замѣшательства.

Съ счастію, выручила Берендѣева.

- Ахъ, воскликнула она пугливымъ дѣтскимъ голоскомъ,- mon général, прибавила она, изгибаясь во всѣ стороны въ одно и то же время,- mon général, общество отправилось въ садъ... теперь такъ хорошо въ саду... воздухъ и цвѣты... Пойдемте и мы туда же, mon général...

- Съ вашимъ услугамъ, сударыня! сказалъ Пыщинъ, прогремѣвъ шпорами, но бросивъ строгій взглядъ на Сергѣя Львовича.

Люлюковъ не видѣлъ этого взгляда; онъ стремительно летѣлъ за фуражкой именитаго родственника.

Минуты двѣ спустя, Пыщинъ, Берендѣева и Люлюковъ вступили въ аллею.

- Mon général, пролепетала Лизавета Ивановна,- долго будемъ мы имѣть счастіе видѣть васъ въ нашихъ краяхъ?..

- Я сейчасъ ѣду, сударыня... отозвался Пыщинъ.

- Помилуйте, Помпей Николаевичъ... какъ?.. куда?.. спросилъ Люлюковь, теряясь въ своихъ доводахъ и путаясь въ мысляхъ.

- Куда, mon général?.. подхватила Лизавета Ивановна съ выраженіемъ неописаннаго сожалѣнія.

- Въ деревню, сударыня! глухо отвѣчалъ генералъ.

Сергѣй Львовичъ началъ убѣдительно упрашивать его остаться хоть еще сколько-нибудь времени, хоть до вечера, хоть до чая... Онъ надѣялся въ это время успѣть сколько-нибудь поправить дѣло; онъ думалъ, что вечеромъ, при разъѣздѣ гостей, общество поневолѣ должно будетъ выказать больше вниманія Помпею Николаевичу; онъ надѣялся, что тогда хоть сколько-нибудь загладится въ памяти дяди Пыщина неблагопріятное впечатлѣніе этого дня и вообще пребыванія его въ Дудиловкѣ.

Но убѣжденія слабо дѣйствовали на Пыщина. Въ его глазахъ проглядывала рѣшимость, которая замѣтно дѣлалась тѣмъ непреклоннѣе, чѣмъ ближе подходилъ онъ къ обществу, во главѣ котораго красовался молодой губернаторъ.

Зинаида Львовна первая замѣтила приближающихся и первая извѣстила объ этомъ присутствующихъ. Передовыя пары тотчасъ же замедлили шагъ; за ними остановилось все общество.

Подходя къ ближайшимъ парамъ, Сергѣй Львовичъ выразительно мигнулъ Берендѣевой и повелъ ее и Пыщина прямо напроломъ по срединѣ аллеи. Общество разступилось, дало имъ дорогу и, снова сомкнувшись, послѣдовало за ними.

Маневръ этотъ, имѣвшій цѣлью втиснуть дядю Пыщина на первый планъ, удался какъ нельзя больше.

Софья Алексѣевна въ тотъ же моментъ оставила своего кавалера, подошла къ дядѣ и приготовилась пропустить руку подъ свободный его локоть, но уже итти было некуда.

Они стояли на самомъ краю рѣки, такъ что даже кринолинъ Берендѣевой почти касался маленькаго мостика.

Сергѣй Львовичъ умышленно не хотѣлъ объявлять въ эту минуту объ отъѣздѣ дяди. Въ головѣ его, способной, какъ извѣстно, на разныя хитрыя выдумки, мелькнула неожиданно новая мысль; чтобы дать дядѣ Пыщину возможность въ послѣдній разъ показать себя во всемъ блескѣ и величіи, онъ придумалъ поставить его на минуту подъ куполъ бесѣдки, которая, если помнимъ, стояла на возвышеніи, и куда, конечно, никто бы не могъ за нимъ послѣдовать, потому что тамъ съ трудомъ помѣщались три человѣка.

Но такъ ужъ видно опредѣлено было судьбою, что въ этотъ день дядя Пыщинъ первенствовать ни въ чемъ не будетъ.

Сергѣй Львовичъ только-что открылъ ротъ, чтобы пригласить Помпея Николаевича ступить на мостъ, какъ вдругъ Мерзенгеймеръ, державшій подъ руку мать Гамлета, неожиданно оставилъ ее, обратился къ близъ стоявшимъ дамамъ, и сказавъ: "я вамъ покажу дорогу", вошелъ на мостъ.

- Францъ Ивановичъ... Позвольте!.. Позвольте! началъ было Сергѣй Львовичъ.

Но онъ не докончилъ своей фразы: слова замерли въ груди его, и на секунду онъ остановился, прикованный къ мѣсту.

Вотъ что случилось.

Не успѣлъ Францъ Ивановичъ сдѣлать трехъ шаговъ, мостикъ затрещалъ и погнулся на сторону; еще мигъ, мостикъ потрещалъ вторично и цѣликомъ хряснулъ въ воду.

Все это произошло такъ скоро, что прежде чѣмъ присутствующіе успѣли сдѣлать движеніе, прежде чѣмъ успѣли всѣ вскрикнуть, Мерзенгеймеръ барахтался въ водѣ и призывалъ отчаянно на помощь.

Мысль, что еще минута, и то же могло случиться съ дядей Пыщинымъ, молніей промелькнула въ головѣ Сергѣя Львовича и обдала его холоднымъ потомъ; онъ мгновенно, однакожъ, пришелъ въ себя и первый бросился въ воду; за нимъ послѣдовалъ было Липецкой, но Петръ Сергѣевичъ опередилъ его и оставилъ на берегу, гдѣ происходила страшная сумятица, посреди которой визгъ дамъ игралъ, конечно, не послѣднюю роль. Первая роль принадлежала теперь безспорно Карлу Ивановичу Гаденбургу. Онъ шатался по берегу, наполняя воздухъ неистовыми возгласами; положеніе его было въ самомъ дѣлѣ ужасно: съ одной стороны порывался онъ броситься въ воду и спасти друга, съ другой останавливала его мысль о новыхъ панталонахъ и новомъ жилетѣ, которые, безъ сомнѣнія, погибнутъ при этой операціи и которые онъ ощупывалъ съ выраженіемъ глубочайшей нерѣшительности и борьбы самой отчаянной; къ довершенію суматохи, Зинаидѣ Львовнѣ сдѣлалось дурно; послѣднее, можно сказать, было, однакожъ, кстати; дамы бросились ее поддерживать и такимъ образомъ, освободивъ мѣсто у края берега, дали возможность обоимъ Люлюковымъ скорѣе вывести Франца Ивановича. Мужчины мгновенно обступили его.

- Прежде чѣмъ приглашать туда гостей, ты бы починилъ свой мостъ! сказалъ Пыщинъ, строго взглянувъ на Сергѣя Львовича.

- Не ушиблись ли вы? заботливо спросилъ губернаторъ.

Францъ Ивановичъ былъ очень раздраженъ и сконфуженъ, но случилось какъ-то, что послѣ заступничества Пыщина и участія губернатора, онъ мгновенно почувствовалъ облегченіе и успокоился; онъ началъ даже посмѣиваться и благодарить, пожимая всѣмъ руки, не выключая изъ того числа Сергѣя Львовича, который ухаживалъ за нимъ и умолялъ не сердиться. Софья Алексѣевна присоединила также свои извиненія. Зинаида Львовна, дурнота которой прошла, какъ только сказали ей, что Мерзенгеймера благополучно вытащили на берегъ, поспѣшила со своей стороны подойти къ нему.

Внезапно она вскрикнула и, безъ сомнѣнія, покатилась бы на траву, если бы не подхватили ее Софья Алексѣевна, мать Гамлета и ея дочка. Вслѣдъ за тѣмъ раздался другой крикъ, еще болѣе пронзителтный, хотя и вырвался изъ слабой груди Берендѣевой.

Мгновенно всѣ остановились и въ одинъ голосъ спросили:

- Что такое?..

- Ракъ!.. Ракъ!.. Боже мой, ракъ!.. могла только произнести Берендѣева, простирая впередъ руку.

Глаза присутствующихъ невольно устремились сначала на ея руку и уже потомъ, слѣдуя движенію руки, перешди къ тощей икрѣ Мерзенгеймера, на которой, прицѣпившись къ панталонамъ, дѣйствительно висѣлъ одинъ изъ тѣхъ раковъ, которые, по словамъ Сергѣя Львовича, были вкуснѣе гатчинской форели.

Смѣлымъ движеніемъ руки Сергѣй Львовичъ схватилъ рака и перекинулъ его черезъ макушки березъ.

Въ напряженіи Сергѣя Льновича замѣтно проглянуло что-то нервное и лихорадочное; въ соединеніи съ волненіемъ отъ мысли, что это точно такъ же могло постигнуть дядю Пыщина; въ соединеніи съ чувствомъ благодарности, что съ дядей Пыщинымъ ничего этого не случилось,- движеніе это подкосило послѣднія силы Сергѣя Львовича.

- Петруша, поддержи меня... У меня что-то зарябило въ глазахъ... проговорилъ онъ, простирая руку къ сыну.

Петръ Сергѣевичъ подбѣжалъ къ нему; но это была фальшивая тревога; Сергѣй Львовичъ въ ту же минуту вырвался изъ рукъ сына и побѣжалъ догонять дядю Пыщина съ такою поспѣшностью, какъ будто давно ждалъ своихъ ногъ, и онѣ явились вдругъ къ его услугамъ.

Петръ Сергѣевичъ между тѣмъ отсталъ на минуту, чтобы почистить панталоны, которыя были выпачканы въ тинѣ. Къ нему неожиданно подвернулся гимназистъ Дроздовъ. Люлюковъ давно уже замѣтилъ, что юноша этотъ юлилъ подлѣ него. Хорьковое лицо гимназиста выражало на этотъ разъ еще больше ядовитости; онъ потиралъ маленькими своими ладонями и производилъ судорожныя движенія корпусомъ, заставляя въ то же время подпрыгивать карманы на фалдахъ мундирчика, набитые конфетами и фруктами.

- Что съ вами? спросилъ Люлюковъ.

- Экая досада, что не съ нимъ это случилось...

- Что случилось? Съ кѣмъ?..

- Да съ этимъ старикомъ... То-то хорошо было бы... Его бы тогда окончательно уходили...

- Начать съ того, никто не думалъ его уходить; онъ бы самъ тогда провалился.

- Ну, все равно, отлично, что никто не обращаетъ на него вниманія... я это замѣтилъ... Чортъ съ нимъ! Я его ненавижу...

- За что же? спросилъ удивленный Люлюковъ.

- Ихъ всѣхъ надо ненавидѣть и истреблять! подхватилъ гимназистъ съ какимъ-то азартомъ.

- На это я вотъ что скажу вамъ, проговорилъ Люлюковъ, которымъ овладѣло вдругъ досадливое раздраженіе,- вы бы начали съ того лучше, что истребили конфеты и фрукты, которыми набили себѣ карманы...

Тутъ онъ раза два притронулся ладонью къ его фалдамъ и поспѣшилъ вернуться къ обществу, оставивъ далеко за собою озадаченнаго мальчугана.

Войдя въ домъ, Петръ Сергѣевичъ былъ встрѣченъ извѣстіемъ, что Помпей Николаевичъ велѣлъ уже закладывать лошадей и сейчасъ ѣдетъ.

Дѣйствительно, минутъ черезъ десять Пыщинъ, одѣтый по-дорожному, вышелъ въ залу, сопровождаемый племянницею, ея дѣтьми и Сергѣемъ Львовичемъ.

Послѣдній, надо думать, заглянулъ передъ тѣмъ въ гостиную и, обойдя гостей своихъ, шепнулъ каждому нѣсколько предупредительныхъ словъ; надо думать, онъ особенно долго толковалъ съ Липецкимъ, потому что, какъ только Пыщинъ явился въ залѣ, Липецкой въ тотъ же мигъ направилъ туда шаги свои и такимъ образомъ увлекъ туда же все общество.

Помпея Николаевича буквально окружили. Онъ ни въ какомъ случаѣ не могъ теперь жаловаться на недостатокъ вниманія. Всѣ въ одинъ голосъ вторили Липецкому и выражали Пыщину сожалѣніе, что онъ такъ скоро оставляетъ Дудиловку.

Но это, повидимому, мало уже дѣйствовало на именитаго родственника. Приподнимая плечи и круто выпучивая грудь, онъ только медленно поворачивался всѣмъ корпусомъ, угрюмо поглядывалъ вокругъ и изрѣдка отвѣчалъ на всѣ привѣтствія лаконическими отрывистыми словами. Испытанія этого дня окончательно какъ бы придавили и приплюснули ему мозгъ, хотя и говорили, что послѣдній былъ у него изъ корельской березы. Казалось, Пыщинъ какъ будто обрюзгъ нѣсколько; мудренаго нѣтъ: пустой фарсъ, которому мы смѣемся въ театрѣ, часто въ дѣйствительности бываетъ трагедіей. Кто жъ не знаетъ, наконецъ, что одного вихря и нѣсколькихъ минутъ грозы достаточно, чтобы разрушить самую плодоносную, самую цвѣтущую долину...

Садясь въ коляску, Пыщинъ не потрепалъ даже дѣтей по щекѣ; онъ ограничился тѣмъ, что слегка прикоснулся губами ко лбу племянницы, кивнулъ головою Петру Сергѣевичу и едва замѣтно притронулся къ ладони Сергѣя Львовича, который стоялъ передъ нимъ, какъ ошпаренная курица, и робко поглядывалъ съ выраженіемъ истинной, сердечной скорби.

По всей вѣроятности, сердечная скорбь его не ослабла даже тогда, когда коляска дяди Пыщина выѣхала изъ березовой аллеи и когда Сергѣй Львовичъ вернулся съ семействомъ въ залу.

Едва Сергѣй Львовичъ показался въ залѣ, все общество мигомъ обступило его, и каждый взапуски принялся увѣщевать его и успокоивать. Изъ постороннихъ болѣе всѣхъ трудились надъ этимъ Липецкой и старый предводитель Ананасовъ. Они, безъ сомнѣнія, не замедлили бы достигнуть своей цѣли, если бы въ то же время не пришлось имъ разрушить начатое; оба объявили, что пора ѣхать, потому что скоро семь часовъ и надо поспѣть къ поѣзду, который отходитъ въ восемь. Липецкому не было никакой возможности ждать ночного ооѣзда; его ждали въ городѣ, и необходимо было прибыть туда сегодня же вечеромъ.

Напрасно Сергѣй Львовичъ и Софья Алексѣевна уговаривали, чтобы, по крайней мѣрѣ, другіе гости остались провести вечеръ. Оказалось, имъ также не было никакой возможности согласиться. Будь это въ другое время, никто бы не сталъ противорѣчить, никто бы даже не подумалъ отказаться отъ радушнаго приглашенія; но теперь, какъ нарочно, у каждаго было дѣло, требующее немедленнаго возвращенія домой.

Часамъ къ десяти никого уже не было.

Софья Алексѣевна, утомленная до невозможности, тотчасъ же ушла въ свою комнату, сопровождаемая Зинаидой Львовной. Сергѣй Львовичъ, обѣгавшій въ этотъ день болѣе двадцати пяти верстъ, но еще болѣе изнеможенный нравственными потрясеніями, не замедлилъ послѣдовать примѣру жены. Дѣти, нѣсколькими минутами раньше, были уведены Ольгою Ивановной, бросившею при прощаньи такой взглядъ на молодого Люлюкова, что тотъ не могъ его вынести и принужденъ былъ опустить глаза.

Оставшись одинъ, Петръ Сергѣевичъ хотѣлъ было зайти къ отцу, но, подумавъ, что сонъ будетъ для него теперь полезнѣе утѣшеній, тутъ же оставилъ свое намѣреніе.

Улегшись въ постель, одъ долго не могъ заснуть, долго ворочался съ боку на бокъ; нетерпѣливый шумъ шаговъ, безпокойный какъ учащенные звуки маятника, раздаваясь въ тишинѣ, не переставалъ тревожить слухъ его; не сомнѣваясь, что такъ могла расхаживать теперь только "отвлеченная" Ольга Ивановна, трудившаяся вѣрно надъ разъясненіемъ словъ и мыслей Мурзаханова, Петръ Сергѣевичъ, въ досадѣ, не разъ пожелалъ ей выйти за него замужъ.

Наконецъ шаги умолкли.

Вскорѣ все стало тихо внутри и вокругъ "верзилы", который, казалось, одинъ только бодрствовалъ и задумчиво глядѣлъ на окрестность, подернутую серебристымъ паромъ.

ГЛАВА ДЕВЯТНАДЦАТАЯ

въ которой драматическое начало и благопрiятный конецъ.

Тишина, воцарившаяся въ дудиловскомъ домѣ, не долго продолжалась. Противъ всякаго ожиданiя, она разрѣшилась драмой самаго "раздирательнаго" свойства.

Подобно тому, какъ это бываетъ иногда въ театральныхъ представленiяхъ, здѣсь точно такъ же передъ трагедiей разыгралась сначала комическая сцена.

Вотъ какъ было дѣло.

Ровно три дня послѣ описанныхъ выше событiй, утромъ Петръ Сергѣевичъ сидѣлъ въ своей комнатѣ, окруженный сестрами; Коко сидѣлъ верхомъ на его колѣняхъ. Внезапно Коко пристально взглянулъ на брата и воскликнулъ:

- Ахъ, бьятецъ, какъ тебя Ойга Ивановна юбитъ!..

Петръ Сергѣевичъ раскрылъ удивленные глаза, даже слегка покраснѣлъ.

- Я очень увѣренъ въ этомъ... сказалъ онъ, стараясь придать словамъ своимъ самый натуральный тонъ,- я не злой какой-нибудь, чтобъ она стала меня не любить...

- Нѣтъ, Пьеръ, нѣтъ: Коко не такъ сказалъ; Ольга Ивановна въ тебя влюблена! еще неожиданнѣе возвѣстила вдругъ Вѣрочка.

На этотъ разъ Петръ Сергѣевичъ былъ не шутя озадаченъ; онъ едва могъ скрыть свое удивленiе.

- Что это ты, Вѣрочка, какой вздоръ говоришь...

- Нѣтъ, право влюблена!

- Ужасно влюблена! ужасно! подхватила Катя, произносившая послѣднее слово всегда съ какимъ-то усиленно напыщеннымъ выраженiемъ.

- Ахъ, дѣти мои, какой только вы вздоръ говорите!.. произнесъ Петръ

Сергѣевичъ, усиливаясь преодолѣть и смѣхъ, и досаду, все вмѣстѣ,- понимаете ли вы только, что такое любовь?.. этакіе пустяки!.. И, наконецъ, кто могъ сообщить вамъ такой вздоръ?..

- Мы сами видѣли! прокричали въ одинъ голосъ дѣвочки.

- Какъ? Что видѣли? спросилъ еще болѣе изумленный братъ.

- Вотъ видишь ли, начала Вѣрочка, самая бойкая изъ трехъ,- у Ольги Ивановны есть такая маленькая зеленая книжечка; она записываетъ туда все, что съ ней случается, все, что она думаетъ; мы нашли эту книжку и прочли...

- Какъ же вамъ не стыдно читать чужіе журналы? это все равно, что читать чужія письма! недовольнымъ голосомъ сказалъ братъ.

- У Ольги Ивановны такой вездѣ безпорядокъ... ея вещи никогда не убраны и вездѣ валяются... начала оправдываться Катя.- Вѣрочка нашла книжку и мнѣ показала...

- А мнѣ Катя показала! торопливо проговорила Соня.

- А Соня разсказала Коко...

- Нѣтъ, ты первая разсказала...

- Ну, все равно, перебилъ Петръ Сергѣевичъ,- вамъ во всякомъ случаѣ не слѣдовало трогать чужой вещи; и, наконецъ, какъ я вамъ говорю,- все это вздоръ; вы ровно тутъ ничего не поняли...

- Какъ же не понять? воскликнула Вѣрочка,- тамъ вездѣ написано: "Боже, я влюблена въ него! - Я люблю его!.- Я не могу жить безъ него!.."

- Что жъ тутъ удивительнаго! Она пишетъ все это, вѣроятно, о своемъ братѣ, объ отцѣ, объ родственникѣ какомъ-нибудь...

- Совсѣмъ нѣтъ! Совсѣмъ нѣтъ! горячо вступилась Катя,- тамъ же вездѣ написано: "Пьеръ! Пьеръ! Пьеръ!.."

- Нѣтъ, сначала написано вездѣ только: "П.- П.- П. и П. Л." съ живостью перебила Соня,- а ужъ потомъ: "Пьеръ!"

- А потомъ цѣлый листъ исписанъ:- "Петръ Сергѣевичъ Люлюковъ! - Петръ Сергѣевичъ Люлюковъ!.." добавила Вѣрочка.

- Ну, слушайте же, что я вамъ скажу, промолвилъ братъ,- вы тутъ все-таки ровно ничего не поняли и приняли одно за другое... Если вы меня любите, прошу васъ впередъ не болтать такихъ пустяковъ; всѣ станутъ смѣяться надъ вами, а я, не шутя, разсержусь на васъ... Ступайте теперь въ садъ; мы сегодня учиться не будемъ; играйте тамъ до тѣхъ поръ, пока васъ не позовутъ домой....

Проводивъ ихъ въ садъ, онъ прямо пошелъ въ кабинетъ отца; но, не заставъ его тамъ, вышелъ въ залу и встрѣтился съ Ольгой Нвановной.

- Вы, кажется, кого-то ищете, Петръ Сергѣевичъ?.. спросила она, подходя къ нему.

- Да, мнѣ хотѣлось бы на минуту увидѣть отца, проговорилъ Люлюковъ съ примѣтною неловкостью.

161

- Онъ въ комнатѣ Софьи Алексѣевны; я сейчасъ слышала тамъ его голосъ...

Петръ Сергѣевичъ поблагодарилъ ее, и торопливо поднялся наверхъ.

Между Люлюковыми было уже полное согласіе касательно того, что Ольгу Ивановну нельзя больше оставить въ домѣ; не было только рѣшено, въ какой именно день сказать ей объ этомъ. Къ тому же, въ послѣднюю эту недѣлю было столько хлопотъ, что нечего даже было думать приступать къ какому-нибудь дѣлу.

Встрѣтивъ въ комнатѣ матери отца и Зинаиду Львовну, Петръ Сергѣевичъ безъ обиняковъ передалъ имъ разговоръ съ сестрами и настоятельно сталъ требовать, чтобъ Ольгѣ Ивановнѣ какъ можно скорѣе отказали,- сегодня же, если не представляется къ тому препятствій.

- Мнѣ жаль ее!.. меланхолически произнесла Зинаида Львовна.

- Мнѣ также... повторила Софья Алексѣевна.

- А мнѣ и подавно! подхватилъ Петръ Сергѣевичъ,- только, что жъ дѣлать! Признаться сказать, мнѣ сестренокъ своихъ еще жальче!..

- Еще бы! съ горячностью сказалъ Сергѣй Львовичъ,- я давно зналъ, что этимъ кончится; но только не вмѣшивался въ это дѣло, потому что взяли Ольгу Ивановну вотъ эти наши барыни... и мнѣ не хотѣлось лишній разъ ссориться...

Рука Зинаиды Львовны нечаянно проскользнула къ рукѣ обожаемой подруги и произвела легкое, но знаменательное пожатіе.

Тутъ рѣшено было сегодня же объявить Ольгѣ Ивановнѣ, чтобъ она укладывалась. Вопросъ заключался въ томъ теперь, кто возьметъ на себя тяжелую обязанность сказать ей объ этомъ.

Сергѣй Львовичъ ни въ какомъ случаѣ не брался; онъ чувствовалъ себя сегодня очень нервнымъ, говорилъ, что, пожалуй, чего добраго, еще не выдержитъ и ослабнетъ въ самую критическую минуту.

Петръ Сергѣевичъ былъ того мнѣнія, что лучше всего взяться за это дѣло матери и Зинаидѣ Львовнѣ; въ щекотливомъ дѣлѣ женщины всегда какъ-то находчивѣе, способнѣе смягчить, умаслить, подсластить горечь.

Сдавъ такимъ образомъ сцену объясненія на руки матери и Зинаидѣ Львовнѣ, Петръ Сергѣевичъ совѣтовалъ имъ тотчасъ же позвать Ольгу Ивановну, а самъ, до окончанія переговоровъ, увелъ отца въ садъ.

Они проходили больше часу. Не мало, впрочемъ, времени требовалось Петру Сергѣевичу, чтобы подводить отца ко всѣмъ повалившимся заборамъ, заросшимъ канавамъ, поломаннымъ деревьямъ и доказать ему, какъ неосторожно было ввѣриться старому плуту Петру Кондратьевичу. Сергѣй Львовичъ былъ совершенно согласенъ. Онъ говорилъ, что уже, послѣ исторіи съ мостомъ, убѣдился въ этой истинѣ и окончательно прозрѣлъ въ отношеніи къ старому "лысаку".

Встрѣтивъ раза два дѣтей въ саду, они повторили имъ, что могутъ играть здѣсь до тѣхъ поръ, пока за ними не пришлютъ.

Возвратясь домой, отецъ и сынъ направились въ кабинетъ.

Немного погодя, вошла къ нимъ Зинаида Львовна.

Глаза ея были красны; римскій носъ, подсушенный временемъ, и щеки, изрытыя внутренними, сердечными потрясеніями, увлажались слезами.

- Ужасно! проговорила она,- я едва могла вынести! Рыданіями своими она разрываетъ намъ сердце...

При этомъ извѣстіи, ротъ Сергѣя Львовича слегка покривился, и глаза заморгали сильнѣе обыкновеннаго,- обстоятельство, заставившее его тотчасъ же прибѣгнуть къ табакеркѣ съ изображеніемъ саней и тройки.

- Вамъ, главное, слѣдовало бы намекать ей на энергію, говорить ей о твердости душевной силы... Уговаривайте ее тѣмъ, подхватилъ Петръ Сергѣевичъ,- что люди съ истиннымъ развитіемъ должны смотрѣть на жизнь гораздо серьезнѣе...

- Всё это было уже говорено! Мы все ей сказали, что было только возможно!.. веребила Зинаида Львовна, дѣлая безотрадный жестъ,- она ничего слышать не хочетъ! Она все-таки рыдаетъ навзрыдъ, какъ ребенокъ... О, Пьеръ! Она въ самомъ дѣлѣ влюблена въ тебя! Въ самомъ дѣлѣ!..

- Мудрено что-то въ одну недѣлю... Не.вѣрится!..

- Повѣрь, братецъ, ей! Повѣрь! сказалъ повеселѣвшій Сергѣй Львовичъ, мигая на Зинаиду Львовну.- Она вѣдь знатокъ этого дѣла!..

- Ну, ужъ вы всегда!.. Самъ эгоистъ и безъ сердца... Послушай, Пьеръ, подхватила она,- что жъ намъ дѣлать, однакожъ?..

- Я и подавно не знаю! досадливо сказалъ Петръ Сергѣевичъ.- Не могу же я на ней жениться!.. Я ее не люблю вовсе; да хоть бы и полюбилъ, нашелъ бы столько силы, надѣюсь, чтобы побѣдить въ себѣ такое чувство... Мнѣ такая жена не годится!..

- А какая же тебѣ нужна? Какая? спросилъ съ живостью Сергѣй Львовичъ.

- Во-первыхъ, такая, которая бы мнѣ понравилась... Говорятъ, впрочемъ: любовь зла, полюбишь и козла!.. Но авось, Господь отъ козла бы избавилъ...

- Ну, а во-вторыхъ?

- Во-вторыхъ, хотѣлось бы встрѣтить дѣвушку съ умомъ природнымъ, натуральнымъ, не искаженнымъ всею этою фальшью направленія, которая носитъ громкое названіе развитія. Я бы хотѣлъ простую, спокойно-разумную дѣвушку, которая прежде всего не была бы куклой, но человѣкомъ, равнымъ мнѣ во всемъ, которая могла бы мнѣ быть поддержкой и помощницей во всемъ рѣшительно, которая умѣла бы даже облегчить мнѣ жизнь матеріальную, не гнушалась бы хозяйственными занятіями...

- Фи! Матеріалистъ! воскликнула Зинаида Львовна. Въ это время въ кабинетъ вошла Софья Алексѣевна. Надъ глазами ея, вмѣсто бровей, были красныя пятна,- знакъ, что она также плакала; но вообще она казалась не въ примѣръ спокойнѣе своей подруги.

- Ну, что? спросили всѣ въ одинъ голосъ.

- Разливается-плачетъ; ничѣмъ нельзя ее утѣшить... отвѣчала Софья Алексѣевна, тяжело опускаясь на ближайшее кресло.

- Знаете что, сказалъ Петръ Сергѣевичъ,- вы всѣ, конечно, очень хорошо понимаете, какъ неловко въ настоящую минуту ея положеніе... Положимъ, хоть все это вздоръ, пустая вспышка празднаго воображенія, потому что нельзя же полюбить серьезно въ одну недѣлю;- но все-таки несравненно было бы удобнѣе, если бъ она больше не встрѣчалась со мною... Скажите ей, что за мной неожиданно прислали... положимъ, хоть губернаторъ... Я сію же минуту отправлюсь дня на три... Начать съ того, при отъѣздѣ ея, я долженъ же буду съ ней проститься; тутъ, пожалуй, выйдетъ такая сцена, которой вовсе не слѣдовало бы видѣть сестренкамъ... Къ тому же, рано или поздно, все равно, надо будетъ сдѣлать визиты: я сдѣлаю это теперь; отзвоню - и съ колокольни долой; потому что больше, надѣюсь, не придется уже дѣлать повторенія...

- Я тебя не понимаю... проговорилъ Сергѣй Львовичъ.

- И я также!.. подхватила Зинаида Львовна.

- И я! повторила за нею Софья Алексѣевна.

- Очень просто: во-первыхъ, некогда будетъ; я займусь дѣломъ; я человѣкъ трудовой и рабочій; во-вторыхъ, я полагаю: надо и самимъ принимать! Мы не настолько богаты, чтобы держать открытый домъ и задавать пирушки. Такъ хорошо было прежде, папаша; самъ видишь: другое теперь совсѣмъ положеніе; теперь,- если самимъ не заняться дѣломъ,- того и смотри, ничего не останется... А надо, чтобъ осталось, потому что слѣдуетъ приберечь вашу старость, да еще и сестрамъ что-нибудь оставить... Такъ ли, отецъ?..

Тутъ Сергѣй Львовичъ снова усиленно какъ-то заморгалъ глазами и хотѣлъ было отвернуться, но сынъ не далъ ему на это времени; онъ подошелъ къ нему, раздвинулъ ладонями въ обѣ стороны его сѣдые волосы и звонко поцѣловалъ его въ лобъ, затѣмъ поцѣловалъ также мать и влѣпилъ летучій поцѣлуй Зинаидѣ Львовнѣ.

Часъ спустя, Петръ Сергѣевичъ распрощался съ родными и уѣхалъ.

Когда три дня послѣ того онъ вернулся назадъ, Ольга Ивановна уже оставила "ненасытнаго верзилу".

www.ingramcontent.com/pod-product-compliance
Lightning Source LLC
Chambersburg PA
CBHW032120020726
47494CB00007BA/2165